完全攻略！
IELTS
アイエルツ

河野太一 著

はじめに

　本書は、IELTSでバンドスコア6.5以上を目指す人のために書かれたIELTS対策本です。

　IELTSを攻略するには、1)英語の基礎力(語彙力・文法力など)と、2)IELTSに特化した受験テクニックの両方が必要です。本書では特に2)の受験テクニックに焦点を当て、「同じ英語力でもより高い点が取れる」ことを目指しています。

　「受験テクニック」とは、IELTS独特の出題形式をよく知り、それに合わせた解答法を身につける、ということです。例えばIELTSのListening Testは、「音声を聞きながら解答を手書きする」ことに最大の特徴があります。この点、TOEFL、TOEIC、英検などの試験とは大きく異なっています。また、音声の中に「これから解答部分を言うぞ」という「前触れ」となる情報や、「解答かな」と思わせながら実は違う「ワナ」が仕掛けられています。そうした形式上・内容上の特徴をつかみ、それに合わせてどのような意識で音声を聞き、また解答すべきかを知り、そして練習しておくことが高得点へのカギを握るのです。

　これはListening Test以外の3つのテストにも言えることです。いずれも「特徴を知る→それに合わせた解答法を知る→練習する」ことが必須です。本書で紹介する受験テクニックには、筆者自身の度重なる受験経験から編み出されたものが数多く含まれていますので、これらを駆使して高得点を獲得していただきたいと思いま

す。もちろん、テクニックを生かすためには1)の基礎力も必要です。IELTS では各テストにおいて「言い換え」が非常に重視されますが、多くの語彙を知らなければ言い換えに対応できません。語彙を覚え、文法や発音を学び、＜基礎力＋テクニック＞がかみ合ったとき、オーバーオール 6.5 点はもちろん、7.0 点や 7.5 点も十分に視野に入ってくるでしょう。

　現在 IELTS は、イギリスの大学のみならず、ヨーロッパやアジア、またアメリカの大学でも英語力評価の基準として広く採用されており、受験者数も急速に拡大しています。本書で学習された方が、それぞれの目指す留学を実現し、その先にある夢に向かって前進されることを願ってやみません。

　本書の制作はアルク文教編集部の水島潮さんに企画をいただいたところから始まりました。また橋本正亮さんには細かく原稿をチェックしていただいたのみならず、多くのアイディアをいただいて魅力的な参考書として仕上げていただきました。お二人に心より感謝申し上げます。

　This book is dedicated to the newest member of our family, Tamae.
　Thank you for being born to us!!

2016 年初夏　河野太一

Contents

はじめに ……………………………………………………… 2

Unit 0　Overview ……………………………………… 9

Unit 1　Listening Test 攻略
Lesson 1　Listening Test の全体像 …………………… 16
Lesson 2　Section 1 の攻略 …………………………… 22
Lesson 3　Section 2 の攻略 …………………………… 26
Lesson 4　Section 3 の攻略 …………………………… 33
Lesson 5　Section 4 の攻略 …………………………… 41

Unit 2　Reading Test 攻略
Lesson 1　Reading Test の全体像 ……………………… 48
Lesson 2　設問タイプ 1 〜 4 の攻略（Passage 1）……… 54
Lesson 3　設問タイプ 5 〜 8 の攻略（Passage 2）……… 63
Lesson 4　設問タイプ 9 〜 11 の攻略（Passage 3）…… 71

Unit 3　Writing Test 攻略
Lesson 1　Writing Test の全体像 ……………………… 80
Lesson 2　Task 1 の攻略 ………………………………… 85
Lesson 3　Task 2 の攻略 ……………………………… 103

Unit 4　Speaking Test 攻略
Lesson 1　Speaking Test の全体像 …………………… 118
Lesson 2　Part 1 の攻略 ……………………………… 121
Lesson 3　Part 2 の攻略 ……………………………… 130
Lesson 4　Part 3 の攻略 ……………………………… 139

Unit 5　IELTS 模試

Listening Test 設問 ·· 154
Reading Test 設問 ··· 160
Writing Test 設問 ·· 166
Speaking Test 設問 ·· 169
IELTS 模試　解答・解説 ····································· 173

Appendix

Listening スクリプト、Reading パッセージの
日本語訳 ·· 204

別冊

・Unit 1　英文スクリプト
・Unit 2　英文パッセージ
・Unit 3　モデルアンサーの日本語訳
・Unit 4　モデルアンサーの日本語訳
・Unit 5　IELTS 模試用英文とモデルアンサーの日本語訳

おことわり：本書に掲載・収録されている英文・設問には学術的・専門的な内容が含まれておりますが、一部最新の情報ではないものや事実とは異なるものも含まれています。また、内容の真偽を問うたり、特別な意図を含んだりすることは一切ありません。

本書の使い方

　本書の Unit 1〜4 では、各テストの攻略法を詳しく解説してあります。基本的に（特に IELTS の学習が初めての人は）ユニットの順番に学習していくことをお勧めします。リスニングとリーディングは必ずしも時間を計って解かなくて結構ですし、ライティングとスピーキングについても、時間を計ったうえで、それをオーバーするようならそれでも構いません。各ユニットとも、正解や回答例をチェックするだけでなく、解説を丁寧に読むようにしてください。

　Unit 5 は模試となっています。こちらは試験と同じ設定で、時間を計って解くとよいでしょう（ただし全テストを一気に行う必要はありません）。こちらの解説も丁寧に読むようにしてください（一部解説を省略している設問があります）。

●本書の構成

本冊	別冊
Unit 0：Overview （IELTS の全体像）	
Unit 1：Listening Test 攻略	英文スクリプト このスクリプトを見ながら本冊の解説を読みます
Unit 2：Reading Test 攻略	英文パッセージ このパッセージを読みながら設問を解きます
Unit 3：Writing Test 攻略	モデルアンサーの日本語訳
Unit 4：Speaking Test 攻略	モデルアンサーの日本語訳
Unit 5：IELTS 模試	
Listening Test	英文スクリプト このスクリプトを見ながら本冊の解説を読みます
Reading Test	英文パッセージ このパッセージを読みながら設問を解きます
Writing Test	モデルアンサーの日本語訳
Speaking Test	モデルアンサーの日本語訳

●本書で使われているマーク

🔊 01 …… CD-ROM に収録してある音声のトラックナンバーを指します。例えば 01 は、01.mp3 ファイルのことを指します。

🕐 …… 時間を計測するためにタイマーなどを用意します。

📄 …… 解答などを書き込むための紙を用意します。

📝 …… 解答などを書くために鉛筆などを用意します。

🎤 …… Speaking Test で自分の発話を録音するために、IC レコーダーやスマートフォンなどを用意します。

●掲載例

 Part 3 の取り組み方　　　

Step 1 Section 1 にトライする　　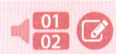

CD-ROM の内容と使い方

CD-ROM について

付属の CD-ROM には、本書の学習に必要な音声が収録されています。CD-ROM に収録されている音声は、パソコンや携帯音楽プレーヤーなどで再生可能な MP3 ファイル形式です。一般的な音楽 CD プレーヤーでは再生できないので、ご注意ください。

収録内容について

CD-ROM には、以下の内容が収録されています。

Unit 1：Listening Test 用音声
Unit 4：Speaking Test のモデルアンサーの音声
Unit 5：IELTS 模試 Listening Test 用音声
　　　　IELTS 模試 Speaking Test のモデルアンサーの音声

CD-ROM を使う際は、パソコンの CD/DVD ドライブに入れ、iTunes などでファイルを取り込んでください。手順は CD-ROM 内の「ReadMe.txt」で説明しています。携帯音楽プレーヤーでの利用法や iTunes 以外の再生ソフトを使った取り込みについては、プレーヤーおよびソフトに付属するマニュアルでご確認ください。

音声ファイルには次のタグを設定してあります。

①出版社名（アーティスト名）：「ALC PRESS INC.」
②書名（アルバム名）：「完全攻略！ IELTS」

ダウンロード特典について

本書 CD-ROM に収録している音声をダウンロード（無料）でもご提供いたします。CD-ROM 読み取りデバイスがないパソコンやタブレット、スマートフォンをご使用の方はこちらをご利用ください（要登録）。

　　　　アルク・ダウンロードセンター：http://www.alc.co.jp/dl/

上記のサイトから「完全攻略！ IELTS」を選択し、サイト記載の手順に沿ってダウンロードしてください。

※ダウンロードセンターで本書を探す際、商品コード（7016027）を利用すると便利です。
※スマートフォンで特典を利用できるアプリ「語学のオトモ ALCO」もご案内しています。
※本サービスの内容は、予告なく変更する場合がございます。あらかじめご了承ください。

Unit 0
Overview

IELTSとはどんなテストなのだろうか。ここではまず、テストの構成、成績の表示法などの全体像を把握しよう。

Unit 0 ● Overview

🏛 IELTS とはどんなテスト？

　このユニットでは IELTS の全体像を把握します。テストの構成や、バンドスコアという IELTS 独特の成績表示といった基本的な情報をここで得ておいて、次の Unit 1 から始まる実践的なトレーニングに取り組みましょう。

✅ テストの概要

　IELTS (International English Language Testing System) は、リスニング、リーディング、ライティング、スピーキングという英語の 4 技能の運用能力を測定するテストです。スピーキングは試験官と 1 対 1 で行うインタビュー形式となり、その他の 3 技能は筆記試験となります。テストは全国 14 都市の公開会場で受けますが、東京、大阪のテスト会場では 4 技能のテストが 1 日ですべて行われる場合と、スピーキングテストのみ別の日に行われる場合があります。

　IELTS には「アカデミック・モジュール」と「ジェネラル・トレーニング・モジュール」の 2 種類があります。前者は主に大学・大学院への留学や就職希望者を、後者は主にイギリス、オーストラリア、カナダなどへの移住を希望する人を対象としたものです。なお、**本書は留学を希望する読者層に向けて、その内容を「アカデミック・モジュール」に絞りました。**

　「アカデミック・モジュール」の成績はイギリス、オーストラリア、ニュージーランド、カナダのほとんどの大学・大学院が入学審査で採用しており、また米国でもアイビー・リーグの有名校を含む数多くの大学・大学院が採用していることから、その受験者数は国内外で増え続けています。

⚠ 注意：'IELTS for UKVI' を受験する必要がある人

　イギリスの **Highly Trusted Sponsor (HTS)** という**資格をもつ教育機関**に、Tier 4 という**学生ビザ**を取得して留学したい場合は、**IELTS for UKVI (UK Visas and Immigration) Academic** というテストを受験しなければなりません。このテストの内容は通常の IELTS の「アカデミック・モジュール」と同一ですが、専用のセキュリティー環境下で実施されます。

　HTS の資格を持つ教育機関や、テストの詳しい情報、申し込みについてはブリティッシュ・カウンシルの IELTS for UKVI のページを参照してください。
http://www.britishcouncil.jp/exam/ielts-uk-visa-immigration

IELTS とはどんなテスト？

✅ IELTS「アカデミック・モジュール」の構成

以下にテストの構成をまとめておきます。

	時間	内容	備考
Listening	40分	4セクション構成 設問数：全40問	解答用紙に解答を記入。 試験時間約30分＋解答転記10分
Reading	60分	3セクション構成 設問数：全40問	解答用紙に解答を記入。
Writing	60分	Task 1：最低150語 Task 2：最低250語	解答用紙に文章を手書きする。
Speaking	11分〜14分	3パート構成	1対1のインタビュー形式。 Part 1：自己紹介と日常に関する質問に答える。 Part 2：トピックについてのスピーチを行う。 Part 3：試験官とディスカッションを行う。

＊リスニング、リーディング、ライティングのテストは休憩なしで続けて行われます。
＊スピーキングのテストは別の日に行われることがあります。
＊「ジェネラル・トレーニング・モジュール」の構成と試験時間は「アカデミック・モジュール」と同じですが、リーディングとライティングのテスト内容が異なります。リスニングとスピーキングについては共通です。

受験情報と申し込み

　受験方法、受験の申し込み、注意事項については、以下のウェブサイトを参照してください。

🖥 **日本英語検定協会の 'IELTS' のページ**
　受験案内やテスト内容、お申し込みについての情報を確認できます。
　http://www.eiken.or.jp/ielts/

🖥 **ブリティッシュ・カウンシルの 'IELTS for UKVI' のページ**
　テストの概要や試験対策についての情報を確認できます。
　http://www.britishcouncil.jp/exam/ielts

- 受験会場には**受験当日**に**有効なパスポート**の原本を持参する必要があります。
- テストの成績は受験後に郵送されます。また、ウェブサイト上で自分の成績を確認することも可能です。
- オフィシャルの成績証明書は、依頼すると指定の教育機関などに発送されます。

Unit 0 ● Overview

IELTS の成績表示

✓ バンドスコアとは

　IELTS の成績は、〜点のような点数では表されずに、1.0〜9.0 のバンドスコアで表されます。このバンドスコアは、たとえば 6.0、6.5、7.0、7.5 のように、**0.5 刻み**となります。

　バンドスコアはリスニング、リーディング、ライティング、スピーキングの分野ごとに出され、さらに、テスト全体のバンドスコアとして**オーバーオール・バンドスコア**が出されます。通常、**多くの 4 年制大学において、留学する際に必要とされるオーバーオール・バンドスコアは、6.0〜6.5** とされています。また大学院においては、6.0〜6.5 を要求する大学院・学部がある一方で、7.0 以上が要求される場合もあります。

Listening	Reading	Writing	Speaking	Overall
1.0〜9.0	1.0〜9.0	1.0〜9.0	1.0〜9.0	1.0〜9.0

＊オーバーオール・バンドスコアは各技能のバンドスコアの平均点で算出されます。その際は、例えば平均点が 6.125 なら 6.0、6.25 なら 6.5 のように、0.5 刻みで切り上げ／切り下げがなされます。

IELTS のバンドスコアの目安

以下は IELTS のオーバーオール・バンドスコアを、他の言語テストの成績や、CEFR（ヨーロッパ言語共通参照枠）の外国語学習者習熟度レベルと比較した場合の、大まかな目安です。

IELTS (Overall)	英検	TOEFL iBT	CEFR
4.0〜5.0	2 級レベル	約 31〜45 点	B1
5.5〜6.5	準 1 級レベル	約 46〜93 点	B2
7.0〜8.0	1 級レベル	約 94〜114 点	C1

注：ブリティッシュ・カウンシル、日本英語検定協会、ETS の調査結果を基に独自に作成した表です。

IELTS の成績表示

✅ 目標は 6.5 に設定！

　皆さんは次のユニットから実践的な IELTS 対策のトレーニングを進めていくわけですが、本書では**学習到達目標**を、オーバーオール・バンドスコアで **6.5** に設定します。前述のように、6.5 を獲得することで、多くの 4 年制大学および大学院への留学が可能になるからです。

　目標の 6.5 を取るためには、**2 種類の力**をつける必要があります。ひとつは、単語力、文法力、正しく発音する力などを含む、**基礎英語力**です。この力は IELTS 対策だけでなく、留学先の大学の授業についていくためにも必須となる力です。

　もうひとつの力は、バンドスコアを効率よくアップさせるための、**IELTS に特化した力**です。具体的には、IELTS 独特の設問形式に対応するための、**IELTS 攻略法**を身につけることです。本書では次のユニットから、リスニング、リーディング、ライティング、スピーキングの分野ごとに、攻略法をトレーニングしていきます。目標のバンドスコア 6.5 を目指して、いっしょにがんばりましょう！

Unit 0

基礎英語力をつけよう

　IELTS でバンドスコア 6.5 を獲得するには、日本の大学受験レベル、またはそれを上回る基礎英語力が必要です。基礎英語力が不十分だと、本書で学ぶ IELTS 攻略法も効果的に運用することができません。

　「基礎英語力」とは、語彙力（単語や熟語など）、文法力、発音力などを指します。まず語彙力がなければ、文章の意味を把握することすら困難になります。IELTS の語彙レベルは TOEFL テスト®と同等ですので、『完全攻略！ TOEFL®テスト英単語 4000』（アルク）などの TOEFL 用単語集を用いて学習するのもよいでしょう。

　また、文意を正確に把握するには、センテンスの構造を把握できなければならず、そのためには文法知識が必要になります。ライティングやスピーキングにも「文法表現の豊富さと正確さ」という評価基準があります。自信のない人は、大学受験用の文法参考書や一般向けの文法書などで知識を整理・補充しましょう。

　スピーキングでは「発音」も評価の対象になります。正確な英語発音はリスニング力とも直結します。市販の発音に関する本を用いるなどして学んでおくことをお勧めします。

Unit 1
Listening Test 攻略

Lesson 1 Listening Test の全体像 ……… 16
Lesson 2 Section 1 の攻略 ……………… 22
Lesson 3 Section 2 の攻略 ……………… 26
Lesson 4 Section 3 の攻略 ……………… 33
Lesson 5 Section 4 の攻略 ……………… 41

Lesson 1　Listening Test の全体像

最初に Listening Test の構成、採点方法、そしてスコアアップするためのコツを把握しておきましょう。

試験の形式： 解答用紙に、鉛筆で解答を書き込む。

音声は一度しか流れない。音声が流れている間に解答を書き込むが、解答用紙にきれいに書いている余裕はないので、問題冊子に解答をメモする。

Listening Test のすべての設問が終わった後で、メモした解答を解答用紙に転記する時間が 10 分間与えられる。

構成と試験時間： 4 つのセクションで構成。

設問数は各セクション 10 問ずつ。合計 40 問。

試験時間約 30 分。セクションごとや設問ごとの制限時間はなく、音声の流れに沿って解答する。

各セクションの終了後は、解答を確認する時間が 30 秒間与えられる。これは解答用紙に転記する時間とは別。

✓ 採点方法

1 問 1 点で、合計 40 点。その点数を 9.0 点満点のバンドスコアに換算します。

おおよその換算表

正解数	スコア
15	4.5
16	5.0
17	5.0
18	5.0
19	5.0
20	5.5
21	5.5
22	5.5
23	6.0

正解数	スコア
24	6.0
25	6.0
26	6.0
27	6.5
28	6.5
29	6.5
30	7.0
31	7.0
32	7.0

正解数	スコア
33	7.5
34	7.5
35	8.0
36	8.0
37	8.5
38	8.5
39	9.0
40	9.0

✅ 音声の特徴

　Section 1～4 の音声は各 6～8 分程度で、イギリス、オーストラリア、ニュージーランド、北米のアクセントで話されます。各セクションの内容は以下のとおりです。

　Section 1：日常的なトピックに関する会話
　　　　　　話し手：2 名
　Section 2：日常的なトピックに関するモノローグ
　　　　　　話し手：1 名（2 人目が加わることもあるが、主に 1 名が話す）
　Section 3：アカデミックな場面におけるディスカッション
　　　　　　話し手：2 名（3、4 人目が加わることもあるが、主に 2 名が話す）
　Section 4：アカデミックな講義
　　　　　　話し手：1 名

- Section 1 では最初に例題が流れます。例題の解答は解答用紙にすでに印刷されています。それ以降のセクションでは例題はありません。
- Section 1～3 までは音声が**前半と後半**に分かれ、それぞれにおいて 4～6 問出題されます。まず前半の設問に目を通す時間（約 30 秒間）が与えられた後で、前半の音声が流れます。前半の音声が終わると、後半の設問に目を通す時間（約 30 秒間）が与えられ、その後で後半の音声が流れます。
- Section 4 は前半と後半の分割はありません。全 10 問に目を通す時間（約 30 秒間）が与えられた後で、音声が中断なく流れます。
- Section 1～4 とも、**音声の中で情報が出てくる順番に沿って設問が作られています**。音声の前のほうで述べられた情報が、後ろのほうの設問で問われることはありません。
- Section 1～4 は難易度の順に並んでいるわけではありませんが、後ろのセクションに進むほど音声の聞き取りが難しくなると感じる人は多いでしょう。しかし、聞き取りの難しさと設問の難易度は必ずしも一致しません。

Unit 1 ● Listening Test 攻略

✅ 設問タイプ

　各セクションとも、以下の6種類の設問タイプのうち、1〜3種類の設問タイプが選ばれて出題されます。1回のテスト（全4セクション）で、すべての設問タイプが出題されるとは限りません。

　設問タイプ1：複数の選択肢から選ぶ（Multiple Choice）
　設問タイプ2：情報を一致させる（Matching）
　設問タイプ3：図面、地図、図表を完成させる（Plan / Map / Diagram Labeling）
　設問タイプ4：書式、メモ、表、フローチャート、要約を完成させる
　　　　　　　　（Form / Note / Table / Flow Chart / Summary Completion）
　設問タイプ5：文を完成させる（Sentence Completion）
　設問タイプ6：短答問題（Short-Answer Questions）

✅ 解答する際の注意点

以下の要素は間違いとみなされ、点数が与えられません。
- スペルミス
- 文法ミス（複数名詞に -s をつけ忘れるなど）
- 指定語数超過（2語以内と指定されているのに3語書くなど）
- 読みにくい文字（ブロック体で読みやすく書きましょう）

以下の要素は点数に反映されません。
- 大文字と小文字の区別（train / Train / TRAIN）
- イギリス英語とアメリカ英語のスペリングの区別（centre / center、colour / color）
- 数字をそのまま書くかアルファベットで表すか（10 / ten）

✅ リスニングのコツ

　ここではリスニングにおける解答のコツを紹介します。試験本番のときだけでなく、日ごろ練習するときにも、これらのコツを念頭に置いて取り組んでください。

1 設問を先読みする。

- Listening Test では音声が流れる前に設問に目を通す時間が約30秒間与えられます。この時間を利用して、何が問われるのか、おおよそのところを把握しておきます。
- 設問に目を通しているときに、キーワード（解答を導くカギとなる語句）と思われる

単語や表現に鉛筆で印をつけておきましょう。キーワードは設問文の中や、空欄の前後に見つかります。
- 「複数の選択肢から選ぶ（Multiple Choice）」タイプの設問においては、すべての選択肢に目を通す時間はないかもしれません。また、選択肢のうち正解はひとつだけで、残りはすべて間違いですから、全部の選択肢に目を通すと、間違った情報も入ってくることになります。これを避けるために、**選択肢問題では設問文のみに目を通す**ことをお勧めします。

2 Section 1 の例題も真剣に聞く。

- Section 1 の冒頭部分では、最初に例題が流れます。この部分を漫然と聞き流すのではなく、本番のつもりで真剣に聞きましょう。Section 1 の本体はこの冒頭部分に続いて流れますので、しっかり聞くことで話の流れに入りやすくなります。
- また、テストの始めのインストラクション（指示）の段階から音声をしっかり聞いておくと、多少なりとも「英語頭」になることができ、本番になっていきなり意識を向けるよりも英語が聞き取りやすくなります。

3 周辺部をしっかり聞いて待ち受ける。

- IELTS の Listening Test の最大の特徴は、音声を聞きながら同時に解答することです。一度しか流れない音声を聞いて解答となる部分を特定し、同時に手を動かして書かなければならないという点で、大変負担の大きい作業となります。それをスムーズに行うためには**待ち受け**の姿勢が必要です。
- **待ち受け**とは、解答となる部分が流れてからはじめて反応するのではなく、「そろそろ解答が述べられる」という**前触れ**を聞いて、解答部分が流れるのを待ち構えておくことです。例えば、設問で話者の名前が問われているのであれば、Can I have your name, please? などと言う部分があるはずですから、それを聞いて、次に来るはずの解答（名前）を待ち受けます。
- IELTS の Listening Test においては、この**待ち受け**の姿勢が勝負のカギとなります。「解答部分をしっかり聞こう」というよりも、むしろ「解答部分の前をしっかり聞こう」というつもりで臨むとよいでしょう。

4 言い換えに気づく。

- Listening Test においては（ほかの3つの分野のテストも同様ですが）、**言い換え**が重要です。つまり問題冊子に書かれている情報が、そのまま音声として流れてくるとは限らず、同じ意味のことを言っていても、表現が言い換えられていることが多いのです。

- 特に「複数の選択肢から選ぶ (Multiple Choice)」、「情報を一致させる (Matching)」といった設問タイプにおいては、音声内の表現と選択肢の表現が異なっていることがよくあります（音声の worked hard が選択肢では made a great effort に言い換えられる、など）。そのため、「意味的には同じことを言っている」と気づいて選択肢を選ぶことができる力が求められているのです。

- このような言い換えに対応するためには、日ごろから単語力を増やしておくことはもちろん、定型表現や口語表現などのさまざまな表現を知り、ライティングやスピーキングの練習で実際にそれらを使って定着させ、表現力を最大限に高めておく必要があります。同じ内容を表すのに「こんな言い方もあれば、あんな言い方もある」と、多彩な表現方法に敏感になっておくことが高得点への道です。

5 解答部分は一定のリズムで登場する。

- Listening Test において、解答となる部分の現れ方には一定のリズムのようなものがあります。すなわち、My name is John Smith. My address is 22 High Street. のように解答部分が連続して流れることはなく、ひとつの設問が終わったら、ある程度の間（解答とは直接関係のない話）があってから、次の設問に関わる情報が出てきます。ただし、この間は音声ごとに異なるので注意してください。

- このような IELTS Listening Test の独特のリズムを理解したうえで、留意すべきことがいくつかあります。ひとつは、音声には**ワナ**が仕掛けられている、ということです。「解答が来た！」と思ったら、その直後で「あ、違った。それではなく……」のように、**話がひっくり返されたりします**。またその逆に、先に述べられた情報が正解で、後でつけ加えられた情報のほうが間違い、ということもあります。先ほど**待ち受け**について述べましたが、この**待ち受け**の姿勢を作ったうえで、解答部分の前後を注意して聞き、**ワナをくぐり抜けて正解にたどりつく**必要があります。特に、「これが正解」と思った情報の直後は、油断しないで聞くようにしましょう。

6 トピックの変わり目をつかむ。

- Listening Test でよく起こる失敗として、ある設問の解答がすでに流れ終わり、次の設問に関連したトピックに移っているのに、それに気づかずに前の設問の解答が流れるのを待ち続けてしまう、というものがあります。これをやってしまうと、そのうちどこを聞いているのかわからなくなり、残りの設問が全滅することもあります。これを防ぐためにも、**間の部分には注意を払わないといけません**。この間には、次の設問に関連するトピックに移ったことがわかる表現が現れます。たとえば、あるトピックについて話した後で That's great. などと言ったら、「前のトピックは終わるぞ」という合図かもしれません。続けて OK, now ... などと言ったら、それは「次のトピックに移るぞ」という合図です。このように、**トピックの変わり目**を確実につかむようにすれば、**聞き逃しはなくなるでしょう**。

- 間の長さは音声ごとに差があるとはいえ、いつまでも設問の解答が流れてこないようであれば、聞き逃して、すでにトピックが変わってしまった可能性があります。その場合、前の設問はあきらめて、今どの部分を話しているのかを急いで見つけないといけません。「Listening の設問は、間隔の差こそあれ、一定のリズムで出される」ことを念頭に、大きなミスをしないように心がけましょう。

7 メモはカタカナでも可。

- Listening Test では、音声が流れている間は問題冊子に解答をメモしていくことになります（後で解答用紙に解答を転記する時間が 10 分間与えられます）。メモの文字をきれいに書いたり、つづりを正しく書いたりする必要はありません。そのようなことに気を払う間にも音声は流れ続けます。聞くほうの集中力をできるだけ妨げないように、自分にわかる範囲で簡略に書き、場合によってはカタカナで書いておくなどもひとつの手です。ただし乱雑に書き過ぎると、後で自分でも読めなくなるので注意しましょう。

Lesson 2　Section 1 の攻略

Listening Test では、セクションごとの音声のパターンや出題される設問タイプがある程度決まっているので、ここからはセクションごとに攻略法を紹介していきます。まずは Section 1 からです。

 ## Section 1 の概要

Section 1 では、2 名の話し手による会話が流れます。
頻出する音声の内容：日常的な事柄についての問い合わせ
　例：旅行ツアーの概要、公共サービス、など
頻出する設問タイプ：
　設問タイプ 4：書式、メモ、表、フローチャート、要約を完成させる
　　　　　　　（Form / Note / Table / Flow Chart / Summary Completion）
　設問タイプ 5：文を完成させる（Sentence Completion）
　＊本番では異なるタイプの音声や設問タイプが出題される可能性がありますので、本番では柔軟に対応するようにしてください。

 ## Section 1　実践トレーニング

それでは実際に Section 1 に取り組んでみましょう。ここでは、このセクションで特によく出題される設問タイプ 4 から、「メモを完成させる設問」と、「表を完成させる設問」を出題します。

Step 1　Section 1 にトライする　

以下の手順に従って、実際に Section 1 に取り組みましょう。
①右ページの「Section 1 の構成」を確認する。
②01.mp3 を再生して、前半の設問に取り組む。解答は直接、設問内の空欄に書き込む。
③02.mp3 を再生して、後半の設問に取り組む。解答は直接、設問内の空欄に書き込む。

Lesson 2 ● Section 1 の攻略

＊本番ではこのトレーニングとは異なり、問題冊子に解答をメモしておき、後でそれを解答用紙に転記することになる。

④ 本書 p. 25 の解答を見て答え合わせをしてから解説を読む。

解説を読むときは、別冊 p. 2 〜 4 の英文スクリプトを参照する（スクリプトの日本語訳は本書 p. 204 〜 206 に掲載）。

Unit 1

Section 1 の構成
1. インストラクション（指示）で前半の Q1 〜 Q5 に目を通すように言われる。
2. 30 秒間で、前半用の Q1 〜 Q5 に目を通す。
3. 例題とその答えが流される。それに続いて前半が始まる。音声を聞きながら、解答を空欄に書き込んでいく。
4. 前半が終わると、後半の Q6 〜 Q10 に目を通す時間が 30 秒間与えられる。
5. 後半が始まる。音声を聞きながら、解答を空欄に書き込んでいく。

Section 1 設問

前半用 🔊 01

Questions 1–5

Complete the notes below.

Write **NO MORE THAN TWO WORDS OR A NUMBER** for each answer.

Ocean Star Air Lost Property Claim	
Lost Item:	......Rucksack...... （例題）
Name:	Reginald **1** ....
Flight:	Flight **2** ....
Address:	42 **3** .... Lane, Sussex
Phone number:	07902- **4** ....
Email:	reggie226@ **5** .... .com

23

Unit 1 ● Listening Test 攻略

後半用 🔊 02

Questions 6–10

Complete the table below.

Write **ONE WORD OR A NUMBER** for each answer.

Item	Price
• **6**	£400
• souvenirs	**7** £ ....
• whisky	**8** £ ....
The customer ... a) should make the claim within **9** .... days. b) can make the claim directly or via the airline's **10**	

Step 2　Section 1 解答・解説

まず右ページを見て答え合わせをしてから、以下の解説を読みましょう。

解説

＊ (l. 3) などは、別冊 p. 2～4 の Section 1 スクリプトの行数を表しています。

[前半 Q1 ～ Q5]

- Section 1 の前半では、設問タイプ 4 のうち、「メモを完成させる設問」や「書式を完成させる設問」がよく出題されます。設問では、名前、住所、メールアドレス、電話番号などの数字といったものがよく問われます。設問に目を通すために与えられる 30 秒間で、トピックや問われている情報を確認しておきましょう。

- 設問のメモや書式にはタイトル（ここでは Ocean Star Air Lost Property Claim）が書かれていることも多く、ヒントになります。

- **Q1**：設問を見ると名前が問われていることがわかります。しかし音声で名前が言われるまでの内容もしっかり聞いて、話の流れをつかみましょう。

　スクリプト (l. 20) の Could you give me your name, please? が**前触れに**

なっています。その返答で、Reginald **Thompson** と正解が述べられます。
- **Q2**：続いて女性が、(l. 22) OK. And, Mr. Thompson, と述べますが、これが**トピックの変わり目**です。それに続く what flight number did you arrive on? という**前触れ**を聞いて、それに対する返答の Flight **9601J** を捉えます。このようなアルファベットと数字の組み合わせもよく出題されます。
- **Q4**：まず (l. 29) 01273 ... と言いかけて、別の番号を述べています。このような**ワナ**に注意しましょう。ここでは設問文に書いてある 07902 という番号と違うことに気づき、正解を求めて先を聞くようにします。

　解答の **720055** は、seven, two, double oh, double five と読み上げられています。このように、数字のゼロを oh と読んだり、同じ数字が続く場合は double ... のように表現したりすることがあります。

[後半 Q6 〜 Q10]

- Section 1 の後半では、設問タイプ 4 の中の「表を完成させる設問」や、設問タイプ 5 の「文を完成させる設問」がよく出題されます。このトレーニングでは「表を完成させる設問」が出されています。
- 基本的な解答の姿勢は前半部と変わりません。「音声が流れる前に設問に目を通す→**前触れ**を聞いて解答を待ち受ける→解答を捉える→解答の直後も聞き続け、解答が否定されないか確認する→次の設問を解くために**トピックの変わり目**を聞く→**前触れ**を聞いて待ち受ける→解答を捉える」という手順を繰り返します。
- **Q6**：(l. 48) my laptop PC が**ワナ**になっています。その後 (l. 50) tablet という情報が流れて、続いて流れる £400 が解答欄の表内の数字と一致しているので、この **tablet** が正解であると判断できます。
- **Q8**：(l. 58) 80 Canadian dollars という**ワナ**に注意します。

解答　Q1: Thompson　Q2: 9601J　Q3: Oak Tree　Q4: 720055
Q5: zeromail　Q6: tablet　Q7: 300　Q8: 40　Q9: seven　Q10: website

＊ 文字は大文字／小文字どちらで書いても構いません。ただし人名などの固有名詞は最初の文字だけ大文字にするなど、通常よく見る形で書いておくのが無難でしょう。数字は 300 / three hundred どちらのスタイルで書いても構いません。

Lesson 3 Section 2 の攻略

続いて Section 2 の攻略法を紹介します。このセクションでは、日常的なトピックに関するモノローグを聞きます。

Section 2 の概要

Section 2 では、1 名の話し手によるモノローグが流れます。
＊2 人目が加わることもありますが、その場合も主に 1 名が話します。

頻出する音声の内容：日常的な事柄についての説明
　　例：旅行ツアーの説明、公共サービスの説明、など

頻出する設問タイプ：
　　設問タイプ 1：複数の選択肢から選ぶ（Multiple Choice）
　　設問タイプ 2：情報を一致させる（Matching）
　　設問タイプ 3：図面、地図、図表を完成させる
　　　　　　　　　（Plan / Map / Diagram Labeling）
　　設問タイプ 5：文を完成させる（Sentence Completion）
　　設問タイプ 6：短答問題（Short-Answer Questions）

＊本番では異なるタイプの音声や設問タイプが出題される可能性がありますので、本番では柔軟に対応するようにしてください。

Lesson 3 ● Section 2 の攻略

Section 2　実践トレーニング

　それでは実際に Section 2 に取り組んでみましょう。ここでは、このセクションで特によく出題される設問タイプ 1 の「複数の選択肢から選ぶ設問」と、設問タイプ 3 の中の「地図を完成させる設問」を出題します。

Step 1　Section 2 にトライする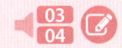

以下の手順に従って、実際に Section 2 に取り組みましょう。
①以下の「Section 2 の構成」を確認する。
②03.mp3 を再生して、前半の設問に取り組む。解答は直接、設問に書き込む。
③04.mp3 を再生して、後半の設問に取り組む。解答は直接、設問に書き込む。
　＊本番ではこのトレーニングとは異なり、問題冊子に解答をメモしておき、後でそれを解答用紙に転記することになる。
④本書 p. 32 の解答を見て答え合わせをしてから解説を読む。
　解説を読むときは、別冊 p. 4 〜 6 の英文スクリプトを参照する（スクリプトの日本語訳は本書 p. 206 〜 209 に掲載）。

Section 2 の構成
1. インストラクション（指示）で前半の Q11 〜 Q14 に目を通すように言われる。
2. 30 秒間で、前半用の Q11 〜 Q14 に目を通す。
3. 前半の音声が流される。音声を聞きながら、正答と思う選択肢を選んでいく。
4. 前半が終わると、後半の Q15 〜 Q20 に目を通す時間が 30 秒間与えられる。
5. 後半の音声が流される。音声を聞きながら地図に目を通して、解答を空欄に書き込んでいく。

27

Section 2 設問

前半用 🔊 03

Questions 11 and 12

Choose **TWO** letters, **A–E**.

Which **TWO** tasks are the volunteers scheduled to complete before lunch?

- **A** Mowing overgrown grass
- **B** Clearing some bushes
- **C** Setting up new bicycle racks
- **D** Taking apart an old shelter
- **E** Distributing bottled water

Questions 13 and 14

Choose **TWO** letters, **A–E**.

Which **TWO** tasks are the volunteers scheduled to complete after lunch?

- **A** Emptying recycling bins
- **B** Painting equipment
- **C** Repairing broken furniture
- **D** Putting rubbish in the basement
- **E** Taking out waste

Questions 15–20

Label the map below.

Choose the correct letter, **A–I**, and write the answers next to Questions 15–20.

15 Administration office ....
16 Car park ....
17 Off-licence ....
18 Bank ....
19 Bicycle shelter ....
20 Bus stop ....

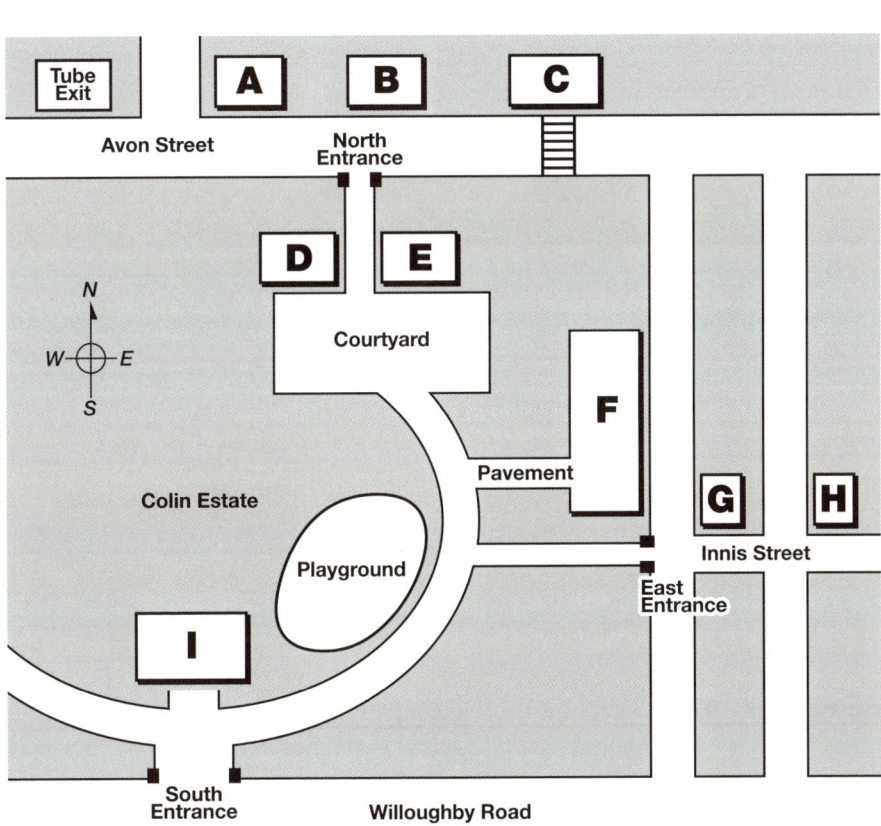

Unit 1 ● Listening Test 攻略

Step 2　Section 2 解答・解説

まず本書 p. 32 を見て答え合わせをしてから、以下の解説を読みましょう。

解説

＊ (l. 3) などは、別冊 p. 4 〜 6 の Section 2 スクリプトの行数を表しています。

[前半 Q11 〜 Q14]

- 「複数の選択肢から選ぶ設問」では、設問文にキーワード（解答を導くカギとなる語句）が含まれています。設問に目を通すために与えられる 30 秒間でキーワードを確認して、印をつけておきましょう。Q11 と Q12 は tasks、volunteers、before lunch が、Q13 と Q14 は after lunch がキーワードになるでしょう。あまり深く考えず、目に留まった語句にサッと印をつけるようにします。
- 設問に目を通す際は、選択肢までは読まないことをお勧めします。それでは不安だという場合は、軽く眺める程度に留めて、印まではつけないようにします。印をつけてしまうと、それが間違った選択肢であっても、印に引きずられて選んでしまうことがあるからです。
- 「複数の選択肢から選ぶ設問」の選択肢には、音声で流れる情報を含みつつも、微妙に内容が異なっている**ワナ**が含まれています。音声を聞きながら、こうした選択肢を排除し（×印をつけたり、棒線で消したりするとよいでしょう）、正解を探します。

Q11 and Q12

選択肢 E：前半の音声では、まず (l. 11) we'll be distributing bottled water ... to all of you という**ワナ**があります。distributing bottled water の部分は選択肢 E に対応していますが、問題は to all of you の部分です。選択肢ではボランティアが水を配る立場であるのに対して、音声では逆に水をもらう立場になっています。従って E に×印をつけます。

選択肢 A：続いて (l. 15) A lot of the grass is overgrown と流れるので、選択肢 A に目を留めて、これが正解かどうか確かめるために聞き続けます。すると続けて needs to be cut と流れます。これが選択肢 A では Mowing「刈る」と言い換えられているとわかれば、正解の A を選べます。

選択肢 B：次に (l. 16) bushes に関する情報が流れます。音声では replacing「取り換える」と言われているのに、選択肢 B では Clearing「伐採する」となっているので、B に×印をつけます。

選択肢 D：続いて (l. 19) bicycle shelter に関する情報が聞こえてきます。bicycle shelter については making upgrades「改善する」と言われており、選択肢 D の Taking apart「解体する」とは異なるので、D に×印をつけます。

選択肢 C：上の bicycle shelter に関する話題は、直後の文でもさらに続きます。(l. 19) installing cycle racks「サイクルラックを設置する」と言われるので、対応する選択肢 C を選びます。

Q13 and Q14

(l. 21) At around noon ... と流れるのを聞いて、Q11 と Q12 に関わる部分は終わり、トピックが変わると判断します。

選択肢 E：音声の (l. 24) rubbish removal「ごみの撤去」が選択肢 E の Taking out waste「ごみを出す」と対応していると気づき、E を選びます。

選択肢 D：続いて流れる (l. 25) basement が選択肢 D と対応していますが、音声では (l. 27) take these items out of the basement「これらの物を地下室から出す」と述べているので、逆のことを表している D には×印をつけます。

選択肢 C：(l. 26) broken furniture も、上の take these items out の these items に含まれる物です。したがって選択肢 C には×印をつけます。

選択肢 A：音声では (l. 28) recycling bins「リサイクル用回収箱」について、load them (=these items) into some recycle bins、つまり「回収箱に積み込む」と説明されています。従って選択肢 A の Emptying は逆の内容になってしまうので、×印をつけます。

選択肢 B：音声の (l. 29) repainting some of the playground equipment が選択肢 B と対応しているので、B を選びます。

［後半 Q15 ～ Q20］

「地図を完成させる設問」では、流れてくる情報に従って、地図上のアルファベットと設問で問われている場所を一致させていきます。

- **Q15**：まずヒントになるのは (l. 39) Willoughby Road です。このように地図内で位置の基準となる場所を捉えて、そこから地図を解読していきます。続けて

Unit 1 ● Listening Test 攻略

(l. 42) south entrance を聞き取り、そこから見て (l. 43) The first building that you'll see となる **I** が Q15 の **Administration office** だと判断します。

- **Q16**：(l. 46) westerly direction は、いわば**ワナ**の一種です。一瞬西側に目をやってしまいますが、(l. 47) the eastern one, ... around the playground で東側に視線を移して、正解への道を進みます。このように一瞬惑わせるような情報が地図問題では出てきます。その後いったん視線を (l. 49) north entrance に振られますが、(l. 50) turn to your right で右に視線を向け、続いて流れる pavement を進んで、**F** が **Car park** であると判断します。

- **Q17**：その後、(l. 54) If you're arriving by tube, という**トピックの変わり目**が登場し、今までたどってきた視線をいったん断ち切られてしまいます。(l. 55) tube exit や (l. 56) Avon Street を頼りに、新たな道筋を進まないといけません。地図問題ではこのように**仕切り直し**をさせられることもしばしばあります。設問に目を通す時間に、目立つ地名などを頭に入れておくとよいでしょう。

  音声 56 行目以降では tube exit を出た後の道のりを「左に曲がり、Avon に沿って少し歩き、左手から来る道を渡る (past)」と説明されます。自ら歩いているつもりで想像しましょう。そして次に左手に見える建物 **A** が **Off-licence**（酒類の販売はできるが、店内での飲酒は許可できない免許を持つ酒屋）です。

- **Q18**：A (Off-licence) の先にある B が (l. 58) post office であると判断し、さらに直後の文で「Avon Street を挟んで反対側に north entrance があること」を確認します。しかし、(l. 59) But you'll have to go a bit further を聞いて、視線をさらに進めないといけません。そうすると **C** が **Bank** であるとわかります。その直後で「bank の前に crossing（横断歩道）がある」と述べられるので、C が解答であることが確認できます。

- **Q19**：その後、自分が (l. 62) north entrance から入ったと想像しながら聞いて、左右を間違えなければ、**E** が **Bicycle shelter** だとすぐにわかるでしょう。

- **Q20**：(l. 65) If you're coming by bus, が**トピックの変わり目**です。(l. 66) two streets east of the actual estate を頼りに、(l. 65) the stop called Flower Market が **H** の **Bus stop** だと判断します。

解答

Q11 and Q12: A, C
Q13 and Q14: B, E
Q15: I　Q16: F　Q17: A　Q18: C　Q19: E　Q20: H

Lesson 4 Section 3 の攻略

続いて Section 3 の攻略法を紹介します。このセクションでは、アカデミックな場面におけるディスカッションを聞きます。

 ## Section 3 の概要

Section 3 では、2 名の話し手によるディスカッションが流れます。

＊3、4 人目が加わることもありますが、その場合も主に 2 名が話します。

頻出する音声の内容：研究発表についての議論、論文の書き方の指導、など

頻出する設問タイプ：

設問タイプ1：複数の選択肢から選ぶ（Multiple Choice）

設問タイプ2：情報を一致させる（Matching）

設問タイプ5：文を完成させる（Sentence Completion）

設問タイプ6：短答問題（Short-Answer Questions）

＊本番では異なるタイプの音声や設問タイプが出題される可能性がありますので、本番では柔軟に対応するようにしてください。

Unit 1 ● Listening Test 攻略

 ## Section 3　実践トレーニング

　それでは実際に Section 3 に取り組んでみましょう。ここでは、このセクションで特によく出題される設問タイプ 2 の「情報を一致させる設問」と、設問タイプ 1 の「複数の選択肢から選ぶ設問」を出題します。

Step 1　Section 3 にトライする

　以下の手順に従って、実際に Section 3 に取り組みましょう。
① 以下の「Section 3 の構成」を確認する。
② 05.mp3 を再生して、前半の設問に取り組む。解答は直接、設問に書き込む。
③ 06.mp3 を再生して、後半の設問に取り組む。解答は直接、設問に書き込む。
　＊本番ではこのトレーニングとは異なり、問題冊子に解答をメモしておき、後でそれを解答用紙に転記することになる。
④ 本書 p. 40 の解答を見て答え合わせをしてから解説を読む。
　解説を読むときは、別冊 p. 6 〜 10 の英文スクリプトを参照する（スクリプトの日本語訳は本書 p. 209 〜 214 に掲載）。

Section 3 の構成
1. インストラクション（指示）で前半の Q21 〜 Q25 に目を通すように言われる。
2. 30 秒で、前半用の Q21 〜 Q25 に目を通す。
3. 前半の音声が流される。音声を聞きながら、解答を空欄に書き込んでいく。
4. 前半が終わると、後半の Q26 〜 Q30 に目を通す時間が 30 秒間与えられる。
5. 後半が始まる。音声を聞きながら、正答と思う選択肢を選んでいく。

Section 3 設問

前半用 🔊 05

Questions 21–25

What outcome resulted from the problems or actions related to the Coastal Quartet?

Choose **FIVE** answers from the box and write the correct letter, **A–I**, next to Questions 21–25.

Outcomes:

A Cancelation of concerts
B Uneasiness among performers
C Hiring a business specialist
D Uncomfortable seating
E Reaching a larger potential audience
F Increased media coverage
G The resignation of some members
H A boost in ticket sales
I Lower expenses

21 Money difficulties   ....
22 Venue change   ....
23 Licensing items   ....
24 Private performances   ....
25 Fiona Hodgins' focus on business ....

後半用 🔊 06

Questions 26–30

Choose the correct letter, **A, B or C**.

26 What kind of information about Fiona Hodgins does the professor recommend that Sarah add to the draft?
   A What her personal characteristics were
   B The approaches she used to persuade Quartet members
   C How her relationship with the Quartet members changed over time

27 What kind of information about the Quartet does the professor recommend that Sarah add to the draft?
   A The history of the Quartet's musical achievements
   B The reason why the Quartet has been popular for many years
   C How the Quartet got into a monetary predicament

28 Which example of team management skills does Sarah mention?
   A Letting members feel comfortable giving their opinions
   B Treating each member in the same way to ensure fairness
   C Frequently having brief meetings with all members in attendance

29 What did Sarah witness Fiona Hodgins fail to do?
   A Talk the Quartet members into exploring new repertoire
   B Acknowledge and admit her managerial mistakes
   C Achieve a sales target for a fiscal quarter

30 What does the professor suggest Sarah do regarding her paper?
   A Add some corroborating information
   B Change the whole structure of the paper
   C Have another interview with Fiona Hodgins

Step 2　Section 3 解答・解説

まず本書 p. 40 を見て答え合わせをしてから、以下の解説を読みましょう。

解説

＊ (l. 3) などは、別冊 p. 6 〜 10 の Section 3 スクリプトの行数を表しています。

[前半 Q21 〜 Q25]

「情報を一致させる設問」でも、まず設問文中のキーワードに注目します。ここでは、outcome、problems、actions などがそれに当たります。Q21 〜 Q25 の語句 (例：Q21 の Money difficulties) は、それぞれがキーワードのようなものなので、印をつける意味は薄いかもしれません。

- **Q21**：音声が流れている間は、Q21 の Money difficulties を常に意識しつつ、枠内の選択肢 A 〜 I を上下に目を走らせて眺めます。Money difficulties は言い換えられる可能性も大いにあるので、注意しておきましょう。

　　すると、(l. 14) financial trouble と流れてくるので、これが**前触れ**だと判断します。しかし、続く (l. 15) they were close to having to **stop performing — to shut down** は**ワナ**です。これは「そうなりそうだった (were close to)」ということであって、実際にそうなったのではありません。従って cancelation を含む A には×印をつけ、次に流れる (l. 17) they hired a business manager の内容と対応する選択肢 C を選びます。

- **Q22**：設問の Venue change「会場の変更」を意識しながら音声を聞きます。すると、(l. 20) ... moved the Quartet という**前触れ**が流れるので解答を待ち構えます。学生はその次の発言で (l. 22) much smaller than the previous one と述べますが、選択肢 D の内容の「だから uncomfortable な座席だ」とまでは言っていないので D に×印をつけます。そして続けて流れる the move saved them a lot of money の内容と対応する選択肢 I を選びます。

- **Q23**：設問の Licensing items は、音声でも 29 行目でそのまま流れます。その後に流れる (l. 31) potentially wider audience が選択肢 E と対応しているので、これを選びます。選択肢 H の内容を思わせるようなワナは出てきませんが、H はこの後の設問の解答になる可能性もあるので、×印はつけずに残しておきましょう。

- **Q24**：設問の Private performances が、音声でも 32 行目でそのまま流れます。

- (l. 35) media attention が選択肢 F の media coverage と対応していると判断して、選択肢 F を選びます。
- **Q25**：設問内の focus on business が、音声ではほぼ同じ形で (l. 41) focus solely on business と流れます。その後に流れる uneasiness が選択肢 B と対応しているので、これを選びます。団員が辞めたとまでは言っていないので、G はワナだと判断します。

[後半 Q26 ～ Q30]

- 「複数の選択肢から選ぶ設問」においても、設問文中のキーワードに印をつけておき、音声が流れたら、各設問文のキーワードを意識しつつ、選択肢に目を走らせます。
- ここでは3つの選択肢の中から選ばせる設問形式となっています。3択問題では、選択肢のうちひとつまたは2つがワナとなっていることがほとんどですので、ワナに引っかからないように注意しましょう。
- なお、この設問タイプは音声を聞きながら長い選択肢を読まなければならず、またワナの数が多いため、IELTS の Listening Test の中で最も難しいと言えます。Section 3 にはこの設問タイプが頻出し、かつ音声の内容も高度です。そのため Section 3 が4つのセクションの中で最も難しいかもしれません。一方、Section 4 はワナの数も少なく、単語を抜き出す設問タイプが頻出するので、さほど難しいとは感じない人が多いようです。セクションが進む順番と難易度は、必ずしも一致していないと言えます。Section 1、2、4 でできるだけ正解数を増やし、Section 3 では何とか半分程度を正解するイメージで取り組むとよいでしょう。
- **Q26**：設問文中の information, Fiona Hodgins, add などがキーワードです。そして音声の (l. 54) by including (personal details) がキーワード add の言い換えであり、**前触れ**であると判断します。前触れに続いて学生が (l. 56) Like what Fiona Hodgins was like as a person? と言いますが、これは教授の (l. 57) More along the lines of …「もっと…という線に沿って」という表現で否定されます。そして、それに続く the techniques she used to persuade the Quartet to go along with her ideas が選択肢 B の内容と対応しているので、B を選びます。

　その後、(l. 61) changes や (l. 62) relationship などの選択肢 C に含まれる単語を使った文が流れますが、C とは文脈が違います。つまり、選択肢 C は**ワナ**です。
- **Q27**：設問文は Q26 と似ていますが、やはりキーワードの information、the Quartet、add などに印をつけておきます。

まずは教授の発言中の (l. 66) Moreover, you might want to add more background. というトピックの変わり目を捉えて、教授のその次の発言内にある (l. 70) a financial crisis を前触れと考えます。それに続く学生の発言では (l. 72) history という単語が流れますが、これは financial history という形で使われており、選択肢 A で使われている history とは意味が違うので、A に×印をつけます。

そして、その後ろに来る (l. 73) how the Quartet reached a point of, um, financial difficulties が選択肢 C の内容と対応しているので、C を選びます。音声の financial difficulties が、選択肢では a monetary predicament「財政的な苦境」と言い換えられていることがわかるかどうかがカギです。

その後、教授が (l. 75) The Quartet has been performing for about 20 years. と述べますが、これは「だからこれまでは財政的に健全だったはずだ」という文脈で述べているのであって、「長年人気が続いてきた理由を書け」とは言っていないので、選択肢 B は間違いになります。

- **Q28**：設問文中の team management skills がキーワードです。(l. 80) And another thing you might want to include というトピック変わり目の直後にこの表現が現れます。その後の学生の (l. 89) Fiona Hodgins dealt with each member **differently**. という発言は、選択肢 B の中の in the same way と矛盾するので、B には×印をつけます。

正解は、教授の発言内の (l. 93) make team members feel comfortable about saying what they have to say と、それに続く学生の発言内の (l. 95) I remember Fiona Hodgins frequently had closed-door meetings with key members などを聞いて、選択肢 A だと判断します。

それに続く教授の発言内の、(l. 99) speaking out in meetings with lots of others present は、実際に行ったことではなく、上で聞き取った had closed-door meeting と容易さの面で比較するために出しただけなので、選択肢 C は間違いとなります。

- **Q29**：設問文中の Fiona Hodgins fail to do がキーワードです。音声では、教授の発言内の (l. 104) One last thing というトピックの変わり目を捉えて、続く (l. 105) Fiona Hodgins' mistakes or failures が前触れだと考えます。その直後の when she didn't meet her targets は教授がたとえとして出しているだけで、設問が問う「Sarah が目にしたこと (What did Sarah witness…?)」には対応しないので、C は不正解となります。ここでは fail to do をキーワードとして設定し、

それの言い換えの failures が前触れとして出ていますが、それに続く部分が解答ではありませんでした。このようなこともあるので気をつけましょう。

その次の教授の発言内の (l. 110) A true leader has to realise when he or she simply can't get something done, and move on. は一般論として述べているのであって、これも「Sarah が目にしたこと」ではないので、選択肢 B も間違いとなります。

正解は、(l. 113) she couldn't persuade the Quartet to broaden the type of music it played の内容と対応する、選択肢 A となります。音声の broaden the type of music が、選択肢では new repertoire「新しいレパートリー」と言い換えられています。

- **Q30**：設問文中の professor suggest がキーワードです。教授が (l. 120) Don't change everything. と言っているので選択肢 B は間違いです。そして直後の add some of the things that we've talked about の内容が選択肢 A と対応するので、A を選びます。選択肢の corroborating「裏づけとなる」という語がわからなくても Add some … information だけで、これが解答だろうと推測できるはずです。その直後の (l. 121) see me again は「自分 (＝教授) に会いなさい」ということであって「Fiona Hodgins に会いなさい」ということではないので、選択肢 C は間違いになります。

解答
Q21: C　Q22: I　Q23: E　Q24: F　Q25: B
Q26: B　Q27: C　Q28: A　Q29: A　Q30: A

Lesson 5 Section 4 の攻略

セクションごとの攻略法も、いよいよ最後の Section 4 まで来ました。このセクションでは、アカデミックな講義（モノローグ）を聞きます。

Section 4 の概要

Section 4 では、1名の話し手によるモノローグが流れます。

頻出する音声の内容：学術的な講義や講演

頻出する設問タイプ：

　設問タイプ5：文を完成させる（Sentence Completion）

　設問タイプ4：書式、メモ、表、フローチャート、要約を完成させる

　　　　　　　（Form / Note / Table / Flow Chart / Summary Completion）

　　　　　　　上記の中から、**要約を完成させる**設問が出される。

＊本番では異なるタイプの音声や設問タイプが出題される可能性がありますので、本番では柔軟に対応するようにしてください。

Section 4　実践トレーニング

それでは実際に Section 4 に取り組んでみましょう。ここでは、このセクションで特によく出題される設問タイプ5の「文を完成させる設問」を出題します。

Step 1　Section 4 にトライする　🔊 07

以下の手順に従って、実際に Section 4 に取り組みましょう。

①次のページの「Section 4 の構成」を確認する。

②07.mp3 を再生して、設問に取り組む。解答は直接、設問内の空欄に書き込む。

　＊本番ではこのトレーニングとは異なり、問題冊子に解答をメモしておき、後でそれを解答用紙に転記することになる。

④本書 p. 45 の解答を見て答え合わせをしてから解説を読む。

　解説を読むときは、別冊 p. 10 ～ 12 の英文スクリプトを参照する（スクリプト

Unit 1 ● Listening Test 攻略

の日本語訳は本書 p. 215 〜 217 に掲載）。

> **Section 4 の構成**
> 1. インストラクション（指示）で Q31 〜 Q40 に目を通すように言われる。
> 2. 30 秒間で、Q31 〜 Q40 に目を通す。
> 3. 講義の音声が流されるので、音声を聞きながら解答を空欄に書き込んでいく。
>   このセクションは前半と後半に分かれず、最後まで一気に続くので注意。

Section 4 設問　🔊 07

Questions 31–40

Complete the sentences below.

Write **ONE WORD** for each answer.

Human decision-making

General Fact

- Decisions humans make are often **31** ....

Evolutionary root

- Quick decisions were once critical in the **32** .... of humans.

Problems

- People today tend to be **33** .... by the complexity of the decisions they have to make.
- Excess information leaves people **34** .... with their decisions.

Maximisers

- Maximisers look for another **35** .... , even if they have found a good one.
- Maximisers end up feeling **36** ....

Research

- Shop owners believe that a wide **37** .... of items are good for customers.

42

- **38** .... shoppers buy fewer items.

Solutions
- **39** .... their options can help consumers make a decision.
- People can get satisfaction from making **40** .... decisions.

Step 2　Section 4 解答・解説

まず本書 p. 45 を見て答え合わせをしてから、以下の解説を読みましょう。

解説

＊ (l. 3) などは、別冊 p. 10 ～ 12 の Section 4 スクリプトの行数を表しています。

- 「文を完成させる設問」と「要約を完成させる設問」では、設問文に書かれているキーワードがとても重要になります。印をつけることはもちろん、キーワードに常に目をやりながら音声を聞くとよいでしょう。
- 設問文は、音声で流れる文の言い換えになっていることがほとんどです。キーワードはそのまま使われることもあれば、言い換えられることもあります。
- **Q31**：設問文中のキーワードである、Decisions humans make と often に目をつけておき、音声で (l. 7) human beings often make ... と流れるのを聞いて、次に続く **irrational** が解答だと判断します。

　設問文自体は言い換えになっていても、解答として抜き出す単語は音声とまったく同じ形・品詞です。ただし使い方が違う場合があります。音声では irrational という形容詞が decisions という名詞を修飾しているのに対して、設問文では同じ形容詞でも文の補語として使われています。このような特徴があるため、空欄を見て、そこに入る品詞を想定しておくとよいでしょう。Q31 では空欄が be 動詞 are の後ろなので、「補語が来るだろう。補語であれば名詞か形容詞のどちらかだろう」と考えておきます。

- **Q32**：音声では、設問文の Quick decisions の言い換えである、(l. 11) make decisions quickly という**前触れ**が早めに現れます。設問文の ... of **humans** という語順が、音声では (l. 13) **human** survival になっていることに気づいたら、**survival** が正答だと判断できます。さらに、設問文中の critical「重大な」は、音声では survival の直後の depended on「～次第だった」と対応していると

考えて、**survival** が正解であることを確認します。このように、音声では正解を確認できる情報が解答の後ろに来ることがしばしばあるので、解答が述べられた後の間の部分もしっかり聞くようにしましょう。Section 4 では、正解のように聞こえた情報がその後で間違いだとわかるワナが仕かけられることは比較的少ないのですが、解答した後も気を抜かずに聞く姿勢が大切です。

- **Q33**：設問文の complexity が、音声 19 行目に**前触れ**として出てきますが、この単語は音声では主語になっています。このように、音声と設問文では語順が異なることもあるので注意しましょう。正答は音声の (l. 19) often being **paralysed** から導けます。設問文では often が tend to に言い換えられていることに気づくことが大切です。さらに、設問文では be 動詞の直後に空欄があることも大きなヒントになります。

- **Q34**：設問文の Excess information が、音声 23 行目に**前触れ**として出てきます。設問文の leaves people が音声の (l. 23) making people と対応していることに気づけば、その後の **dissatisfied** が正解だと判断できます。

- **Q35**：設問文の Maximisers が、音声 27 行目に**前触れ**として出てきます。
  設問文と音声 (l. 29) を比較してみます。

  設問文：Maximisers look for another (**option**), ← even if they have found a good one.
  　　　　（もっとよい option を探す←今あるものがよくても）

  音　声：Maximisers think that if one **option** is good, → there must be others that are even better.
  　　　　（今ある option がよくても→もっとよいものを探す）

  つまり、文の情報構造が逆転していることに気づいたうえで、解答の **option** を入れる必要があります。このような**逆転パターン**が出題されることもあるので、高度なリスニング力だけでなく、語彙・文法力も含めた総合力が必要です。

- **Q36**：設問文の end up に対応している、音声の (l. 32) The end result sometimes is ... が**前触れ**です。しかし音声には、設問文にある feeling という単語は登場しません。ですから音声の (l. 35) in **frustration** を聞いて、「同じように感情を表している」と考えて答える必要があります。前触れとして feeling のような語句が流れるのを待ち受けていた人は肩透かしを食うことになります。特定の語を待ち受けるのではなく、あくまで内容を聞くべきです。

- **Q37**：設問文の主語の Shop owners が、音声では (l. 38) Many stores と言い

換えられます。このように主語が言い換えられることは頻繁に起こります。音声の解答部周辺の (l. 38) the wider the **range** of items には大きな言い換えはありません。

- **Q38**：設問文の shoppers というキーワードは、音声の 42 行目に**前触れ**として出てくるので、それをきっかけに解きます。設問文では文頭がいきなり空欄になっているのに対し、音声ではセンテンスの中ごろに解答の **overwhelmed** が現れます。しかも overwhelmed は設問文では名詞を修飾していますが、音声では受動態の文の過去分詞として使われており、使い方も異なります。
- **Q39**：ここも設問文の文頭が空欄です。解答の **Narrowing** は、設問文では主語として使われていますが、音声では (l. 47) 前置詞 by の目的語になっており、その使われ方が違います。この設問の場合は、むしろ設問文と音声に共通する、目的語の働きをする their options を聞いて **Narrowing** が解答だと判断することになるでしょう。
- **Q40**：音声に (l. 54) randomness という**前触れ**はありますが、こちらも最終的には設問文と音声に共通する (l. 56) decision(s) という目的語、さらには設問文の get satisfaction と音声の (l. 56) bring more satisfaction を手がかりに、**random** が解答だと判断することになるでしょう。

解答

Q31: irrational   Q32: survival   Q33: paralysed / paralyzed
Q34: dissatisfied   Q35: option   Q36: frustration   Q37: range
Q38: Overwhelmed   Q39: Narrowing   Q40: random

＊文字は大文字／小文字どちらで書いても構いません。

Unit 2
Reading Test 攻略

Lesson 1　Reading Test の全体像 ……………… 48
Lesson 2　設問タイプ 1 〜 4 の攻略
　　　　　（Passage 1）………………………… 54
Lesson 3　設問タイプ 5 〜 8 の攻略
　　　　　（Passage 2）………………………… 63
Lesson 4　設問タイプ 9 〜 11 の攻略
　　　　　（Passage 3）………………………… 71

Lesson 1 Reading Test の全体像

最初に Reading Test の構成、採点方法、そしてスコアアップするためのコツを把握しておきましょう。

試験の形式： 解答用紙に、鉛筆で直接解答を書き込む。Listening Test とは異なり、解答を転記する時間は与えられない。

構成と試験時間： 3つの英文パッセージで構成。

設問数は全40問（Passage 1 と 2 は 13 問ずつ。Passage 3 は 14 問）。

制限時間は **60分**。パッセージごとの制限はないが、各パッセージとも 20 分で解答するのが目安。

✅ 採点方法

1問1点で、合計40点。その点数を9.0点満点のバンドスコアに換算します。

おおよその換算表

正解数	スコア
15	5.0
16	5.0
17	5.0
18	5.0
19	5.5
20	5.5
21	5.5
22	5.5
23	6.0

正解数	スコア
24	6.0
25	6.0
26	6.0
27	6.5
28	6.5
29	6.5
30	7.0
31	7.0
32	7.0

正解数	スコア
33	7.5
34	7.5
35	8.0
36	8.0
37	8.5
38	8.5
39	9.0
40	9.0

Lesson 1 ● Reading Test の全体像

✅ パッセージの特徴

- パッセージの長さは、各パッセージおよそ 750 〜 900 ワード。3 パッセージ合計で約 2,250 〜 2,700 ワードになります。
- パッセージは、書籍、学術誌、雑誌、新聞などから抜粋されたものです。大学生や大学院生が興味を持つようなトピックに関する描写や論旨が展開されます。専門的知識がなくても理解できる内容です。
- パッセージの難易度は、Passage 1 から Passage 3 まで、順に難しくなるように配置されています。

　＊ Listening Test はセクションごとに音声の内容に特徴がありますが、Reading Test の Passage 1 〜 3 については内容的な特徴の違いはありません。

✅ 設問タイプ

　各パッセージとも、以下の 11 種類の設問タイプのうち、3 〜 4 種類の設問タイプが選ばれて出題されます。1 回のテスト（全 3 パッセージ）で、すべての設問タイプが出題されるとは限りません。

　各設問タイプの詳細は、Lesson 2 以降で学んでいきます。

設問タイプ 1 ： 複数の選択肢から選ぶ（Multiple Choice）
設問タイプ 2 ： 情報を特定する
　　　　　　　（Identifying Information: True / False / Not given）
設問タイプ 3 ： 筆者の見解や主張を特定する
　　　　　　　（Identifying Writer's Views / Claims: Yes / No / Not given）
設問タイプ 4 ： 情報を一致させる（Matching Information）
設問タイプ 5 ： 見出しを一致させる（Matching Headings）
設問タイプ 6 ： 特徴を一致させる（Matching Features）
設問タイプ 7 ： 文末を一致させる（Matching Sentence Endings）
設問タイプ 8 ： 文を完成させる（Sentence Completion）
設問タイプ 9 ： 要約、メモ、表、フローチャートを完成させる
　　　　　　　（Summary / Note / Table / Flow Chart Completion）
設問タイプ 10： 図表を完成させる（Diagram Label Completion）
設問タイプ 11： 短答問題（Short-Answer Questions）

✅ 解答する際の注意点

以下の要素は間違いとみなされ、点数が与えられません。
- スペルミス
- 文法ミス（複数名詞に -s をつけ忘れるなど）
- 指定語数超過（2語以内と指定されているのに3語書くなど）
- 読みにくい文字（ブロック体で読みやすく書きましょう）

以下の要素は点数に反映されません。
- 大文字と小文字の区別（train / Train / TRAIN）
- イギリス英語とアメリカ英語のスペリングの区別（centre / center、colour / color）
- 数字をそのまま書くかアルファベットで表すか（10 / ten）

＊ただし Reading Test ではパッセージ本文から語句を抜き出して書く設問が多いので、本文の表記のまま書くのが基本となります。

✅ リーディングのコツ

ここではリーディングにおける解答のコツを紹介します。これ以外の手順でも解答は可能ですが、「解答に時間がかかり、制限時間内に終わらない」という人には参考になるでしょう。

1 段落ごとに読んで、解答する。

- IELTS のパッセージは長いので、全体を最後まで読んでから解答に入ると、パッセージ前半の内容を忘れてしまっていることがあります。そうすると結局もう一度最初から読み直すことになり、時間を無駄にしてしまいます。そこでお勧めするのが、**段落ごとに読んで解答する方法**です。すなわち、「第1段落を読んだら、第1段落に書かれている情報を尋ねている設問に答える。次に第2段落を読み、第2段落の情報を尋ねている設問に答える……」という手順です。これなら内容を忘れることはありませんし、解答の根拠となる箇所を見つけるのも容易です。

- IELTS の設問は、必ずしもパッセージの段落の順に並んでいるとは限りません。しかし設問の多くが、隣接するいくつかの段落からまとめて出題される傾向にあるのも事実です。段落ごとに解答するやり方は、出題箇所がまとまっている場合に特に効果を発揮します。

- 「1段落ごとに」というのが煩雑に感じられる場合は、いくつかの段落をまとめて

読んで、そこから出題されている設問を一気に解答するのもよいでしょう。

2 段落を複数回読む。
● まず下読み

　初めて読む文章を、1 単語 1 単語丁寧に読んでいくのは時間がかかるうえ、必ずしも内容がよく頭に入ってくるとは言えません。そこで、最初に段落を**下読み**することをお勧めします。下読みによって事前情報を得ることができるので、パッセージの内容をよりよく理解することができます。下読みの方法はいくつかありますが、代表的なものを以下に 2 つ紹介します。

1. 単語だけをざっと眺める：段落全体に目を走らせて、読むというよりも**眺める**感じで、その段落に**どんな単語が登場するか**確認します。これだけでも、何が書かれているのか、おおよその想像はつきます。
2. 主語と動詞を拾って読む：文構造をある程度把握しながら、**主語と動詞**を中心に読みます。例えばある文が In the 18th …と始まっていたら、その部分は修飾要素ですから飛ばして、その先にある**主語**、そして**動詞**を見つけます。目的語や補語も自然と目に留まるかもしれませんので、その場合はそれらも読みます。こうすると、内容の大筋が把握できます。

● 次に本読み→解答

　下読みが終わったら、今度は内容をより詳しく把握するためにパッセージをしっかり読み込む、**本読み**に入ります。「詳しく」と言っても 100% を目指すと読む速度が遅くなるので、80% 前後の理解度を目指すとよいでしょう。その段落の**本読み**が終わったら、設問の解答に入ります。解答が終わったら、次の段落も同じ「下読み→本読み→解答」の順に行います。

● 必要があれば 3 回読む

　解答する際は、パッセージ内から解答の根拠となる部分を特定します。そして必要があればその部分を再び丁寧に読みます。つまり、部分的には文を 3 回読むことになります。このことにより、全体を一度だけ丁寧に読むよりも理解度が上がります。3 回といっても、それほど時間はかかりません。下読みは 1 段落 10 ～ 20 秒程度。3 回目も部分的に読むだけです。むしろ理解度が上がるため解答に要する時間が減り、パッセージ全体にかかる処理時間を短縮できます（正解率も上がります）。

　「英文は一度でしっかり読み込むもの」という思い込みがあると、はじめはこのやり方に抵抗を感じるかもしれません。新しいやり方になじむには練習が必要です。練習

問題を何題も解くなかで練習することをお勧めします。最初はうまくいかなくても気にせず、数をこなしましょう。

3 時間配分を守ろう。

- ひとつのパッセージにつき20分という時間配分はあくまで目安ですが、基本的にはこの時間を守ることをお勧めします。前のほうのパッセージで時間を使い過ぎた場合、後半で挽回するのはほぼ不可能です（それができる人は、そもそも前半で時間をオーバーしません）。
- リーディングが苦手な人の場合、最も難しいPassage 3を捨てて、Passage 1と2に時間をかけるのもひとつのやり方です。Passage 3に時間を割いても、あまり正解率が変わらない可能性があるからです。ただしこのやり方は、6.0点以上を目指す人にはお勧めできません。時間内で全パッセージに取り組むことができ、かつ一定以上の正解率を保てる英語力をつけるべきです。なおPassage 3を捨てる場合も、できる限り解答欄は埋めるようにしましょう。
- リーディングが苦手な人には、Passage 3に多めの時間をかけて、Passage 1と2の時間を削る方法はお勧めできません。パッセージの難易度に適合しているように思えるかもしれませんが、実際には1と2の正解率が落ちるだけでしょう。難易度に差はあっても、配点は各パッセージとも同じです。捨てるのならPassage 3のほうがよいでしょう。
- 逆にリーディングが得意な人は、パッセージの難易度に合わせて**Passage 1：18分、2：20分、3：22分**ぐらいの配分を目指すと、Passage 3に多少の余裕を持って取り組めるでしょう。
- 時間配分を守るといっても、試験中に時間を気にし過ぎると、読解・解答に集中できなくなります。集中して設問に取り組み、時計は時折チェックするぐらいに留めましょう。
- わからない設問にこだわると時間を浪費します。6.5点を目指すなら、10問ほど間違えてもいいという余裕があります。全問正解しようとせずに、ある程度考えてもわからなければ先に進むようにしましょう。

4 単語力と文法知識を身につけよう。

- Listening Testと同じように、Reading Testでも**言い換え**が重要になります。特に穴埋めタイプの設問では、パッセージ本文と設問や選択肢の語句は、同じ意味の

ことを述べていながら表現が言い換えられています。それを見抜いて正解を導くためには、さまざまな英語表現を知っておく必要があります。
- また、時間内に解答するには一定の速読力が必要です。しかし、ただ時間を計って設問を解く練習をしても速くなるものではありませんし、無理に速く読んでも解答が間違っていたのでは元も子もありません。速読を実現するためには、「速く読もう」という意識の前に、基礎となる語彙力や文法力が必要です。語彙力が乏しかったら知らない単語に出会うたびに読むスピードが落ちますし、文法力がなかったら文を素早く正確に分析しながら読み進めることができません。
- 単語を覚えるには単語集を利用するのもひとつの手でしょうし、熟語や定型表現を覚えるには大学受験用の問題集などを利用するのもよいでしょう。文法知識を充実させるためにも大学受験用の参考書や問題集は適しています。
- 単語をどの程度深く覚えているかも重要な点です。単語集で覚えたばかりの単語は、文章の中で出会ったときに意味を思い出すのに時間がかかり、読むスピードを下げてしまいます。単語が深く知識として浸み込んでいれば、意味（対応する日本語訳）をパッと思い出せるようになります。さらに深く浸透すれば、日本語を介さずとも、いわゆる「英語のまま理解できる」状態になります。そこまで知識を深めるには、文章の中で同じ単語に何回も出会っていないといけません。最終的には、日ごろどのくらい英文を読んでいるか（聞いているか）が速読力を決めるのです。

5 大量に読もう。

- 英文を速く正確に読めるようになるためには、量が必要です。単語と文法の知識がある程度身についた人は、日常的に多くの英文を読むことを心がけましょう。
- 大量の英文を読むことで、上述のように語彙の知識を深めることができます。また、常に英文を文法的に解析している状態になるので、意味を把握する速度と精度も上がります。さらに、英文を和訳してから理解する癖のある人も、訳さずに大量に読むことによって、英文の処理速度を上げることができます。
- 読む対象は何でも構いません。小説でもビジネス書でもよいのです。まずは英語に触れることが大切ですから、興味の向いたものを片っ端から読んでいきましょう。IELTS に頻出するトピックに似た記事が掲載される *National Geographic* や *Scientific American* などの雑誌もお勧めです。読む英語は必ずしもイギリス英語にこだわる必要もありません。

Lesson 2 設問タイプ 1~4 の攻略（Passage 1）

ここからは、Reading Test の設問タイプごとに攻略法を紹介していきます。この Lesson 2 では設問タイプ 1 ～ 4 に取り組みます。

Lesson 2 で学ぶこと

このレッスンでは、以下の 4 つの設問タイプの攻略法を、実際に設問を解きながら身につけていきます。

設問タイプ 1：複数の選択肢から選ぶ（Multiple Choice）
設問タイプ 2：情報を特定する
　　　　　　（Identifying Information: True / False / Not given）
設問タイプ 3：筆者の見解や主張を特定する
　　　　　　（Identifying Writer's Views / Claims: Yes / No / Not given）
設問タイプ 4：情報を一致させる（Matching Information）

> ＊ IELTS の Listening Test は、各セクションの音声に内容的な特徴や頻出の設問パターンがあるため、Unit 1 はセクションごとの構成としました。一方、Reading Test の Passage 1 ～ 3 にはそのような特徴やパターンはないため、この Unit 2 は設問タイプごとに学んでいく構成としています。
> ＊各設問タイプを学ぶための構成としているため、本番の Reading Test の構成とは異なります。

Lesson 2　実践トレーニング

それでは実際に設問タイプ 1 ～ 4 に取り組んでみましょう。

Step 1　設問にトライする

以下の手順に従って取り組みましょう。
①別冊 p. 13 ～ 15 のパッセージを読みながら、本書の次のページから始まる設問を解いていく。
　その際、以下のことを念頭に置くようにする。

- 段落ごとに区切って読んで、その段落の内容について尋ねている設問に答えていく。
- 各段落は、①ざっと下読みする→②本読みして解答する→③必要があれば再度、解答の根拠となる部分を読む、と複数回読むようにする。

②解答は直接本書の設問に書き込んでいく。

③このレッスンの主目的は各設問タイプに慣れることなので、解答時間は気にしなくてもよい。

＊本番では、ひとつのパッセージにつき 20 分が目安。

④本書 p. 62 の解答を見て答え合わせする。次にパッセージを参照しながら、本文の解説を読む（パッセージの日本語訳は本書 p. 218 〜 222 に掲載）。

Lesson 2 設問   パッセージ→別冊 p. 13 〜 15

Question 1   設問タイプ 1

*Choose the correct letter, **A**, **B**, **C** or **D**.*

1   What is the major characteristic of an apex predator?

    A   It outlives all rival predators within its environment.

    B   It hardly gets preyed upon by another animal.

    C   It consumes more prey than other habitat species.

    D   It avoids nearly all risks in its struggle to survive.

Questions 2–4   設問タイプ 1

*Choose **THREE** letters, **A–G**.*

What strategies do hyenas employ when hunting prey or confronting lions?

A   Create a lot of noise

B   Hide using camouflage

C   Take advantage of the size of their group

D   Walk extremely quietly

E   Use a member of their clan as a decoy

F   Scare the enemy with their body size

G   Use group tactics that confuse the enemy

Unit 2 ● Reading Test 攻略

Questions 5–7　設問タイプ2

Do the following statements agree with the information given in Reading Passage 1?

In boxes 5–7 on your answer sheet, write:

TRUE　　　*if the statement agrees with the information*
FALSE　　*if the statement contradicts the information*
NOT GIVEN　*if there is no information on this*

5　Adult elephants are large enough to fight off even a large group of lions.

....

6　Hyena yelps sound like human laughs and even scare off lions.

....

7　Lions steal more kills from hyenas than hyenas do from lions. ....

Questions 8–10　設問タイプ3

Do the following statements agree with the claims of the writer in the text?

In boxes 8–10 on your answer sheet, write:

YES　　　*if the statement reflects the claims of the writer*
NO　　　 *if the statement contradicts the claims of the writer*
NOT GIVEN　*if it is impossible to say what the writer thinks about this*

8　Animal social structures headed by females are more competitive than those led by males. ....

9　It is not fair that hyenas are called 'thieves'. ....

10　Hyenas and lions often willingly collaborate to hunt prey and share the kill.

....

56

Lesson 2 ● 設問タイプ 1〜4 の攻略（Passage 1）

Questions 11–13 設問タイプ 4

Reading Passage 1 has eight paragraphs, **A–H**.
Which paragraph contains the following information?

*Write the correct letter, **A–H**, in boxes 11–13 on your answer sheet.*
NB *You may use any letter more than once.* （NB ＝注意）

11　A physical trait of hyenas that enables them to scavenge　..................
12　The different hunting approaches of lions and hyenas　..................
13　A location where hyenas and lions may once have been rivals　..................

Unit 2

Step 2 解答・解説

まず本書 p. 62 を見て答え合わせをしてから、以下の解説を読みましょう。

解説

＊ (l. 3) などは、別冊 p. 13 〜 15 の英文パッセージの行数を表しています。

[Q1 〜 Q4 全体について]

- Q1 〜 Q4 は設問タイプ 1 の「複数の選択肢から選ぶ設問」です。この設問タイプには Q1 のように 4 つの選択肢の中からひとつを選ぶもの、5 つの選択肢の中から 2 つを選ぶもの、Q2 〜 Q4 のように 7 つの選択肢の中から 3 つを選ぶものがあります。

- パッセージは段落ごとに読んでいきます。まず段落 A を読んで、続けて Q1 の設問文を読みます。設問文の中からキーワード（解答を導くカギとなる語句）を探して、それらの情報が段落 A に含まれているか判断します。そして含まれていたら、Q1 の選択肢を選ぶ作業に入ります。その際は、選択肢と段落内の対応する部分を対照しながら正解を見つけます。設問文と選択肢はパッセージ内の語句を言い換えて使っている場合が多く、しかも選択肢には**ワナ**も含まれているので注意しましょう。

- もし段落 A の中に Q1 と対応する情報がなかったら、次の段落 B 以降を、Q1 と対応する箇所にぶつかるまで読み進めます。もしくは Q2 以降の設問の中から段落 A と対応していそうな設問を探して、見つかったらそれらを先に解いてしまうという方法もあります。

57

[Q1]

- **段落 A**：設問文中の major characteristic と apex predator がキーワードです。段落 A は (l. 1) apex predator の定義から始まっているので、この段落が Q1 と対応していると想定して、各選択肢を検討していきます。パッセージ内の (l. 3) cannot be successfully, singly challenged by a different type of creature in its environment「生活環境内で異なる種類の生物からは単独では簡単には襲われない」が 選択肢 B の内容と同じだと考えて、B を選びます。challenged を選択肢では gets preyed upon「捕食される」と言い換えていることに注意しましょう。

  選択肢 A の outlives all rival predators「競争相手となる他のすべての捕食動物よりも長生きする」という内容はパッセージには書かれていません。また選択肢 C の「どのくらい獲物を食べる (consumes) か」という比較はパッセージ内になく、また D の avoids ... all risks はパッセージ内の (l. 5) This does not mean ... other animals. という記述と矛盾します。このように、選択肢の中のどの部分がダメなのかをしっかり特定しながら、間違いとなる選択肢を消去していきます。「何となく雰囲気で」選ばないようにしましょう。

[Q2 〜 Q4]

- Q1 の解答が終わったら、Q2 〜 Q4 の設問文を読んで、段落 A から解けそうかどうか判断します。段落 A では Q2 〜 Q4 の設問文のキーワードである strategies などに関する話は出ていないので、この段落とは対応しないと考えて、対応箇所を求めて次の段落 B を読みます。

- **段落 B**：Q2 〜 Q4 の設問文の主なキーワードは strategies と hyenas ですが、hunting prey や confronting lions もヒントにして、段落 B、特にその後半部分が設問に対応していると考えて、各選択肢の検討を開始します。段落最後の (l. 19) Hyenas can use their much larger numbers to overwhelm lions.「ハイエナは自分たちのはるかに多い頭数を利用してライオンを圧倒できる」が 選択肢 C と対応しているので、まず C を選びます。ちなみに、C と同じ size という語が出ている選択肢 F の内容は、どちらかといえばライオンの特徴なので消去します。

- **段落 C**：段落 B には、上の選択肢 C と F 以外の選択肢と対応する箇所がなさそうです。そこで次の段落 C に読み進むと、ハイエナについて (l. 26) Using loud, distinctive yelps,「大きく独特なほえ声を使って」とあるので、この内容と対応する選択肢 A を選びます。ちなみに (l. 23) camouflage は選択肢 B に出ていますが、これはライオンの特徴ですから消去します。また、(l. 23) stealthily approaching their prey on padded feet「ふかふかの足を使ってこっそり近づく」は選択肢 D と対応していますが、これもライオンの特徴なので消去します。

- **段落 D**：段落 C には選択肢 E および G と対応する部分がないので、次の段落 D を読みます。段落 D は全体的な内容が選択肢 G と対応しているので、まず G を選びます。選択肢 E の「一族 (clan) の一員をおとり (decoy) として使う」という内容と対応する情報は結果的になかった、と考えます。

[Q5 ～ Q7]

- Q5 ～ Q7 は設問タイプ 2 の「情報を特定する設問」です。この設問タイプでは、パッセージに書かれている情報どおりのものを TRUE、パッセージに書かれている情報だが内容が異なるものを FALSE、パッセージに書かれていない情報を NOT GIVEN とします。

  設問文の中からキーワードを探して、パッセージ内でそれと関係のありそうな部分を特定して判断します。

- **Q5**：設問文の中で一番大きなヒントになりそうなキーワードの elephant(s) は、段落 B (l. 13) に登場します (Q1 ～ Q4 を解く過程でこのことに気づき、先に Q5 を解く手順にしても結構です)。パッセージに (l. 12) a large 'pride', or group, of 30 lions has even been observed killing an adult elephant とありますが、これは「ライオンの群れが成長したゾウを殺しているところが観察された」ということであって、設問文の「成長したゾウはライオンの群れを撃退するほど大きい」という内容には触れていないので、NOT GIVEN とします。

  このように NOT GIVEN になる設問文は、設問文中の重要キーワードがパッセージに出てはいるものの、それに関連する詳細な情報が書かれていない場合が多いと言えます。キーワード自体がパッセージに出ていないということはほとんどありません。

  ちなみに、「ライオンがゾウを殺す」という情報が書かれているから、「ゾウがライオンを撃退する」となっている Q5 は FALSE だと考えてはいけません。「ライオンの群れがゾウを殺しているところが観察された」と書いてあっても、ラ

Unit 2 ● Reading Test 攻略

イオンが常にゾウより強いかどうかはわかりません。「ゾウがライオンを撃退する」可能性についてはパッセージ内では書かれていないので、NOT GIVEN とします。

- **Q6**：設問文中のキーワードである Hyena yelps「ハイエナのほえ声」は、**段落 C** (l. 29) に登場します。もうひとつのキーワードである human laughs も、同じ段落 (l. 30) に登場します。しかし「人間の笑い声によく似たハイエナのほえ声」は、(l. 30) can attract nearby lions「近くのライオンを引きつけることがある」と書かれており、設問文の scare off lions「ライオンを追い払う」とは矛盾するので、FALSE と判断します。このようにパッセージに書かれている内容とまったく矛盾するものが FALSE となります。

- **Q7**：設問文中のキーワードである steal more kills「より獲物を盗む」という情報は段落 D までには登場しないので、次の**段落 E** に進みます。すると (l. 42) lions actually run hyenas off kills far more often than the reverse「実はライオンが獲物からハイエナを追い払うことは、逆の場合よりもはるかによくあることだ」と書かれており、設問文の内容と一致するので、TRUE と判断します。

[Q8 〜 Q10]

- Q8 〜 Q10 は設問タイプ 3 の「筆者の見解や主張を特定する設問」です。この設問タイプでは筆者の見解や主張について、パッセージ内でそのとおりに述べられていれば YES、述べられていることと矛盾していたら NO、述べられていなければ NOT GIVEN と判断します。

  解答の手順は Q5 〜 Q7 の設問タイプ 2 と同じで、設問文の中からにキーワードを探して、パッセージ内でそれと関係のありそうな部分を特定して判断します。設問タイプ 3 では、筆者の見解なのか単なる事実なのかを線引きしにくい設問がしばしば出題されるので、設問タイプ 2 との違いをことさら意識する必要はありません。

- **Q8**：設問文の social structure(s)「社会構造」というキーワードが出てくるのは**段落 B** (l. 15) です。しかし、ここでは「メスとオスのどちらに率いられた社会構造のほうが強い（competitive）か」についての筆者の見解は書かれていないので、NOT GIVEN と判断します。ここでもやはり、Q5 の NOT GIVEN の設問と同様に、設問文中の重要キーワードがパッセージに出てはいるものの、それに関連する詳細な情報は書かれていません。

Lesson 2 ●設問タイプ1~4の攻略（Passage 1）

- **Q9**：設問文中のキーワードの thieves「泥棒」が出てくるのは**段落 E** (l. 40) です。段落 E には (l. 41) hyenas actually kill 50 per cent of the animals they eat「実はハイエナは食べる動物の 50 パーセントを殺す」、(l. 42) lions actually run hyenas off kills far more often than the reverse「実はライオンが獲物からハイエナを追い払うことは、逆の場合よりもはるかによくあることだ」と書かれているので、このことから筆者は設問文と同じように「ハイエナが泥棒と呼ばれるのは公平（fair）ではない」と考えていることが推測できます。従って YES だと判断します。
- **Q10**：設問文の「ハイエナとライオンがしばしば進んで（willingly）協力する」かどうかという情報は、これまで読んだ段落には出ていませんでした。従って次の**段落 F** を読みます。すると (l. 50) grudgingly 'share'「いやいやながら分け合う」という表現に出会います。ハイエナもライオンも相手を追い払えない状況で「いやいや」行っていることであり、willingly とは矛盾するので、NO と判断します。

[Q11～Q13]

- Q11～Q13 は設問タイプ 4 の「情報を一致させる設問」です。この設問タイプでは、設問の情報がどの段落に記述されているかを特定します。設問の語句自体がキーワードになっていますが、その中でも重要なキーワードを頼りに、その情報が書かれている段落を探します。
  　なお、ひとつの段落に 2 つ以上の情報が書かれており、同じ段落のアルファベットを 2 回以上解答に使用する場合もあります。
- **Q11**：設問の「食べ物をあさる（scavenge）ことを可能にするハイエナの身体的特徴」という情報は、これまで読んできた段落には書かれていませんでした。そのため、次の**段落 G** を読むと、(l. 57) Both lions and hyenas will **scavenge** と、キーワード scavenge が出てきます。続けて (l. 58) the hyena is better equipped for it. Hyenas have an exceptionally strong bite, able to crack open even the toughest bones ... とあります。「あさるための能力がより高く、非常にかむ力が強い」ということなので、この部分が設問文と対応すると判断します。
- **Q12**：設問の「ライオンとハイエナの異なる狩りのやり方（approaches）」は、すでに読んだ、(l. 21) hunting techniques について書かれている**段落 C** に記

述されていました。

- **Q13**：設問内の location はもちろん、may once have been rivals にも注目します。これは「かつて競争相手であったかもしれない」と過去のことを述べています。過去の情報はこれまでの段落にはありませんでしたので、次の段落 H を読むと、(l. 67) the hyena-lion rivalry goes back at least 12,000 years to the Late Pleistocene age とあり、また、(l. 69) Europe という location「場所」も示されていますので、この段落が対応していることがわかります。

解答

Q1: B　Q2〜4: A、C、G　Q5: NOT GIVEN　Q6: FALSE　Q7: TRUE
Q8: NOT GIVEN　Q9: YES　Q10: NO
Q11: G　Q12: C　Q13: H

＊文字は大文字／小文字どちらで書いても構いません。

Lesson 3 設問タイプ 5~8 の攻略（Passage 2）

この Lesson 3 でも引き続き、Reading Test の設問タイプごとに攻略法を学んでいきます。今回は設問タイプ 5 〜 8 に取り組みます。

Lesson 3 で学ぶこと

このレッスンでは、以下の 4 つの設問タイプの攻略法を、実際に設問を解きながら身につけていきます。

設問タイプ 5：見出しを一致させる（Matching Headings）
設問タイプ 6：特徴を一致させる（Matching Features）
設問タイプ 7：文末を一致させる（Matching Sentence Endings）
設問タイプ 8：文を完成させる（Sentence Completion）

> ＊このレッスンは各設問タイプを学ぶための構成としているため、本番の Reading Test の構成とは異なります。

Lesson 3　実践トレーニング

それでは実際に設問タイプ 5 〜 8 に取り組んでみましょう。

Step 1　設問にトライする

以下の手順に従って取り組みましょう。

①別冊 p. 16 〜 19 のパッセージを読みながら、本書の次のページから始まる設問を解いていく。

その際、以下のことを念頭に置くようにする。

- 今回はひとつの段落に複数の設問が関わっていることが多いので、できれば**段落ごとに読み進みながら、複数の設問に同時並行で答える**ようにする。
- 各段落は、①ざっと下読みする→②本読みして解答する→③必要があれば再度、**解答の根拠となる部分を読む**、と複数回読むようにする。

②解答は直接本書の設問に書き込んでいく。
③このレッスンの主目的は各設問タイプに慣れることなので、解答時間は気にしなくてもよい。
＊本番では、ひとつのパッセージにつき 20 分が目安。
④本書 p. 70 の解答を見て答え合わせする。次に、パッセージを参照しながら本文の解説を読む（パッセージの日本語訳は本書 p. 223 〜 227 に掲載）。

Lesson 3 設問　　パッセージ→別冊 p. 16 〜 19

Questions 14–17　設問タイプ 5

Reading Passage 2 has seven paragraphs, **A–G**.
*Choose the correct heading for paragraphs **B**, **D**, **E** and **G** from the list of headings below.*
*Write the correct number **i–vii** in boxes 14–17 on your answer sheet.*

List of Headings

i	Concerns about the advancement of computers
ii	Historical perspectives on computer systems
iii	The impact of technology on the labour market
iv	A provision of unconditional funds to all people
v	The precision of computer-created writing
vi	The unforeseeable future impact of computers
vii	Computers exceeding human musicians

Example.　Paragraph A ....ii............
14　Paragraph B ....
15　Paragraph D ....
16　Paragraph E ....
17　Paragraph G ....

Lesson 3 ● 設問タイプ 5~8 の攻略（Passage 2）

Questions 18–22　設問タイプ 6

Look at the following statements (Questions 18–22) and the list of specialists below.
*Match each statement with the correct specialist, **A–E**.*
*Write the correct letter, **A–E**, in boxes 18–22 on your answer sheet.*

18　Computer systems can be originally artistic. ....
19　Computers can be more credible as writers than humans. ....
20　Intelligent systems could endanger human existence. ....
21　Intelligent systems will probably develop gradually. ....
22　Income gaps could be exceptionally large. ....

List of Specialists
A　David Cope
B　Michio Kaku
C　Christer Clerwall
D　Tyler Cowen
E　Stephen Hawking

Questions 23–25　設問タイプ 7

*Complete each sentence with the correct ending, **A–E**, below.*
*Write the correct letter, **A–E**, in boxes 23–25 on your answer sheet.*

23　Earlier computer systems had to ....
24　Holographic images can ....
25　Current laws are unable to ....

A　take a lot of time even for simple calculations.
B　limit themselves to computational functions.
C　block other systems from competing with them.
D　do live entertainment like humans.
E　keep up with scientific advances in computers.

65

Unit 2 ● Reading Test 攻略

Questions 26 and 27　設問タイプ 8

Complete the notes below.
*Choose **ONE WORD ONLY** from the passage for each answer.*

Computers in the hiring process

Recommendations made by computers lead to more **26** .... hiring.
Some managers have positive opinions about hiring completely done by computers, as computers are free from **27** .... about human characteristics.

Step 2　解答・解説

まず本書 p. 70 を見て答え合わせをしてから、以下の解説を読みましょう。

解説

＊(l. 3) などは、別冊 p. 16 〜 19 の英文パッセージの行数を表しています。

[Q14 〜 Q17]

- Q14 〜 Q17 は設問タイプ 5 の「見出しを一致させる設問」です。段落の内容を簡潔に表した「見出し (Headings)」が、どの段落と対応するかを判断します。
- このタイプの設問を一気にすべて解答しようとすると、パッセージのかなりの部分、または全体を先に読まなければならなくなります。そのため、**段落ごとに読んで解答する方法**で、ほかの設問と同時並行で解いていくとよいでしょう。
- **Q14**：段落 B はコンピューターが音楽を作ったり演奏したりして人気を博していることを紹介し、(l. 27) it may be only a matter of time before such software systems begin to challenge musicians、つまり「(人間の) ミュージシャンに対抗 (challenge) し始めるのも時間の問題」と述べているので、**vii** の内容と対応します。
- **Q15**：段落 D はコンピューターが書く文章の質の高さに言及して、(l. 59) computer-generated articles were '**more accurate**, informative and trustworthy' と述べています。この more accurate「より正確な」が **v** の precision「正確さ」と対応します。
- **Q16**：段落 E はコンピューターの進歩がもたらし得るさまざまなマイナス面を述べ

ているので、i の Concerns「懸念」と対応します。
- **Q17**：段落 G は (l. 97) It is probably **impossible to forecast** the long-term impact of advanced computer systems と述べているので、vi の内容と対応します。

[Q18～Q22]
- Q18～Q22 は設問タイプ 6 の「特徴を一致させる設問」です。「研究者の名前」と「その人の発言」など、ある項目とそれについて本文に書かれている情報を結びつけます。
- 「設問文の中でキーワードを探して、次に本文の中で人物名を探して対照させる」という方法もありますが、「**段落ごとに読んでいきながら、人物名が出てきたらその都度、発言内容と合致する設問文を探して解答しておく**」という方法のほうが効率的でしょう。ここでは、後者の方法で解説しています。
- **Q18**：段落 B　出てくる人名：David Cope
　　段落 B を読んでいると (l. 23) David Cope（選択肢 A）という人名が出ているので、設問文に目を通します。パッセージの (l. 23) Emily is able to create 'interesting musical discoveries', Cope writes, that are **essentially creative pieces** thought up by a machine. は、「エミリー（＝ソフトウェアの名）は本質的に創造的な作品（essentially creative pieces）を作る」という内容なので、設問文 18 の内容と合っていると判断できます。特にパッセージの essentially creative と設問文の originally artistic が対応しているのがカギです。
- **Q19**：段落 D　出てくる人名：Christer Clerwall
　　段落 D を読んでいると、(l. 58) Christer Clerwall（選択肢 C）という人名が出ているので、設問文に目を通します。パッセージでは、この人が (l. 59) computer-generated articles were 'more accurate, informative and **trustworthy**' than human-generated ones ということを発見したとあるので、設問文 19 の内容と合っています。特にパッセージの trustworthy「信頼できる」が設問文の more credible「より信頼できる」と対応しているのがカギです。
- **Q20、Q22**：段落 E　出てくる人名：Tyler Cowen と Stephen Hawking
　　段落 E の中盤には (l. 70) Tyler Cowen（選択肢 D）という人名が、そして最後には (l. 77) Stephen Hawking（選択肢 E）という人名が出てくるので、設問文に目を通します。

まず Tyler Cowen については、パッセージ内の (l. 72) the economist sees a world of **sprawling inequality** just a few decades away、つまり「広がる不平等を予見している」という内容が、設問文 22 に対応します。

次の人名 Stephen Hawkins に関しては、(l. 77) has warned that AI could **eradicate human beings** が設問文 20 に対応します。eradicate「根絶する」が設問文の endanger「絶滅の危機にさらす」と対応しているのがわかるかどうかがカギです。

- **Q21**：段落 F　出てくる人名：Michio Kaku

段落 F に読み進むと (l. 93) Michio Kaku（選択肢 B）という人名が出ているので、残っている設問文 21 に目を通します。パッセージ内では (l. 94) they would likely do so **in stages**, not all at once. This would **give humans ample time** to …という主張が述べられています。「段階的に」、「十分過ぎるほどの時間を与える」ということなので、設問文 21 の内容と合致しているとわかります。

[Q23 〜 Q25]

- Q23 〜 Q25 は設問タイプ 7 の「文末を一致させる設問」です。この設問タイプでは、設問文の前半からキーワードを見つけて、パッセージ内でそのキーワードと関連する情報を特定し、選択肢と対照して正解を見つけます。

もちろん段落ごとに読んでいるときに関連する情報が見つかれば、その段階で解いてしまって構いません。

- **Q23**：設問文中のキーワードである Earlier computer systems の話題は段落 A に出ています。ここで気をつけるべきワナは選択肢 A です。「初期のコンピューターは遅かった」という話は、仮に真実であったとしても、段落 A には書かれていません。自分の知識や常識から解答しないようにしましょう。パッセージ内の (l. 2) computers would be limited to **calculation** という部分が選択肢 B と対応します。パッセージの calculation が選択肢では computational functions「計算機能」と言い換えられています。

- **Q24**：設問文中のキーワードである Holographic images は段落 B に (l. 25) holographic 'performers' として登場します。(l. 25) holographic 'performers' are also gaining some popularity, drawing large crowds to **their shows** の部分と、選択肢 D が内容的に対応しています。パッセージの their shows が選択肢では live entertainment と言い換えられています。

Lesson 3 ●設問タイプ 5~8 の攻略（Passage 2）

- **Q25**：設問文中のキーワードである laws「法律」という単語はパッセージに出てきませんが、「現在の法律は〜できていない」という内容から、「コンピューターのマイナス面」について書かれた段落 E か、「コンピューターの未来の予測ができない」ことが書かれた段落 G と対応するのではないかと見当をつけます。すると、段落 G に (l. 100) **progress** in the field is entirely unregulated and quite possibly beyond the scope of any effective regulation「この分野の進歩はまったく規制されておらず、おそらくどんな有効な規制も適用できないだろう」とあり、この内容が選択肢 E に対応しています。パッセージ内の progress は、選択肢では advances と言い換えられています。

[Q26 and Q27]

- Q26 と Q27 は設問タイプ 8 の「文を完成させる設問」です。設問文中のキーワードに注目して、パッセージの中から対応する部分を特定します。また、この設問タイプにはメモのタイトル（ここでは Computers in the hiring process）のようなものがついている場合がありますので、それもヒントになります。
- この設問タイプは、パッセージを上から段落ごとに読んでいて該当する部分まで来たときに、ほかの設問と並行して解いてしまって構いません。
- 解答を探す際にヒントになるのは品詞です。設問文はパッセージ内の文の言い換えになっていますが、空欄に書き込む単語（または語句）はパッセージ内に出ているものとまったく同じです。そのため空欄の前後を見て、そこにどんな品詞が入るべきか考えたうえで、パッセージ内から同一の品詞の解答候補を探しましょう。
- **Q26**：メモのタイトルおよび設問文中のキーワードである hiring「雇用、採用」が出てくるのは段落 C です。空欄は lead to「〜につながる」の前置詞 to の直後ですから、空欄の後の hiring は動名詞であると考えて、空欄には hiring を修飾する形容詞が来るのでないかと予想します。するとパッセージ内の (l. 37) computer-recommended job candidates are more likely to be **successful** という部分に **successful** という形容詞が見つかります。パッセージでは補語として使われていますが、これを hiring を修飾する形で空欄に入れれば、設問文が同じ内容を表すことになります。
- **Q27**：この設問文中にも hiring があるので、ここも段落 C から作られていると見当をつけます。そして設問文の内容から、「責任者がコンピューターによって行われる採用に肯定的な意見をもつ理由」が書かれている部分をパッセージ内から見つけ

69

空欄は前置詞 from の直後ですから、名詞が入ると推測できます。また、free from ...「...がない」という表現として使われているので、「コンピューターにはない要素」が入ることもわかります。すると**段落 C** に (l. 41) computer systems can avoid typical **human biases** ...「コンピューター・システムは典型的な人間の偏見を避けることができる」と出ています。設問には**「選べるのは 1 単語のみ」**という条件が書かれているので、human をカットして **biases** を解答とします。パッセージの avoid「避ける」が、設問文では free from に言い換えられていることにも注意しましょう。

解答
Q14: vii   Q15: v   Q16: i   Q17: vi
Q18: A   Q19: C   Q20: E   Q21: B   Q22: D
Q23: B   Q24: D   Q25: E   Q26: successful   Q27: biases

＊文字は大文字／小文字どちらで書いても構わず、スペリングもイギリス英語とアメリカ英語どちらのスタイルでも構いませんが、Reading Test ではパッセージ本文の表記のまま書くのが基本です。

Lesson 4 設問タイプ 9~11 の攻略（Passage 3）

設問タイプごとの攻略法も、いよいよ最後のレッスンまで来ました。今回は設問タイプ 9 ～ 11 に取り組みます。

Lesson 4 で学ぶこと

このレッスンでは、以下の 3 つの設問タイプの攻略法を、実際に設問を解きながら身につけていきます。

設問タイプ 9 ： 要約、メモ、表、フローチャートを完成させる
　　　　　　　（Summary / Note / Table / Flow Chart Completion）
設問タイプ 10： 図表を完成させる（Diagram Label Completion）
設問タイプ 11： 短答問題（Short-Answer Questions）

> ＊このレッスンは各設問タイプを学ぶための構成としているため、本番の Reading Test の構成とは異なります。

Lesson 4　実践トレーニング

それでは実際に設問タイプ 9 ～ 11 に取り組んでみましょう。

Step 1　設問にトライする

以下の手順に従って取り組みましょう。

①別冊 p. 20 ～ 22 のパッセージを読みながら、本書の次のページから始まる設問を解いていく。

　その際、以下のことを念頭に置くようにする。

- 段落ごとに区切って読んで、その段落の内容について尋ねている設問に答えていく。
- 各段落は、①ざっと下読みする→②本読みして解答する→③必要があれば再度、解答の根拠となる部分を読む、と複数回読むようにする。

② 解答は直接本書の設問に書き込んでいく。
③ このレッスンの主目的は各設問タイプに慣れることなので、解答時間は気にしなくてもよい。
　＊本番では、ひとつのパッセージにつき 20 分が目安。
④ 本書 p. 77 の解答を見て答え合わせする。次にパッセージを参照しながら、本文の解説を読む（パッセージの日本語訳は本書 p. 228 〜 231 に掲載）。

Lesson 4 設問　　パッセージ→別冊 p. 20 〜 22

Questions 28–31　設問タイプ 9

Complete the summary below.
*Choose **NO MORE THAN TWO WORDS** from the passage for each answer.*
Write your answers in boxes 28–31 on your answer sheet.

Stem Cells

Cells have a lifespan: growing, maturing and dying. Cells are **28** .... to replace dead ones. Sometimes, parts of the body experience damage through illness or injury. Doctors have traditionally used organ transplants in such cases. However, this can sometimes lead to **29** ....
Inspired by **30** .... , scientists are now focusing their efforts on regeneration. The **31** .... is a clear example of natural regeneration. Using stem cells, researchers hope to accomplish the same process in humans.

Lesson 4 ●設問タイプ 9~11 の攻略（Passage 3）

Questions 32–35　設問タイプ 10

Label the diagram below.
Choose **NO MORE THAN TWO WORDS** from the passage for each answer.
Write your answers in boxes 32–35 on your answer sheet.

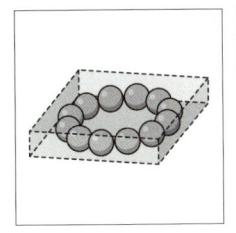

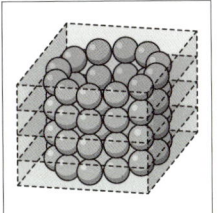

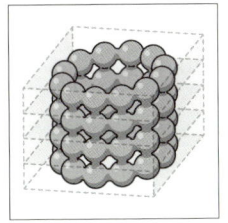

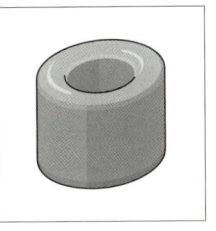

Cells are printed out and inserted into **32** ....

Several layers are used to build a **33** ....

The **34** .... of cells occurs as the biopaper dissolves.

The process ends in a **35** ....

Questions 36–40　設問タイプ 11

Answer the questions below.
Choose **NO MORE THAN THREE WORDS** from the passage for each answer.
Write your answers in boxes 36–40 on your answer sheet.

36 What is difficult to maintain in solid organs during stem cell injection?

　..

37 What technology has limitations in relation to the complexity of organs?

　..

38 What is the worst possible outcome of stem cell injection?

　..

39 What does Dr. Anthony Atala use to grow cells?

　..

40 How can cells be trained prior to insertion, in order to improve their chances of acceptance?

　..

Unit 2 ● Reading Test 攻略

Step 2 解答・解説

まず本書 p. 77 を見て答え合わせをしてから、以下の解説を読みましょう。

解説

＊ (l. 3) などは、別冊 p. 20 〜 22 の英文パッセージの行数を表しています。

[Q28 〜 Q31]

- Q28 〜 Q31 は設問タイプ 9 の「要約、メモ、表、フローチャートを完成させる設問」のうち、要約を完成させるものです。要約の空欄に入る単語（または語句）をパッセージから抜き出します。

- この設問タイプは、ほとんどの場合は隣接するいくつかの段落を要約しており、パッセージ全体にまたがることはありません。従って、要約文中のキーワードを頼りに、どの段落から出題されているかを特定します。もちろん、段落ごとに読んでいくあいだに要約文に目を通して、読んでいる段落と対応しているようなら先に解答してしまっても結構です。

- 要約文はパッセージ内の文の言い換えになっています。ただし、空欄に書き込む単語（または語句）はパッセージ内に出ているものとまったく同じです。そのため空欄の前後を見て、そこにどんな品詞が入るべきか考えたうえで、パッセージ内から同一の品詞の解答候補を探しましょう。

- **Q28**：空欄は be 動詞 are の直後ですから、名詞、形容詞、過去分詞などが入るだろうと予想しつつ、要約文内のキーワードである replace dead ones「死んだものと入れ替わる」と対応する部分をパッセージ内で探します。すると**段落 A** の (l. 3) take the place of these dead cells が対応していますので、その直前にあり、かつ be 動詞の後ろの過去分詞である (l. 3) being regenerated の **regenerated** が正解だと判断します。

- **Q29**：空欄は lead to「〜につながる」の前置詞 to の直後にあるので、名詞が入ると考えます。要約文内の organ transplants「臓器移植」や、逆接を表す However などから、臓器移植のマイナス面を書いている部分をパッセージ内で探すようにして、**段落 B** の (l. 15) a transplant always runs a high risk of ... の直後にある、名詞句 **cellular rejection** を選びます。

- **Q30**：空欄は前置詞 by の直後にあるので、名詞が入ると考えます。要約文の

Lesson 4 ●設問タイプ 9~11 の攻略（Passage 3）

「Inspired by …（…に触発されて）」→「科学者たちは臓器再生に努力を集中させている」という流れを念頭にパッセージを探すと、**段落 C** に (l. 19) looking for a way to solve the problem of damaged organs **by turning to nature**「自然に目を向けることによって、損傷した臓器の問題を解決する方法を探している」とあります。by turning to **nature** = Inspired by **nature**「自然に触発されて」と考えて、**nature** を選びます。

- **Q31**：空欄の直前が冠詞 The で、直後が動詞 is であることから、空欄には主語になる名詞が入ると考えます。要約文の内容から、空欄に入るものは「自然界における再生 (natural regeneration) の例になるもの」なので、**段落 C** の (l. 24) some creatures, **such as some species of lizard, can regrow entire limbs**「ある種のトカゲのような生物には、四肢全体を再生できるものがいる」から **lizard** を選びます。

[Q32 ~ Q35]

- Q32 ~ Q35 は設問タイプ 10 の「図表を完成させる設問」です。パッセージの一部を図表にしたものが設問になっているので、まずはパッセージのどの部分が設問になっているか特定して、図（表）との対応を探りながら、正解となる語句を探します。
- この設問タイプでは、図（表）と対応する説明文の一部が空欄になっているものと、説明文がなく空欄のみのものがあります。
- 説明文がある場合は、やはりパッセージ内の文の言い換えになっていることが多く、また解答となる語句はパッセージに出ているものとまったく同じものですから、設問タイプ 8 や 9 などと同様の考え方で正解を探します。
- **Q32 ~ Q35 が出題されている段落**：図の特徴などから、bioprinting の過程を説明した**段落 E** から出題されていると判断します。
- **Q32**：設問文内のキーワード inserted「挿入される」を手がかりに、前置詞 into に続くような名詞を探すと、(l. 45) bioprinter と (l. 47) biopaper が見つかります。設問文の Cells are **printed out** and **inserted into** から、プリントアウトされた後に挿入されることがわかるので、正解はプリントアウトするための bioprinter ではなくて、**biopaper** のほうだと判断できます。
- **Q33**：設問文内のキーワード Several layers と対応するのが (l. 47) More cells are printed out, inserted into the biopaper and likewise **layered on**

Unit 2 ● Reading Test 攻略

top, の部分なので、その直後の creating the scaffold の **scaffold** を選びます。
- **Q34**：設問文に as the biopaper dissolves「biopaper が溶けるとき」とあるので、そのときに起こることをパッセージから探します。(l. 50) **cellular fusion** naturally takes place and the cells begin to grow on their own **as the biopaper dissolves**. から、パッセージの cellular fusion と設問文の The .... of cells が対応していることに気づいて、**fusion** を選びます。
- **Q35**：設問文の ends in を手がかりに、段落 E 最後の (l. 51) A **complete organ** is the end result. から **complete organ** を選びます。

[Q36 ～ Q40]
- Q36 ～ Q40 は設問タイプ 11 の「短答問題」です。この設問タイプでも、設問文中からキーワードを見つけて、パッセージ内でキーワードに対応する部分を探して、そこから語句を抜き出します。もちろん段落ごとに読んでいるときに対応する部分が見つかれば、その段階で解いてしまって構いません。
- **Q36**：設問文内のキーワードである stem cell injection などを頼りに、段落 F からの出題だと判断します。設問文の maintain と対応する (l. 58) **maintain** adequate **blood flow** などから、**blood flow** が正解だとわかります。
- **Q37**：設問文の limitations や complexity などをキーワードとして、段落 F の (l. 59) **Bioprinting** of organs is also **limited** から **Bioprinting** を抜き出します。もうひとつのキーワードである complexity は、この後に出てくる (l. 62) highly complex organs と対応しています。このように、解答部分の後ろがキーワードと対応していることもしばしばあります。
- **Q38**：設問文の the worst possible outcome がキーワードです。段落 F の (l. 67) **In a worst case scenario**, stem cells form **tumours** と対応することを確認して、**tumours** が正解だと判断します。
- **Q39**：設問文内のキーワードの Dr. Anthony Atala は段落 G に見つかります。(l. 77) He and his colleagues prefer to work with '**smart biomaterials**', から、**smart biomaterials** が正解だと判断します。
- **Q40**：設問文の trained prior to insertion をキーワードとして、同じ段落 G にある (l. 81) Doctor Atala's teams have also '**trained**' cells through **stretching and exercising** them **prior to insertion**; から、**stretching and exercising** を抜き出します。

Lesson 4 ●設問タイプ 9~11 の攻略（Passage 3）

解答

Q28: regenerated　　Q29: cellular rejection　　Q30: nature　　Q31: lizard
Q32: biopaper　　Q33: scaffold　　Q34: fusion　　Q35: complete organ
Q36: blood flow　　Q37: bioprinting　　Q38: tumours
Q39: smart biomaterials　　Q40: stretching and exercising

＊文字は大文字／小文字どちらで書いても構わず、スペリングもイギリス英語とアメリカ英語どちらのスタイルでも構いませんが、**Reading Test** ではパッセージ本文の表記のまま書くのが基本です。

Unit 3
Writing Test 攻略

Lesson 1 Writing Test の全体像……………… 80
Lesson 2 Task 1 の攻略……………………… 85
Lesson 3 Task 2 の攻略……………………… 103

Lesson 1 Writing Test の全体像

最初に Writing Test の構成、テストの評価基準、そしてスコアアップするためのコツを把握しておきましょう。

試験の形式： 解答用紙に鉛筆で、手書きでエッセイを書く。
構成と試験時間： Task 1 と Task 2 の 2 つのタスク。
Task 1 は最低 150 ワード、Task 2 は最低 250 ワードで書く。
制限時間は 60 分。タスクごとの時間制限はないが、Task 1 は目安 20 分、Task 2 は目安 40 分。
＊ Task 1 と Task 2 のそれぞれに対して、専用の解答用紙が配られる。
スコア： Task 1 と Task 2 のそれぞれに 1.0 〜 9.0 のバンドスコアを与えられ、それを基に Writing Test 全体のバンドスコアが 1.0 〜 9.0 で出される。
＊ Task 1 と Task 2 の配点の比率は 1 対 2 となる。

✔ 2 つのタスクの内容

Writing Test の 2 つのタスクは、以下のような内容になっています。

Task 1
- グラフや図表などが与えられ、その内容を文章で説明する。
- 最低 150 ワードで書く。

Task 2
- トピックが与えられ、それに対する自分の意見を述べる。
- 最低 250 ワードで書く。

✔ 評価基準を知っておこう

スコアアップを目指すには、どのような観点で自分が書いたエッセイが評価されるか（＝評価基準）を知っておく必要があります。ここでは IELTS の Writing Test の評価基準を紹介します。なお、この評価基準は Task 1、Task 2 共通です。

タスクの達成（Task Achievement）：Task 1
タスクへの応答（Task Response）：Task 2
- タスクの要求を十分に満たしているか。
- ワード数が足りているか。
- Task 1 では、グラフや図表などに含まれる情報を過不足なく表現できているか。
- Task 2 では、トピックに対する自分の意見を、理由や具体例を挙げて展開しているか。また、記述内容はすべてトピックに関連したものであるか。

論理的一貫性とつながり（Coherence and Cohesion）
- 明確かつ自然な英語で、情報や自分の考えをわかりやすく伝えることができているか。
- 論理関係を示す表現を適切に用いて、論理的に構成できているか。
  ＊接続詞、代名詞、など。

語彙の豊富さ（Lexical Resource）
- 使える語彙の幅が広いか。
  ＊make だけでなく、create や establish なども文脈に応じて使える、など。

文法表現の豊富さと正確さ（Grammatical Range and Accuracy）
- さまざまな文法表現を使いこなせるか。
  ＊助動詞、仮定法、関係代名詞、など。
- 文法は正確か。
  ＊時制を正確に使える、など。

＊各評価基準ごとに 1.0 ～ 9.0 のバンドスコアを出し、その平均点が各 Task のバンドスコアとなります。

✅ ライティングのコツ

ここでは Task 1、Task 2 共通の、ライティングのコツを紹介します。試験本番のときだけでなく、日ごろトレーニングするときにも、これらを頭に入れてエッセイを書いてください。

1 時間配分を守ろう。
- Task 1 は 20 分、Task 2 は 40 分という「制限時間」はあくまで目安ですが、できるだけこの時間を守って書きましょう。Task 1 に 25 分ぐらいかけてしまう人がいますが、Task 2 を残り 35 分で書き上げるのは困難です。

- Task 2 を先に書いて、次に Task 1 を書く方法を勧める人もいますが、Task 2 に時間をかけ過ぎてしまえば Task 1 のための時間が減ってしまいます。「Task 2 の配点は Task 1 の 2 倍なので、そちらに多くの時間を割く」という考え方もありますが、バンドスコア 6.5 点以上を狙うのなら、どちらかの Task を犠牲にするようなことは避けるべきです（6 点以下が目標の人にはよい方法かもしれません）。
- どちらの Task においても 6.5 点以上を取れるように、「制限時間」内で書き上げることができるようなライティング力を身につけましょう。

2 書き過ぎないように。

- ライティングがある程度得意な人は、「制限時間」内に規定以上のワード数を書けるかもしれませんが、**書き過ぎないように気をつける必要があります。書き過ぎ**とは、中盤の段落において、必要以上に情報を盛り込むことに時間を使ってしまい、後半の段落に費やす時間がなくなってしまうことです。
- きちんと最後まで書き上げられるよう、時間配分のバランスに気をつけましょう。

3 字をきれいに。

- エッセイは、ブロック体で、読みやすい文字で書きましょう。文字が汚く判別不能な場合は、大きく点数を下げられてしまいます。
- 本書のトレーニングをする際などに、手書きの練習をしておきましょう。

4 ワード数は行数から計算。

- 試験中にワード数を正確に数える時間はありません。自分が通常、1 行におよそ何ワード書くかを事前に把握しておき、行数を数えて計算するようにしましょう。例えば Task 1 は最低 150 ワードなので、1 行に平均 10 ワード書く人なら、最低 15 行書けばよいことになります。
- ワード数が足りない場合の「保険」として、1 〜 2 行多めに書くようにするとよいでしょう。

5 タスクからずれないよう注意しよう。

- タスクが求めている内容からずれたことを書くと、**タスクの達成（Task 1）、タスクへの応答（Task 2）**の評価が大きく下がります。これはライティングで一番避けたいことです。

* 「ずれ」とは、例えばタスクが「ソーシャル・メディアが人間関係に与える影響」を尋ねているのに、「コンピューター社会全般」や「ソーシャル・メディアの一般的な便利さ」について書いてしまうことです。

- 設問文をしっかり読まないと、ずれたことを書いてしまいがちになります。IELTS のライティングは手書きなので、書き直しをするのは大変です。書き始める前に設問文を読み込み、「何が問われているのか」を正確に把握しましょう。
- 最初の 5 分程度を使って構成を考え、書くことをメモしておくのもよい方法です。
- 最初にしっかり設問文を読み込んでも、書き進めていくあいだにずれていくこともあります。各段落を書き始めるたびに、設問文を読み直して確認するとよいでしょう。

6 言い換えを多用しよう。

- IELTS のライティングでは、多彩な表現を用いることが評価されます。同じ表現の繰り返しを避け、できるだけ**言い換えを行う**ようにしましょう。
  * 言い換えを行うには、例えば動詞を変える (make → create)、品詞を変える (use [動詞]→ be in use [名詞])、態を変える（能動態→受動態）などの方法があります。
- ただし、一度使った表現は二度と使えないというわけではありません。あまり窮屈に考えず、可能な範囲で言い換えることを目指しましょう。

7 大きな文法ミスを防ごう。

- 文法的に正しい英文を書くのはライティングの基本です。文法ミスを過度に気にする必要はありませんが、大きなミスや、ミスの数が多くなることは避けましょう。
  * 「大きなミス」の例
    - 主語の後ろに動詞を入れ忘れる、節と節を接続詞なしでつないでしまう、など。
    - 主語と動詞の一致（✕ He make →◯ He makes）や、時制など。
  * 冠詞や名詞の可算・不可算などの判断は日本語話者には難しいですが、できるだけ正しく使えるようになるために、普段英文を読む際などに、「なぜその形が使われているのか」を考える習慣をつけるとよいでしょう。

ライティング力の底力をつけよう

　IELTS のライティングでスコアアップするためには、これまで紹介してきた IELTS に直結したライティングのコツを会得すると同時に、ライティングの総合的な力を底上げしていくことも大切です。

　そのためにお勧めすることは、まずは**英語の本をたくさん読むこと**です。これにより、単語の暗記や受験対策的な学習だけでは身につけることが難しい、真の表現力が身につきます。普段から大量の英文を読んで**多彩な英語表現**に触れて、「ああ、こんな表現もあるのか」と、使われている表現に関心をもつようにしましょう。そうやって得た知識の蓄積が、素早く**言い換える**力や、文脈に応じて適切な表現を使う力につながります。読むものはウェブサイトや雑誌でもいいのですが、まとまった内容の大量の英文に楽しみながら触れるためには、本を読むのが一番です。

　IELTS のライティングでは、英文を書く力だけでなく、**思考力**も問われます。それに対応するために、常に**知的好奇心をもつ**ようにしましょう。Task 2 では、これまで考えてもみなかったようなことについて意見を求められることがあります。そのような状況でアイディアを即座に思いつくためには、さまざまなことを考え、さまざまな立場の意見を考慮することができないといけません。そこで、日ごろから**ニュースに接しておくこと**をお勧めします。ニュースで得た情報は、Task 2 で具体例を述べる際などに「ネタ」として使えることがよくあります。また、ニュースのトピックに対して、まずは自分の意見を考え、次にその自分の意見に対する反論を考えるようにしておくと、Task 2 で要求される「ディベート力」もついてきます。またそうやって培った思考力は、Task 1 で問われる、グラフや図表の特徴を的確に捉えて、わかりやすく描写する力にもつながります。

Lesson 2 Task 1 の攻略

ここからは、Writing Test のタスクごとの攻略法を紹介していきます。まずは Task 1 から取り組みましょう。

Task 1 の内容とタスク例

- グラフや図表が与えられ、その内容を最低 150 ワードで説明します。
- 約 20 分を目安に、エッセイを書きます。

✓ Task 1 のタスク例

グループA：グラフ（円・棒・折れ線グラフ）・表

円グラフ

> *The graph below shows the percentage of electricity generation derived from different sources in Germany in 1990 and 2010.*
>
> *Summarise the information by selecting and reporting the main features, and make comparisons where relevant.*

以下のグラフは 1990 年と 2010 年のドイツにおける、さまざまな電力源に由来する発電の割合を示しています。
主要な特徴を選んで報告することによって情報を要約しなさい。そして関連する事柄を比較しなさい。

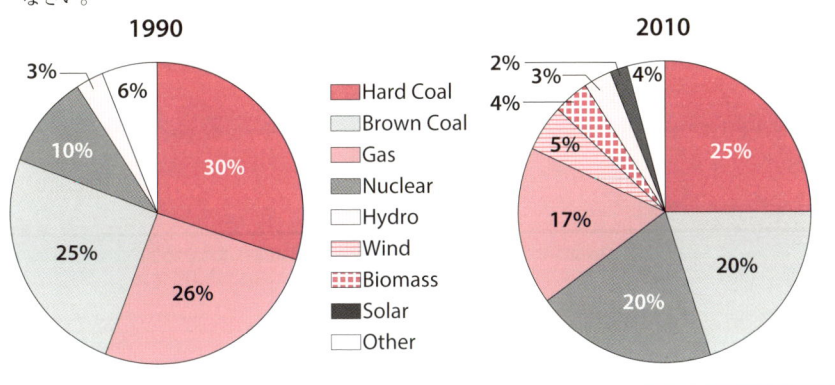

1990

- Hard Coal: 30%
- Brown Coal: 26%
- Gas: 25%
- Nuclear: 10%
- Hydro: 3%
- Other: 6%

2010

- Hard Coal: 25%
- Brown Coal: 20%
- Gas: 20%
- Nuclear: 17%
- Hydro: 5%
- Wind: 4%
- Biomass: 3%
- Solar: 2%
- Other: 4%

凡例：Hard Coal / Brown Coal / Gas / Nuclear / Hydro / Wind / Biomass / Solar / Other

Unit 3 ● Writing Test 攻略

棒グラフ

The bar chart shows the percentage of government budgets allocated to education in four countries in 1990, 2000, and 2010.

Summarise the information by selecting and reporting the main features, and make comparisons where relevant.

棒グラフは、1990、2000、2010 年の、4 カ国における教育に割り当てられた政府予算の割合を示しています。
主要な特徴を選んで報告することによって情報を要約しなさい。そして関連する事柄を比較しなさい。

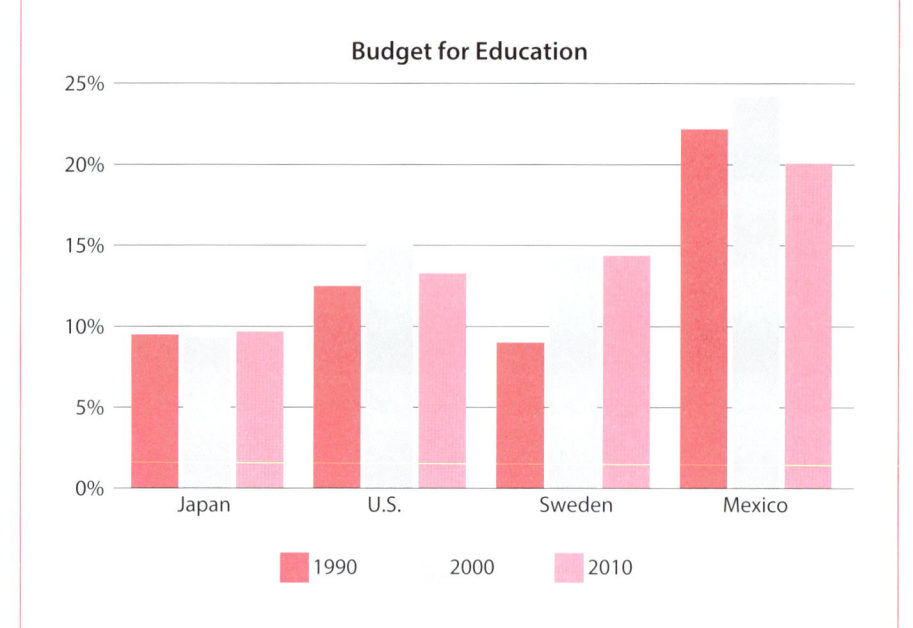

Budget for Education

国	1990	2000	2010
Japan	9.5%	1.5%	9.7%
U.S.	12.5%	1.5%	13.2%
Sweden	9%	1.5%	14.3%
Mexico	22.2%	1.3%	20%

■ 1990   2000   ■ 2010

Lesson 2 ● Task 1 の攻略

折れ線グラフ

The chart represents average temperature and rainfall in three different cities: London, Rio de Janeiro and Istanbul.

Summarise the information by selecting and reporting the main features, and make comparisons where relevant.

グラフは3つの異なる都市、ロンドン、リオデジャネイロ、イスタンブールの平均気温と降雨量を表しています。
主要な特徴を選んで報告することによって情報を要約しなさい。そして関連する事柄を比較しなさい。

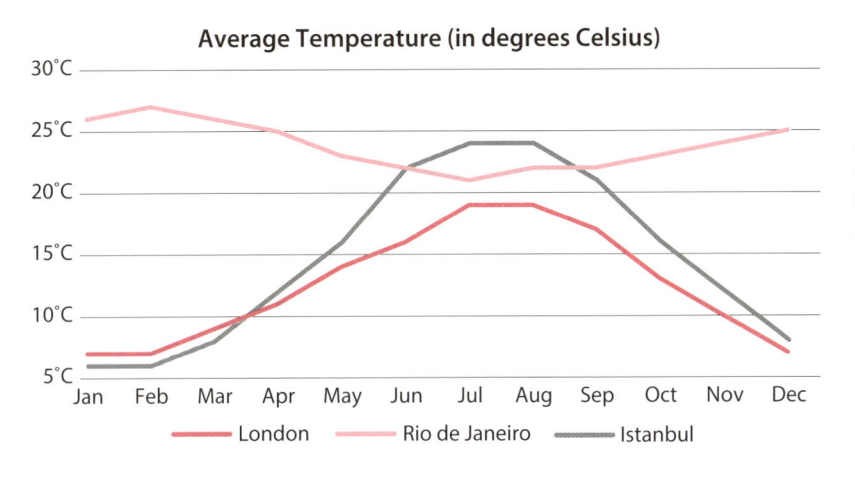

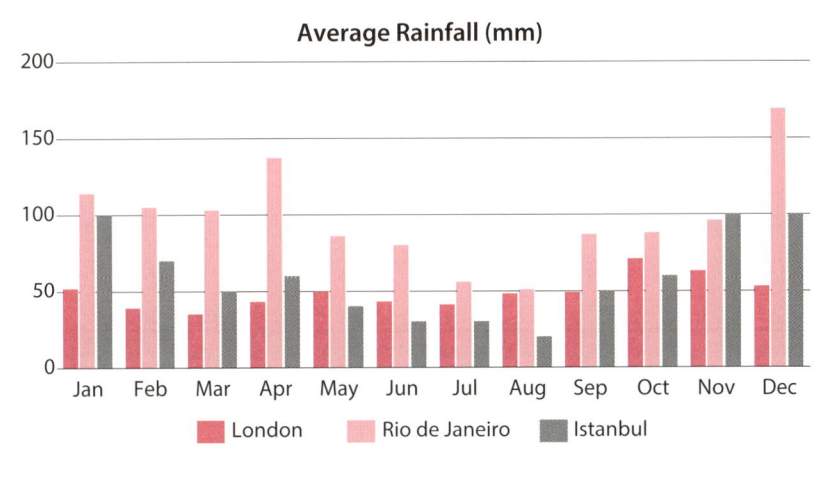

Average Temperature (in degrees Celsius)

— London   — Rio de Janeiro   — Istanbul

Average Rainfall (mm)

■ London   ■ Rio de Janeiro   ■ Istanbul

Unit 3

87

表

The table shows the ratio of females advancing to college and university in five different countries from 2002 to 2014.

Summarise the information by selecting and reporting the main features, and make comparisons where relevant.

表は 2002 年から 2014 年までの、5 カ国における大学および総合大学に進学する女性の割合です。
主要な特徴を選んで報告することによって情報を要約しなさい。そして関連する事柄を比較しなさい。

	2002	2006	2010	2014
Norway	89.04 %	94.51 %	90.27 %	91.87 %
Russia	77.01 %	84.42 %	86.92 %	86.57 %
UK	69.88 %	69.36 %	68.07 %	64.69 %
Korea	65.87 %	71.57 %	83.80 %	81.27 %
Bangladesh	3.98 %	5.05 %	7.86 %	11.20 %

グループ B：プロセス・説明図

プロセス

The diagram below shows the stages involved in diamond production.

Summarise the information by selecting and reporting the main features, and make comparisons where relevant.

以下の図表はダイヤモンドの製造に伴う工程を示しています。
主要な特徴を選んで報告することによって情報を要約しなさい。そして関連する事柄を比較しなさい。

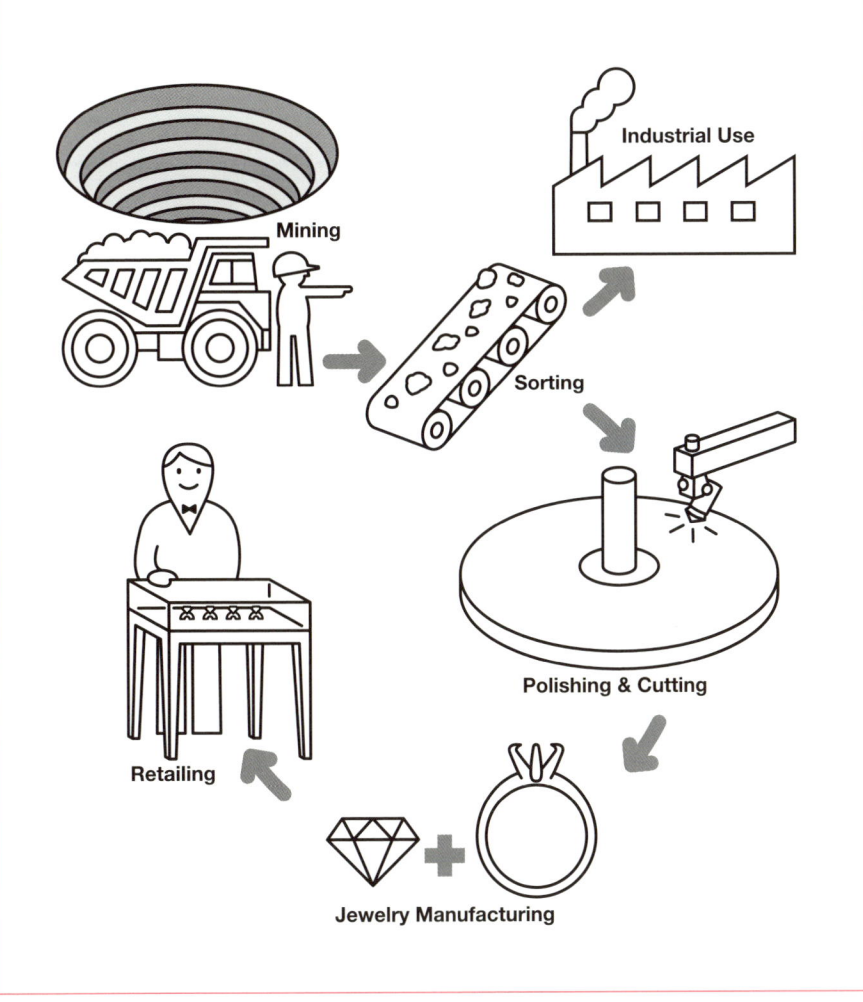

Mining → **Sorting** → **Industrial Use**

Sorting → **Polishing & Cutting** → **Jewelry Manufacturing** → **Retailing**

Unit 3 ● Writing Test 攻略

説明図

The illustration reveals the mechanism of how electric cars work.

Summarise the information by selecting and reporting the main features, and make comparisons where relevant.

図は電気自動車がどのように動くか、その仕組みを表したものです。
主要な特徴を選んで報告することによって情報を要約しなさい。そして関連する事柄を比較しなさい。

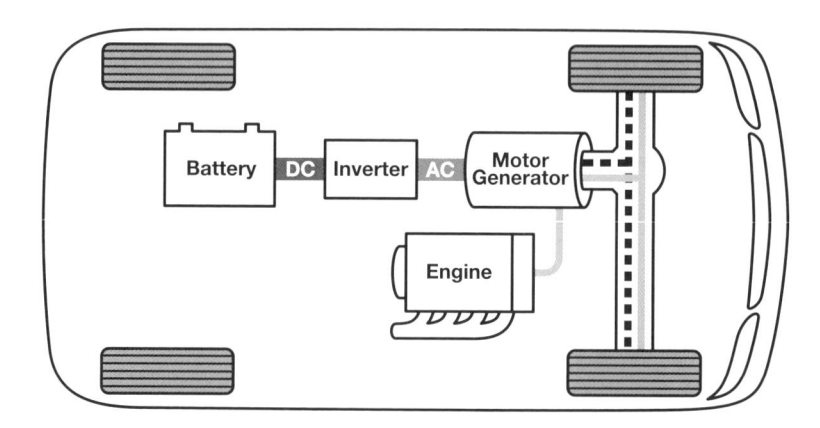

Battery — DC — Inverter — AC — Motor Generator

Engine

Lesson 2 ● Task 1 の攻略

グループ C：地図

Below are maps of the same city in the United Kingdom in the years 1940 and 2010.

Summarise the information by selecting and reporting the main features, and make comparisons where relevant.

以下は英国の同一の都市の、1940 年と 2010 年の地図です。
主要な特徴を選んで報告することによって情報を要約しなさい。そして関連する事柄を比較しなさい。

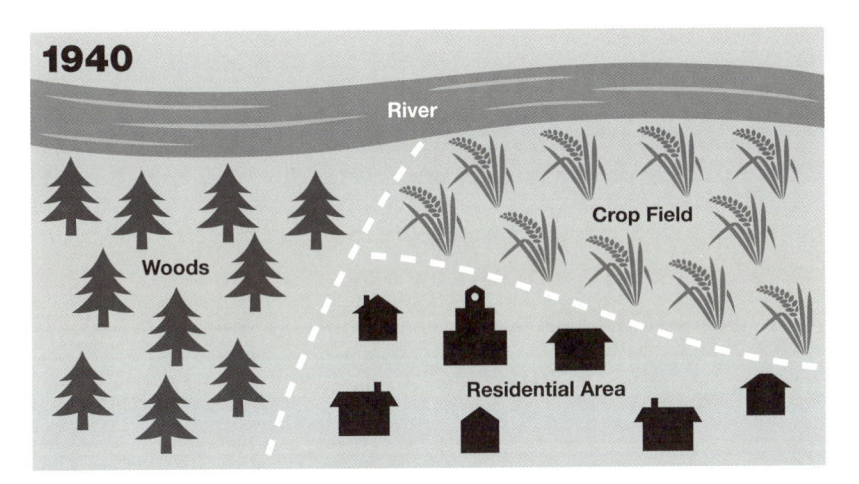

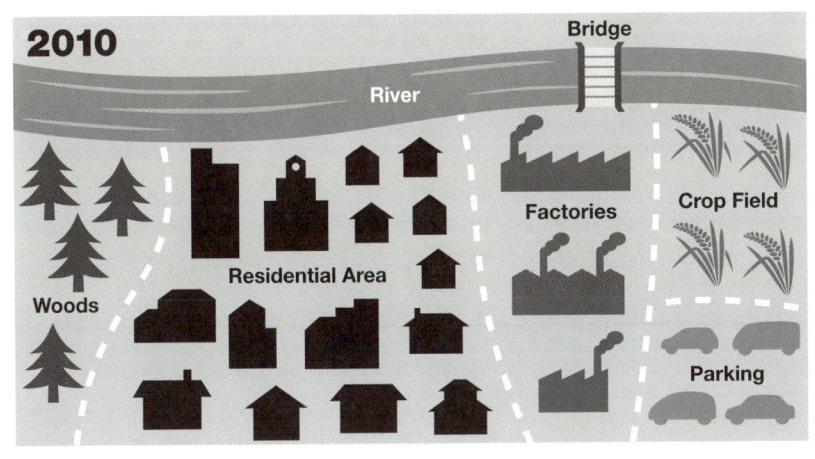

Unit 3

1940

River
Woods
Crop Field
Residential Area

2010

Bridge
River
Woods
Residential Area
Factories
Crop Field
Parking

Unit 3 ● Writing Test 攻略

Task 1 攻略のカギ

Task 1 に取り組む際の大きなカギは、「段落の構成」、「表現の言い換え」、「変化を表す語句の使用」の 3 点に集約することができます。

✅ 3 段落構成がお勧め

Task 1 は以下の 3 段落構成を基本としましょう。

第 1 段落	導入
第 2 段落	描写 1
第 3 段落	描写 2

ここでは以下の例題を使って説明していきます。

The graph below shows the percentage of electricity generation derived from different sources in Germany in 1990 and 2010. (→ A 部)

Summarise the information by selecting and reporting the main features, and make comparisons where relevant.

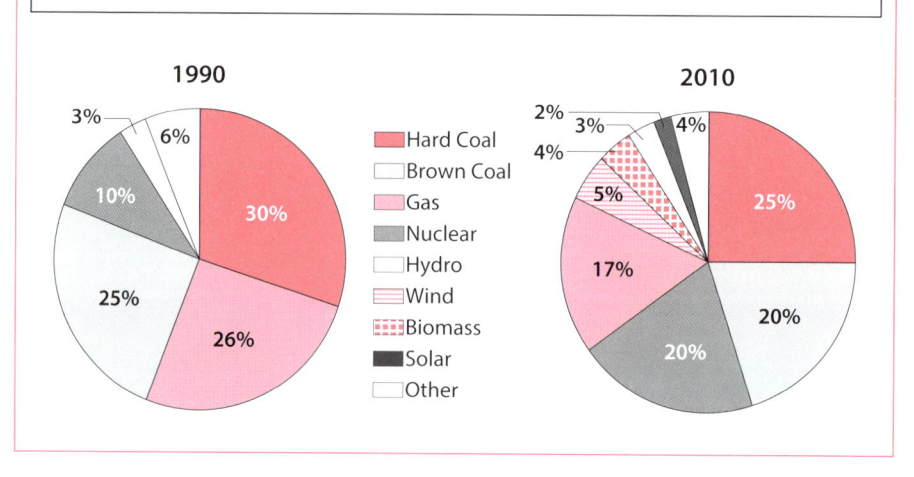

1990
- Hard Coal: 30%
- Gas: 26%
- Brown Coal: 25%
- Nuclear: 10%
- Hydro: 6%
- Other: 3%

2010
- Hard Coal: 25%
- Brown Coal: 20%
- Nuclear: 20%
- Gas: 17%
- Wind: 5%
- Hydro: 4%
- Biomass: 3%
- Solar: 4%
- Other: 2%

92

第1段落：導入

　第1段落では、導入として「**そのグラフ（など）が何を表しているか**」を書きます。それは設問文のA部に示されていますが、設問文をそのままコピーするのではなく、言い換えた文を書くことが大切です（p. 94「表現を言い換える」を参照）。

　続けて、グラフ（など）の全体的な特徴や、比較的大きな変化について書きます。例題だと、「全体として石炭、ガスなどによる発電は減り、以前は存在しなかった新たな発電方法が用いられるようになった」などです。

第2段落：描写1

　第2段落では、グラフ（など）のある側面に着目して、その**主要な部分を描写**します。例題だと、円グラフの1990年と2010年を比べて、「割合が下落したもの」に着目できます。

　この段落の最も基本的な書き出し方は、数字などの変化について、「〜は、X年からY年にかけて上昇／下降した」と述べるものです。それ以降は、いろいろな表現を用いて数字などの変化（または変化のなさ）を表していきます（p. 94「表現を言い換える」、p. 96「変化を表す語句を使う」を参照）。

第3段落：描写2

　第3段落では、グラフ（など）の**別の側面**に着目します。例えば例題の円グラフでは、「割合が上昇したもの」について描写できます。また、割合が小さめのwind、biomass、hydro、solarといったものをひとくくりにして描写するのもいいでしょう。

✅ 表現を言い換える

第1段落：設問文の言い換え

第1段落では、設問文を言い換えて、「そのグラフ（など）が何を表しているか」を述べる必要があります。以下に言い換え方を紹介します。

設問文： ₁<u>The graph</u> below ₂<u>shows</u> the percentage of ₃<u>electricity generation</u> derived from different sources in Germany ₄<u>in 1990 and 2010</u>.

以下のグラフは 1990 年と 2010 年のドイツにおける、さまざまな電力源に由来する発電の割合を示しています。

言い換え： ₁<u>The pie chart</u> ₂<u>demonstrates</u> ₃<u>how electricity was generated</u> from different sources in Germany ₄<u>in two years: 1990 and 2010</u>.

円グラフは 1990 年と 2010 年の2つの年に、ドイツにおいて、さまざまなエネルギー源からどのように電力が発電されたかを示しています。

1. The graph → The pie chart

設問文に chart または graph と書かれている場合、そのどちらかもう一方に言い換えることができます。pie（円）、bar（棒）、line（折れ線）といった種類を chart や graph につけ加えるのもいいでしょう。ちなみに設問文に the pie chart などと書かれていたら、書き換えずに、そのままの表現を用いるほうがベターです。

2. shows → demonstrates

動詞を言い換えることは必須です。demonstrate（示す）のほかに、indicate（示す）、illustrate（例示する）、represent（表す）、reveal（明らかにする）、compare（比較する）などの動詞も使えます。

3. electricity generation → how electricity was generated

名詞（句）を＜主語＋動詞＞が入った節に変えます。その逆も可能です。

4. in 1990 and 2010 → in two years: 1990 and 2010

時を表す表現を、コロン（：）などを用いて微妙に変えることができます。in two separate[different] years: 1990 and 2010 などとすることも可能です。

第 2 段落以降での言い換え

第 2 段落の書き出しは、可能な限り、以下の基本表現を用います。

> 〜 increased / decreased from … in X to … in Y
> 〜は、X 年の…から、Y 年の…に上昇／下降した

書き出し：Electricity ₁generation from hard coal ₂decreased ₃from 30% in 1990 to 25% in 2010.

>> 無煙炭からの発電は、1990 年の 30% から 2010 年の 25% に下降しました。

それ以降の文では、基本表現の言い換えや、変化を表す多様な表現を用います。下線部に注目してください。

言い換え：Electricity ₁generated from brown coal also ₂saw a decline ₃during the two decades from 25% to 20%.

>> 褐炭から発電される電力もまた、その 20 年間で、25% から 20% への下降を見ました。

1. generation → generated

品詞を変えます（名詞→過去分詞の形容詞的用法）。

2. decreased → saw a decline

品詞を動詞から名詞に変え、see を使って saw a decline「下降を見た」と表します。このような表現をどんどん覚えましょう。

3. in 1990 … in 2010 → during the two decades

具体的な年を、「20 年間」という期間に言い換えています。このような発想の転換ができると、言い換えの引き出しはグッと増えます。

✅ 変化を表す語句を使う

　Task 1（グループ A）では、数字や状況の変化を描写することが基本となります。変化をいろいろな言い方で表すことができるように、以下の語句を覚えて、すぐに使えるようにしておきましょう。

変化を表す語句

	動詞		名詞	
増える・上がる	increase	増加する	increase	増加
	rise	上昇する	rise	上昇
	go up	上昇する		
	grow	伸びる	growth	成長、伸び
	soar	急上昇する		
	skyrocket	急上昇する		
	shoot up	急上昇する		
	peak	頂点に達する	peak	頂点
減る・下がる	decrease	減少する	decrease	減少
	fall	下落する	fall	下落
	go down	下落する		
	decline	下落する	decline	下落
	drop	下落する	drop	下落
	plunge	急落する	plunge	急落
	plummet	急落する		
達する	reach	達する		
変化する	fluctuate	変動する	fluctuation	変動
変化しない	stay (the same)	とどまる		
	keep (at the same level)	とどまる		
	remain (the same)	とどまる		
	not change	変化しない	no change	無変化

「割合」を表す名詞

proportion	割合
share	割合・割り当て
rate	割合・比率
percentage	パーセンテージ

「割合（〜パーセント）を占める」を表す語句

account for	占める
represent	占める
occupy	占める

「変化の様子」を表す語句

副詞		形容詞	
dramatically	劇的に	dramatic	劇的な
significantly	大幅に、かなり	significant	大幅な、かなりの
substantially	大幅に、かなり	substantial	大幅な、かなりの
considerably	かなり	considerable	かなりの
slightly	わずかに	slight	わずかな
a little	少し		
quickly	素早く	quick	素早い
rapidly	急速に	rapid	急速な
sharply	急激に	sharp	急激な
suddenly	突然に	sudden	突然の
gradually	だんだんと	gradual	だんだんの
slowly	ゆっくりと	slow	ゆっくりの

✓ Task 1 で注意すること

時制に注意する。

　Task 1 のグラフや図表は過去のデータを表したものが多いので、基本となる時制

は過去形です。これを現在形で書いてしまわないように気をつけましょう。ただし、未来の予測などが出題される可能性もあるので、設問文をしっかり読みましょう。

グラフの表現をそのまま用いない。

　グラフ内で、例えば Hard Coal や Gas と書かれていても、これはあくまでグラフだから用いられている表現です。そのまま Hard coal is …、Gas is …のようには書かずに、generated from hard coal のように、表現を工夫する必要があります。

　また Hard Coal や Gas のように最初の文字が大文字になっているのもグラフだからです。文章を書くときは、文頭や固有名詞などの場合を除き、単語を大文字で書き始める必要はありません。

be 動詞や基本動詞を多用しない。

　上記の Hard coal is … や Gas is … の例は、be 動詞を繰り返し使っている点においても評価を下げます。すでに述べたように、IELTS では言い換えが評価されますし、また英語そのものが言い換えを評価する言語なのです。さらに英語では be 動詞のような動きのない動詞よりも、動きのある動詞を使うことが評価される傾向にあります。be 動詞をまったく使ってはいけないわけではありませんが、ほかの動詞を使えないか考えて、思いつかない場合に使うぐらいの心づもりでいましょう。

　また、have、make、get などの基本動詞も、よりレベルの高い動詞や、同じレベルでも違う動詞に言い換えができるようにしておくといいでしょう。以下が基本動詞の言い換え例です。

　　have → own（所有している）、possess（所有している）、hold（持っている）
　　make → create（作り出す）、generate（作り出す）、manufacture（製造する）
　　get → obtain（得る）、acquire（得る）、buy（買う）、purchase（購入する）

すべての情報を書く必要はない。

　Task 1 では、グラフや図表に記された情報のうち、重要と思われるものを選んで描写することが求められます。グラフや図表内のすべての情報を書き込むことは、スペースや時間の関係から無理です。情報の選び方には規則があるわけではなく、よほど極端でなければどんな選び方でも許容されます。しかし本番で選び方に迷うことがないように、練習段階で自分なりの「目のつけどころ」を考えておくとよいでしょう。

Lesson 2 ● Task 1の攻略

Task 1 実践トレーニング

それでは実際にTask 1に取り組んでみましょう。各Stepの指示に従ってトレーニングを進めてください。

Step 1　まずは自力でトライする

以下の指示をよく読んで、タスクに取り組みましょう。
① 時間を計測し、**20分で最低150ワード**で書く。
② 本番のテストを想定し、必ず**手書き**で書く。
③ p. 92の「Task 1攻略のカギ」に出ている**3段落構成**で書くようにする。
④ 極力、表現を**言い換え**て書くようにする。

Task

The graph below shows the percentage of electricity generation derived from different sources in Germany in 1990 and 2010.

Summarise the information by selecting and reporting the main features, and make comparisons where relevant.

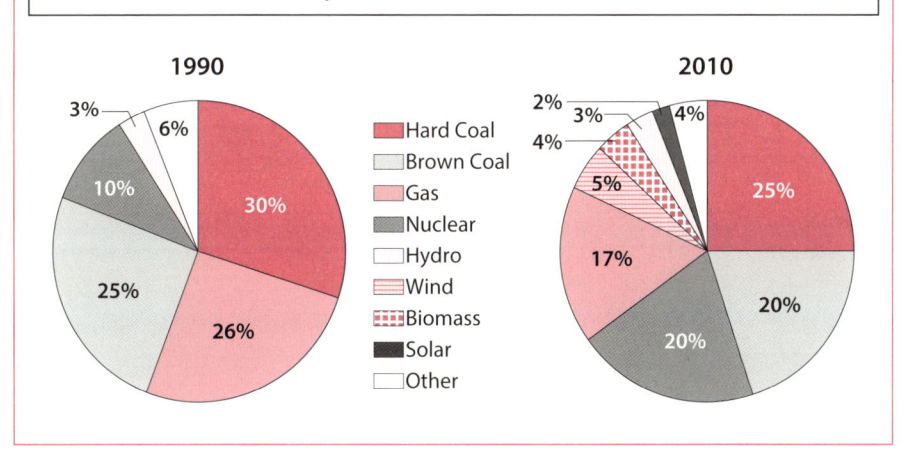

1990
- Hard Coal: 30%
- Gas: 26%
- Nuclear: 25%
- Hydro: 10%
- Wind: 3%
- Other: 6%

2010
- Hard Coal: 25%
- Brown Coal: 20%
- Nuclear: 20%
- Gas: 17%
- Wind: 5%
- Biomass: 4%
- Hydro: 3%
- Solar: 2%
- Other: 4%

Unit 3

99

Unit 3 ● Writing Test 攻略

Step 2 モデルアンサーを確認

これから Task 1 のエッセイのよい例（モデルアンサー）を紹介します。どうして評価が高くなるのか考えながら、英文とそれに対するコメントを読んでいきましょう。

~~~
₁ The pie chart demonstrates how electricity was generated from different sources in Germany in two years: 1990 and 2010.  ₂ Generally, although traditional methods still accounted for much of the electricity generation in Germany in 2010, new methods had appeared and represented a certain portion.

   Electricity generation from hard coal ₃ decreased from 30% in 1990 to 25% in 2010.  Electricity ₄ generated from brown coal also saw a decline during the two decades  from 25% to 20%. ₅ Likewise, the use of gas as an electricity generator, ₆ which  represented about a quarter of the total electricity generation in 1990, fell significantly to 17% by 2010.

   The percentage of nuclear-generated electricity ₇ doubled  in the same period, from 10% to 20%, ₈ while  electricity created using water remained at the same proportion (3%). ₉ Another notable change  is that resources that were not seen in 1990 emerged as electricity generators, although each of them accounted for only a small proportion in 2010 (between 2 and 5%). Small percentages of electricity were generated by other resources in both years.
~~~

（総ワード数：171 words）

以下のマークは、試験官の評価基準を表します。コメント欄についているこれらのマークは、その分野の評価がプラスになることを表しています。
+タ タスクの達成　　　　　+論 論理的一貫性とつながり
+語 語彙の豊富さ　　　　　+文 文法表現の豊富さと正確さ

1 +タ +語 +文　設問文を言い換えている。
2 +論　全体的な特徴に触れている。
3 +タ +語　数字の変化を表す基本表現を用いている。
4 +語 +文　言い換えを多用している。
5 +論 +語　likewise「同様に」という、前者との関連を表す表現を用いている。
6 +文　関係代名詞を用いている。

7 ➕語➕文　「倍になった」を、動詞 double を用いて表現している。
8 ➕論➕語　while を用いて「対比」を表している。
9 ➕タ➕論➕語　さらなる特徴にも注目している。また、notable「注目すべき」という、ややレベルの高い語彙を使っている。

＊日本語訳は別冊 p. 23 に掲載されています。

Step 3　悪い例を確認

　これから Task 1 のエッセイの悪い例を紹介します。どうして評価が低くなるのか考えながら、英文とそれに対するコメントを読んでいきましょう。

> ₁ The graph below shows the percentage of electricity generation derived from different sources in Germany in 1990 and 2010.
>
> ₂ Hard Coal ₃ is ₄ 30% in 1990, ₅ Gas is 26%, Brown Coal is 25%, Nuclear is 10%, Hydro is 3%, and Other is 6%.
>
> In 2010, ₆ the top was Hard Coal 25%. Brown Coal and Nuclear was second, 20%. Gas was little, 17%. Wind is 5%, Biomass is 4%, Hydro is 3%, Solar is 2%, Other is 4%.
>
> 　　　　　　　　　　　　　　　　　　　　　₇（総ワード数：76 words）

> 以下のマークは、試験官の評価基準を表します。コメント欄についているこれらのマークは、その分野の評価がマイナスになることを表しています。
> ➖タ タスクの達成　　➖論 論理的一貫性とつながり
> ➖語 語彙の豊富さ　　➖文 文法表現の豊富さと正確さ

1 ➖語　設問文の丸写し。言い換えるべき。
2 ➖語➖文　Hard Coal とグラフ内の文言をそのまま使っている。文頭以外は小文字にして coal とすること。
3 ➖語　これ以降、動詞には be 動詞しか使っていない。多様な動詞を使うべき。
4 ➖語　割合を表す際は〜 % だけでなく、ほかの表現も使うべき。
5 ➖語➖文　これ以降、< S is 〜 % >のパターンを何度も繰り返して用いている。また、節（S + V）と節を接続詞でつないでいないので、文法的にも問題がある。
6 ➖語➖論　the top was …という表現は不自然。さらに、「何の top なのか」わからない。
7 ➖タ　ワード数がまったく足りていない。

Step 4 仕上げにもう一度書いてみる

　これまで見てきたモデルアンサーと悪い例を念頭に置いて、最後に自分自身の力でStep 1（p. 99）にもう一度取り組みましょう。
　その際の手順は、Step 1と同一です。

Lesson 3 Task 2 の攻略

ここでは Task 2 の攻略法を紹介していきます。Task 2 では自分の意見を述べるエッセイを書きます。

Task 2 の内容とトピック例

- トピックが与えられ、それに対する自分の意見を最低 250 ワードで述べます。
- トピックは大別して 2 タイプあります。物事のプラス面・マイナス面を述べるタイプと、社会で起こっている事象の原因や解決策を述べるタイプです。
- 約 40 分を目安に書きます。

✔ Task 2 のトピック例

タイプ A：物事のプラス面・マイナス面

賛成・反対（Agree or disagree?）

> *Some people say education provides the foundation for the development of a country and thus should be free.*
>
> *To what extent do you agree or disagree with this opinion?*

教育は国家の発展の基盤となるので無料であるべきだと言う人がいます。
あなたはこの意見にどの程度まで賛成もしくは反対しますか。

よい・悪い（Positive or negative?）

> *Students today can easily access information online and conduct research without leaving the room or opening a book.*
>
> *Do you think this is a positive or negative development?*

今日の学生は、出かけたり本で調べたりせずに、簡単にインターネット上で情報を入手して研究を行うことができます。
あなたはこの進展をよいことだと思いますか、悪いことだと思いますか。

利点・難点（Advantages and disadvantages）

Using social media, people today can always be connected to other people.

What are some of the advantages and disadvantages of this development?

今日の人々は、ソーシャル・メディアを使って常にほかの人たちとつながっていることができます。
この進展の利点と難点にはどのようなものがありますか。

相反する見解に対する意見（Give your opinion）

Some people think working hard is the way to success and beneficial for society as a whole. Others believe that people should work as little as possible.

Discuss both views and give your own opinion.

がんばって働くことは成功につながり社会全体にとって有益であると考える人もいれば、人々はできるだけ働かないようにするべきだと思っている人もいます。
両方の見解を論じて、あなた自身の意見を述べなさい。

タイプB：社会で起こっている事象の原因や解決策

Recently fewer and fewer university students are choosing to major in the humanities.

Why is this happening? What can be done to increase the number of humanities majors?

最近では人文系を専攻しようと思う大学生がだんだん少なくなっています。
どうしてこのことが起こっているのでしょうか。人文系の専攻学生の数を増やすためには何ができますか。

Task 2 攻略のカギ

Task 2 では、「物事のプラス面・マイナス面」と「社会で起こっている事象の原因や解決策」のそれぞれのトピック・タイプに対して、お勧めの段落構成があります。

✓ タイプA「物事のプラス面・マイナス面」の段落構成

以下の4段落構成をお勧めします。

第1段落	導入
第2段落	意見の理由
第3段落	反論・再反論
第4段落	結論

ここでは以下の例題を使って説明していきます。

> *Some people say education provides the foundation for the development of a country and thus should be free.*
> *To what extent do you agree or disagree with this opinion?*

第1段落：導入

第1段落では、最初にトピックに対する**一般的な現状認識**を書き、続いて自分の意見を表明します。例題だと、例えば以下のような内容を書くことができます。

一般的な現状認識：「教育費用の工面は親にとって深刻な問題であり、税金でまかなうべきだという声が上がっている」

自分の意見：「私は、教育は国家の基盤であり、政府によってまかなわれるべきだという考えに賛成だ」

自分の意見については、必ずしも賛成・反対の立場を鮮明に出す必要はありません。「（両面あるが）私はどちらかといえば賛成だ」とか、「プラス面・マイナス面の両面を考えたい」といった書き方もできます。

第2段落：意見の理由

第1段落では自分の意見を述べましたが、この第2段落では、自分がそう考える**理由**を述べます。また、例題の設問文は教育について、the foundation for the development of a country「国家の発展の基盤だ」、should be free「無料であるべきだ」という2つの論点を述べていますが、そのような場合は、「教育は基盤だ。なぜなら……」、「教育は無料であるべきだ。なぜなら……」のように、双方について理由を書きます。

第2段落の**最初のセンテンス**では、**理由**をずばりと、ただしやや抽象的に書きます。そして**続くセンテンス**で、より詳しい情報を述べて、最初のセンテンスを**サポート**します。例題だと、以下のような展開にすることができます。

　第1文：「(教育が国家の基盤であるのは) 経済を動かすのは高学歴をもつ労働者
　　　　　だからだ」
　第2文：「そういう労働者がたくさんいなければ、経済は停滞するだろう」

この＜理由＋サポート＞は、基本的には2つ挙げるのがよいでしょう。もちろん、3つ以上思いつく場合は書いても結構ですが、書き過ぎて時間切れにならないように気をつけましょう。

逆に、理由をひとつしか思いつかない場合は、個人的体験や具体度の高い話を入れ込んでサポート部を厚くします。そうすることでワード数を稼ぐこともできます。

なお、段落最後のセンテンスでは、「だから教育は無料であるべきなのだ」のように、トピックに対する自分の意見に話を戻すようにするとよいでしょう。

第3段落：反論・再反論

第3段落では、**自分の意見とは逆の見解**があり得ることを紹介します。例えば以下のような内容が考えられます。

　反論：「教育にはお金がかかり、どの国も財政は苦しい」

続いて、それに対する**再反論**を書きます。そして再反論の**サポート**となる文を続けられれば理想的です。以下に内容例を挙げてみます。

　再反論：「教育はやはり国家の基盤であり、高い教育を受けた人材は国家の経済
　　　　　的発展に直結する」
　サポート：「政府のムダを削減して教育に回せば、将来税収として戻ってくる」

第4段落：結論

第4段落では、自分の意見を再度述べます。その際、例えば「教育は国家にとって投資である」のように、**第1段落とは異なる表現を用いる**ようにしましょう。

段落構成の変更も可能

理由は複数思いつくが、反論が思いつかない場合などもあります。その場合は、それぞれの理由を独立した1段落にして、＜導入→理由1→理由2→結論＞の構成にすることも可能です。その際、理由を述べる段落では＜理由＋サポート＞の**サポート部を厚くしてください。**

また、4段落構成だと指定のワード数ギリギリになってしまうことがあります。書くスピードが速い人は、それぞれの理由を独立した1段落にしたうえで、反論・再反論の段落を加えて、＜導入→理由1→理由2→反論・再反論→結論＞の5段落構成にすることもできます。5段落構成であれば、ワード数は自然と足りることになるでしょう。ただしその場合、各段落を長く書き過ぎると時間がなくなるので注意してください。

いずれにせよ、トピックと自分のアイディアの出具合によって、段落構成を柔軟に変える必要があります。

✅ タイプB「社会で起こっている事象の原因や解決策」の段落構成

以下の4段落構成をお勧めします。

第1段落	導入
第2段落	原因
第3段落	解決策
第4段落	結論

ここでは以下の例題を使って説明していきます。

> *Recently fewer and fewer university students are choosing to major in the humanities.*
>
> *Why is this happening? What can be done to increase the number of humanities majors?*

第1段落：導入

　第1段落では、トピックに対する**一般的な現状認識**を書きます。例題だと、例えば以下のような内容を書くことができます。

　　一般的な現状認識：「確かに自分の住んでいる国、日本では人文系の科目の人気がなく、専攻する学生も減っている。これは世界的な傾向なのかもしれない」→「これにはいくつかの原因が考えられる」

第2段落：原因

　第2段落では、自分が考える**原因**を述べます。その際、まず原因をやや抽象的に述べて、続けてそう書いた理由や、より詳しい情報を**サポート**として述べる、＜原因＋サポート＞の展開にしましょう。例題だと、以下のような内容が考えられます。

　　原因：「人文系の科目を専攻しても就職に結びつかないと一般的に考えられているからではないか」
　　サポート：「私自身、高校の時にそのように聞いたので、大学では工学部を選んだ」

　この＜原因＋サポート＞をできれば複数挙げましょう。例えば以下のようなものが考えられます。

　　原因2：「人文系の科目は面白くないと思われているからではないか」
　　サポート：「私自身は大学で取った哲学の授業を面白いと思ったが、なぜ哲学を履修するのかと疑問に思う友人が多かった」

第3段落：解決策

　第3段落では、考えられる**解決策**を提示します。できれば複数挙げるようにしましょう。例えば以下のような解決策が考えられます。

　　解決策1：「人文系の学部を出ても就職に不利ではないことを、大学や政府がアピールすべきだ」
　　解決策2：「さらには、中学校や高校で人文系の科目の面白さを伝えられるように、授業や試験の内容を工夫すべきだ」

第4段落：結論

　第4段落では、これまで述べてきたことのまとめを簡潔に述べましょう。例えば以下のような言い方ができます。

　　「人文系の科目の人気がなくなってきたのは事実であり、それには具体的な理由がある」

　さらに以下のように、最後に締めくくりとして、自分の意見や将来への展望をつけ加えるのもよいでしょう。

　　「しかしながら、人類が積み重ねてきた歴史や考え方を学ばない人が増えるのは社会にとって損失だ」

　　「人文系の科目の魅力に学生が気づくような努力がなされたら、志望者は増えるはずだ」

✅ Task 2 で注意すること

段落構成は柔軟に。

　この Unit で紹介してきた段落構成は、エッセイの形がある程度決まっているほうが書きやすいから使うのであって、この構成でないと高い点数が取れないということではありません。採点官は**論理的かどうか**を見ており、特定の段落構成を採用しているかどうかを評価基準としているわけではないからです。

　トピックや自分の意見と合っていない段落構成を無理に使っているエッセイを時々見かけますが、結果として話がわかりにくくなっていることが多く、これでは本末転倒です。段落構成は場合に応じて柔軟に変えましょう。

Task 2 はディベートだ。

　IELTS の Task 2 では「物事のプラス面・マイナス面」のトピック・タイプが頻出します。これはすなわち、物事の多面性を考慮して論を進める能力が問われているということです。そのため、**自分の中でディベートをするように**エッセイを書き進めていきましょう。ディベートですから自分の意見と、それに対する**反論**を書かないといけません。反論が思いつかない場合は、一方の意見だけで押すことも可能ですが、できればプラス面・マイナス面の両面に言及しましょう。

完ぺきな論理は必要ない。

　わずか250ワード程度で、完ぺきな論理は展開できません。ましてや時間も限られており、書き直しもほとんどできない状況です。自分でも「やや強引だし突っ込みどころも多いなあ」と思うことがあるかもしれません。それでもサポート（理由や詳しい情報）を入れることで、**一応論理の筋道は通っている**と思われるような内容になっていればよしとしましょう。

サポートにはコツがある。

　自分の意見の理由は思いつくが、そのサポートが書けない、という人は多いものです。サポートを思いつくコツは、**前のセンテンスから導き出す**ことです。例えば「高学歴をもつ労働者が必要だ」と書いたら、「ではそのような労働者がいなかったら？」と考えて、「経済が停滞するだろう」というサポートを書きます。また、「教育は子どもの生得の権利だ」と書いたら、「なぜ生得の権利なんだ？」と考えて、「教育を受けなければ非常な困難が待ち受けるからだ」というサポートを書きます。自分が書いたセンテンス内のキーワードからアイディアを広げるのです。そうすれば話も自然とつながって、「論理的一貫性」の評価基準の評価も高くなるでしょう。

Task 2 実践トレーニング

それでは実際にTask 2に取り組んでみましょう。各Stepの指示に従ってトレーニングを進めてください。

Step 1 まずは自力でトライする

以下の指示をよく読んで、タスクに取り組みましょう。
① 時間を計測し、**40分で最低250ワード**で書く。
② 本番のテストを想定し、必ず手書きで書く。
③ p. 105の「Task 2攻略のカギ」に出ている、タイプA用の**4段落構成**で書くようにする。

Task

> *Some people say education provides the foundation for the development of a country and thus should be free.*
>
> *To what extent do you agree or disagree with this opinion?*

Step 2 モデルアンサーを確認

これから Task 2 のエッセイのよい例（モデルアンサー）を紹介します。どうして評価が高くなるのか考えながら、英文とそれに対するコメントを読んでいきましょう。

₁ As financing children's education is becoming a serious problem for parents, there is a growing call for governments to subsidize all educational costs of children. ₂ I personally agree with the idea that education is a fundamental asset of a country and thus should be paid for by the government.

₃ Education is fundamental for a country because in today's world, it is workers with strong academic backgrounds that drive the economy. ₄ Without large numbers of such workers, a country will suffer economic stagnation and the people will be unhappy. ₅ In addition, every child is entitled to education regardless of his or her financial status. ₆ In other words, education is birthright of all children, ₇ and it is clear that without education children will face tremendous hardships that are difficult to overcome. ₈ For these reasons, it is the government's duty to provide education for free or at as little expense as possible.

₉ It may be true that education costs a lot of money and few governments have enough funding. ₁₀ However, as I wrote above, education is the foundation of a country, and the number of highly educated workers is closely related to the country's economic success. ₁₁ I am sure there is much waste in government in any country; such waste should be cut and the savings spent on education as money spent on education will return as increased tax revenue in the long run.

₁₂ All in all, education is the best investment for a country, and all children should graduate from high school at the very least, if not university, without any financial concerns. ₁₃ Many countries in the world could make this investment, and I believe that wherever it is possible they should do so as quickly as possible.

（総ワード数：286 words）

> 以下のマークは、試験官の評価基準を表します。コメント欄についているこれらのマークは、その分野の評価がプラスになることを表しています。
> **+タ** タスクへの応答　　**+論** 論理的一貫性とつながり
> **+語** 語彙の豊富さ　　　**+文** 文法表現の豊富さと正確さ

＊各コメントは、番号が振られたセンテンス全体を指しています。

1　**+論**　トピックに対する一般的な現状認識を述べている。
2　**+タ +論**　設問文で述べられている2つの論点（教育は国家の基盤である、教育は無料であるべき）のそれぞれに対して、自分の意見を表明している。
3　**+論**　「教育は国家の基盤である」という意見を自分がもつ理由。
4　**+論**　サポートする文を続けている。このように、「～がなかったら［あったら］」など、仮定の話をするのもテクニックのひとつ。
5　**+論**　「教育は無料であるべき」という意見を自分がもつ理由。
6　**+語 +文**　直前の文の every child is entitled to education を、別の表現に言い換えて説明している。
7　**+論**　サポートを続けている。
8　**+タ +論**　段落の最後で自分の意見を再び述べている。
9　**+論 +文**　考え得る反論。助動詞 may を用いて「～ということもあるかもしれない」と譲歩している。この文の後にサポートの文を加えてもいいだろう。
10　**+論 +文**　逆接を表す however を用いて再反論。「教育は国家の基盤である」という内容を、別の表現で言い換えている。
11　**+論**　再反論のサポートとして、「政府の無駄を削減すれば可能」という内容を加えている。
12　**+論 +語**　2つの論点（教育は国家の基盤である、教育は無料であるべき）に対する自分の意見を再び述べているが、表現を言い換えている。
13　**+論**　最後に自分の意見や将来への展望などを短く述べて、締めとすることもできる。

＊日本語訳は別冊 p. 23 ～ 24 に掲載されています。

Unit 3 ● Writing Test 攻略

Step 3 悪い例を確認

これから Task 2 のエッセイの悪い例を紹介します。どうして評価が低くなるのか考えながら、英文とそれに対するコメントを読んでいきましょう。

> ₁Some people say education provides the foundation for the development of a country and thus should be free. I ₂ **strongly agree** with the idea that education ₃ **should be free**. I have two reasons.
>
> ₄Firstly, I am a college student and use a scholarship. ₅I study hard and get good grade. ₆Without money, education is impossible. ₇I hear education is free in other countries. Therefore, education should be free.
>
> Secondly, education needs a lot of money. Many parents are poor. Poor parents' children should get education, too. For example, parents of Takashi, my friend, ₈ **was poor**. ₉But he graduated from university and ₁₀ **become** a lawyer. As this example shows, ₁₁ **education is the future**.
>
> In conclusion, although some people disagree, I agree with the opinion that ₁₂ **education should be free**.
>
> ₁₃（総ワード数：128 words）

以下のマークは、試験官の評価基準を表します。コメント欄についているこれらのマークは、その分野の評価がマイナスになることを表しています。
- ⊖タ タスクへの応答
- ⊖論 論理的一貫性とつながり
- ⊖語 語彙の豊富さ
- ⊖文 文法表現の豊富さと正確さ

＊1〜13 のコメントは、番号が振られたセンテンス全体および英文中のハイライト部を指しています。

1 ⊖語　設問文を丸ごとコピーしてしまっている。
2 ⊖論　できればプラス面とマイナス面の両方に気を配った表現にしたい。
3 ⊖語　同じ表現を繰り返しているので言い換えたい。
4 ⊖論　いきなり具体例から始めないほうがよい。また、「自分が奨学金をもらっている大学生である」ことは、「教育は無料であるべき」ことの理由にはならない。
5 ⊖論 ⊖語 ⊖文　おそらく書いた人は「真面目なのにお金がなくて教育を受けられない学生がいるのだから、教育は無料であるべきだ」という理屈なのだろうが、そのことが伝わらない。

114

6 ⊖論　この文だと、「自分が奨学金をもらっている」ことと、「教育は無料であるべき」という意見がうまく結びつかない。
7 ⊖論　第1段最後で「2つの理由」と述べて、この第2段落と次の第3段落で理由をひとつずつ述べようとしている。しかしこの文も理由を述べているので、理由は合計3つになってしまう。
8 ⊖文　主語が parents と複数形なので、動詞は were にすべき。
9 ⊖論　この文は「教育は無料であるべき」という意見とうまく結びつかない。
10 ⊖文　become は became と過去形にすべき。
11 ⊖タ⊖論　「教育は無料であるべき」というトピックから外れてしまっている。
12 ⊖語⊖文　同じ表現を繰り返して用いている。
13 ⊖タ　ワード数がまったく足りていない。
☆ ⊖タ　エッセイ全体について：設問文のもうひとつの論点（教育は国家の基盤である）についてまったく触れていないのも大きな問題。

Step 4　仕上げにもう一度書いてみる

　これまで見てきたモデルアンサーと悪い例を念頭に置いて、最後に自分自身の力でStep 1（p. 111）にもう一度取り組みましょう。
　その際の手順は、Step 1 と同一です。

Unit 4
Speaking Test 攻略

Lesson 1　Speaking Test の全体像 ············ 118
Lesson 2　Part 1 の 攻略 ······················ 121
Lesson 3　Part 2 の 攻略 ······················ 130
Lesson 4　Part 3 の 攻略 ······················ 139

Lesson 1 Speaking Test の全体像

最初に Speaking Test の構成、テストの評価基準、そしてスコアアップするためのコツを把握しておきましょう。

試験の形式： 試験官との1対1のインタビュー。
構成と試験時間： Part 1 〜 3 の全3パート構成で、合計 11 〜 14 分。
スコア： Speaking Test 全体（Part 1 〜 3）に対して 1.0 〜 9.0 のバンドスコアが与えられる。

✅ 全3パート構成

面接室に入って着席すると、試験官に名前を聞かれ、パスポートを提示するよう求められます。その後、試験官が質問する形で試験が進行していきます。
Speaking Test は、以下のように Part 1 〜 3 の3パート構成になっています。

Part 1
- 試験官の質問に答える。トピックは、**自己紹介や日常的な事柄**。
- 通常4〜5分。

Part 2
- トピックが書かれた冊子を渡されるので、それを見てスピーチを行う。
- トピックは、これまでの活動や出来事、出会った人物など、受験者の経験に関わること。
- 話す内容を考える**準備時間が1分間**。実際に話す時間は1〜2分。

Part 3
- 試験官とのディスカッション形式。
- Part 2 のトピックに関連した**質問**がされる。質問内容は高度で、抽象的かつ一般的。
- 通常4〜5分。

✅ 評価基準を知っておこう

　スコアアップを目指すには、試験官がどういう観点で自分のスピーキングを評価するか（＝評価基準）を知っておく必要があります。以下に、IELTS の Speaking Test の評価基準を紹介します。この評価基準は Part 1 ～ 3 共通です。

流ちょうさ・論理的一貫性（Fluency and Coherence）

- スムーズに話せるか。
  - ＊沈黙や言いよどみ（uh、hmm など）で、話をぶつ切りにしない。
- 論理的にわかりやすく話せるか。

語彙の豊富さ（Lexical Resource）

- 使える語彙の幅が広いか。
  - ＊make だけでなく、create や establish なども文脈に応じて使える、など。
- 適切な語彙が思いつかなかったときに、ほかの語句に言い換えられるか。

文法表現の豊富さと正確さ（Grammatical Range and Accuracy）

- さまざまな文法表現を使いこなせるか。
  - ＊助数詞、仮定法、関係代名詞、など。
- 文法は正確か。
  - ＊時制を正確に使える、など。

発音（Pronunciation）

- 聞き取りやすく、聞き手に負担を与えない発音ができるか。

＊各評価基準ごとに 1.0 ～ 9.0 のバンドスコアを出し、その平均点が Speaking Test 全体のバンドスコアとなります。

✅ スピーキングのコツ

　ここでは Part 1 ～ 3 共通の、スピーキングのコツを紹介します。試験本番のときだけでなく、日ごろ練習するときにも、これらを頭に入れて話すようにしてください。

1 Speaking Test は試験官との対話だ。

- 相手ときちんと向き合い、なごやかな雰囲気で会話します。
- 多少の冗談は、雰囲気をよくするために言っても構いません。ただし、ふざけないこと。
- 棒読みの話し方はよくありません。身振り手振りを加えて、表情豊かに話しましょう。
- 模範回答を暗記して試験に臨まないこと。そのような場合は減点されます。

2 質問をよく聞き、ずばり真正面から答えよう。

- 質問内容に正確に答えて、まと外れな回答はしないようにします。
- 単刀直入に答えて、回りくどい言い方はしないようにします。
- 質問が聞き取れなかった場合は、試験官に聞き直します。聞き直しても即減点にはなりません。

  ＊聞き直しが多いのは「流ちょうさ」の評価基準の点から問題があります。質問を聞き取れるように常日頃からリスニング力を鍛えておくことが大切です。

3 文法ミスや発音ミスは訂正しない。

- 文法ミスを修正することは、話のスムーズな流れを阻害し、聞き手をイライラさせることにつながります。修正したところでさほど評価が上がるわけでもないので、何事もなかったように話し続けてください。ただし、he → she などの、聞き手を混乱させるミスは別です。
- 訂正よりも情報量が大切です。言い直しではなく、内容のある事柄を伝えるために時間を使いましょう。

  ＊「文法表現の正確さ」は評価基準に含まれるものの、試験官は個々のミスの数までは数えていないので、あまり神経質にならないようにしましょう。

4 あれこれ考え過ぎないで話すようにしよう。

- 試験中は、いかに聞き手にわかりやすく話すかのみを意識します。文法や発音のミスを自分でチェックしながら話すようなことは避けましょう。
- ミスをしたと気づいても、気にせず話し続けます。ミスの反省はテストが終わってからにしましょう。
- ひたすら会話を楽しむつもりで取り組みましょう。

Lesson 2　Part 1 の攻略

ここからは、Speaking Test のパートごとの攻略法を紹介していきます。まずは Part 1 から取り組みましょう。

Part 1 の内容と質問例

- 試験官の質問に答えて話します。質問のトピックは、自己紹介や日常的な事柄です。詳しくは下の「Part 1 の質問例」を参照してください。
- 質問されるトピックの数は、通常 3 つ。さらに各トピックに対して、複数の関連した質問がなされます。
- この Part は通常 4 ～ 5 分です。

✓ Part 1 の質問例

●メインの質問　　●メインの質問に関連した質問

グループ A：自分に関する質問

仕事・学業

● **Are you a student or do you work?**
あなたは学生ですか、それとも働いていますか。

　●Do you like your studies[job]?（Why? / Why not?）
　あなたは自分の勉強[仕事]が好きですか。（なぜ好きですか。／なぜ嫌いですか。）

　＊「好きか嫌いか」だけ答えて理由を言わなければ、追加で Why? / Why not? と尋ねられます。

　●What is the most interesting thing about your studies[job]?（Why?）
　あなたの勉強[仕事]で最も興味深いことは何ですか。

　●What kind of job do you want to do in the future?（Why?）
　あなたは将来、どんな仕事をしたいですか。

121

住んでいる場所

What kind of neighborhood do you live in?
あなたはどのような所に住んでいますか。

- Do you like your neighborhood?（Why? / Why not?）
  あなたは自分が住んでいる所が好きですか。

- What do you like most about your neighborhood?（Why?）
  自分が住んでいる所について最も気に入っている点は何ですか。

- What kind of improvements could be made to your neighborhood?（Why?）
  自分が住んでいる所には、どのような改善ができるかもしれませんか。

グループB：日常的な事柄

音楽

Do you listen to music often? （Why? / Why not?）
あなたはよく音楽を聞きますか。

- What kind of music do you like most?（Why?）
  あなたはどんな音楽が一番好きですか。

- In what situations do you listen to music?（Why?）
  あなたはどんな状況で音楽を聞きますか。

- What kind of effects does music have on people?
  音楽は人々にどんな影響を与えますか。

コンピューター

Do you often use a personal computer? （Why? / Why not?）
あなたはよくパソコンを使いますか。

- What kind of things do you do with a computer?
  あなたはコンピューターでどんなことをしますか。

- Do you think you need to learn more about computers? （Why? / Why not?）
  あなたは、自分はもっとコンピューターを学ぶ必要があると思いますか。

読書

● **Do you read often?** (Why? / Why not?)
あなたはよく読書をしますか。

　●What kind of books do you usually read? (Why?)
　あなたは普段、どんな本を読みますか。

　●Do you usually read electronic books or paper books? (Why?)
　あなたは普段、電子書籍を読みますか、それとも紙の本を読みますか。

Part 1 攻略のカギ

Part 1 に取り組む際のカギは2点あります。それは「複数のセンテンスで答えること」と、「質問が聞き取れなかったら聞き直すこと」です。

✔ 複数のセンテンスで答えよう

Part 1 は、複数のセンテンスで質問に答えることが基本です。以下の流れで話すようにしてください。

> 質問に単刀直入に答える
> 　→その答えのサポート（理由や、より詳しい説明）を述べる

この流れを、以下の例で確認してください。

Example 1

Q: Are you a student or do you work?
あなたは学生ですか、それとも働いていますか。

A: **I am a college student.** (質問に対する答え)
　→ **I am a junior, and I'm majoring in economics.** (より詳しい説明)
私は大学生です。2年生で、経済学を専攻しています。

　この例では、「2年生で、経済学を専攻している」という詳しい情報がサポートになっています。

Example 2

Q: Do you like economics?（経済学はお好きですか）

A: <u>Yes</u>, I like it very much, <u>because</u> studying economics gives me a glimpse into how the world works. For example, how companies operate, how international trade affects our lives ... I think such knowledge will be useful when I get a job in the future.

> はい、とても好きです。なぜなら経済学を勉強することで、世の中の仕組みが少しわかるからです。例えば、企業がどのように活動しているか、国際貿易がどのように私たちの生活に影響を与えているかといったことです。そのような知識は、将来就職したときに役立つと思います。

　この回答では、質問に対する答えは Yes で、サポートは because 以降で示されている理由です。このように Yes/No で答える質問に対しては、Yes/No で答えた後に、必ずサポートとして理由をつけ加えるようにします。もし理由を言わなければ、試験官は Why?/Why not? と、理由を聞いてきます。

　ただし、サポートをたくさん加えようとして、あまりに長く答える必要もありません。そのような場合は、途中で試験官に話をさえぎられることもあります。質問に対して十分かつ簡潔な回答をするように心がけましょう。

注：Part 1 では例外として、1 センテンスの回答にならざるを得ない質問がされる場合もあります。

✅ 質問が聞き取れなかったら聞き直す

　試験官の質問が聞き取れなかった場合は、素直に聞き直しましょう。聞き直すことで即減点されることはありません。わかったふりをして、まと外れな回答をしてしまうことが一番避けるべきことです。

　同じ質問に対して何度も聞き直した場合は、試験官から悪い印象を持たれてしまうことがあるので、そのような事態にならないように常日頃からリスニング力を鍛えておきましょう！

　以下に、質問が聞き取れなかった場合に使えるフレーズを紹介します。

I'm sorry. I'm not sure what you mean.
すみません。どういう意味かよくわかりません。

I'm sorry, I didn't understand your question. Could you repeat it, please?
すみません。質問がわかりませんでした。繰り返していただけますか。

I missed the question. Could you say that again?
質問がわかりませんでした。もう一度言っていただけますか。

✅ 悪い例を確認しておこう

「複数のセンテンスで答える」、「質問が聞き取れなかったら聞き直す」ということができなかったら、以下のような回答になってしまいます。ダメな例として確認しておきましょう。

メインの質問 Q: Are you a student or do you work?

A: I'm a student.

↑ 1センテンスだけの答えでサポートがない。詳しい情報が欲しい。

以下はメインの質問に関連した質問

Q: Are you a high school student, or do you go to college?

A: College.

↑単語だけの回答はやめよう。

Q: All right, what do you major in?

A: Economics.

↑これも単語だけ。せめて I major in economics. に。

Q: Do you like the subject?

A: Yes.

↑ Yes/No だけの回答は避ける。サポートとして理由を続けよう。

Q: Can you tell me why you like economics?

A: Um ... it's interesting. I ... I like it.

↑ I like economics because ... のように、理由を続けよう。

Q: Is your study related to what you want to do in the future?

A: I ... I'm sorry. I don't understand.

↑ I'm sorry の後は、I didn't understand your question. Could you repeat it, please? などとしたい。

Q: Sure, the question was, "Is your study related to what you want to do in the future?"

A: Um ... I want to study abroad in the future.

↑質問内容が理解できなかったので、質問内の study と future を手がかりに、まと外れな回答をしている。

Part 1 実践トレーニング

それでは実際にPart 1に取り組んでみましょう。各Stepの指示をよく読んでトレーニングを進めてください。

Step 1　まずは自力でトライする

以下の指示に従って、質問に取り組みましょう。
① それぞれの質問について回答していく。自分の回答を録音しておき、後で確認するとよい。
② 複数のセンテンスで答えるようにする。以下の流れを忘れないように！

> 質問に単刀直入に答える
> 　→その答えのサポート（理由や、より詳しい説明）を述べる

質問
- Are you a student or do you work?
- OK, now let's talk about exercise. Do you exercise often?
- Next, let's discuss food. What kind of food do you like?

Step 2　モデルアンサーを確認

次の見開き（p.128〜129）にStep 1のモデルアンサー（よい回答例）が掲載され、実際の試験の流れが再現されています。

モデルアンサーとコメントを対照させながら読んで、高得点が取れる話し方を体感しましょう。

Lesson 2 ● Part 1 の攻略

Step 3 モデルアンサーでトレーニング

p.128 ～ 129 のモデルアンサーを使ったトレーニングをします。以下の指示に従ってください。

① 08.mp3 の音声を聞きながら、モデルアンサーに目を通す。
- 納得できるまで、何回繰り返してもよい。

② 次に 09.mp3 を流す。
- この音声は回答の部分がポーズになっているので、ポーズの間にモデルアンサーの回答部分を見ながら、自分で声に出して答える。
- 自信がつくまで何度も繰り返す。
- 自分の回答を録音しておき、後で確認するとよい。

③ もう一度、09.mp3 を流す。
- 今度は、ポーズの部分では何も見ないで、自分自身で考えた回答を述べる。
- 納得できる回答ができるまで、何度も繰り返す。
- 自分の回答を録音しておき、後で確認するとよい。

Unit 4

Unit 4 ● Speaking Test 攻略

メインの質問

Q: Now, in this first part, I would like to ask you some questions about yourself.
Are you a student or do you work?
A: I'm a student. ₁ I go to K University in Tokyo. ₂ I'm a freshman.

関連した質問

Q: All right, what do you major in?
A: ₁ I major in economics. I chose the subject ₂ because I thought I ₃ would be able to learn ₄ how the world really works ₅ and also because I want to run my own business in the future. Knowledge of economics will ₆ come in handy then.

メインの質問

Q: OK, now let's talk about exercise. Do you exercise often?
A: ₁ Yes, I do. I jog regularly and lift some weights at home. I also often play soccer ₂ because I'm a member of a college soccer team.

関連した質問

Q: Is exercise important to you?
A: ₁ Yes, it is. ₂ If you kept sitting all day and didn't move much, ₃ it would be bad for your health. ₄ Plus, it just feels good to move your body. It's relaxing and allows your brain to function ₅ better.

メインの質問

Q: Next, let's discuss food. What kind of food do you like?
A: I like all kinds of food. You know, ₁ Chinese, Italian, Japanese … But I like Japanese food best, ₂ because I was born and raised in Japan, I guess.

関連した質問

Q: When you go abroad, then, do you miss Japanese food?
A: Yes, I miss it terribly. It is fun to ₁ try out local foods, of course. ₂ For example, when I went to Italy, I truly enjoyed Italian pasta. I really loved it, ₃ but after a week or so, I started to ₄ ache for Japanese food. I went into a Japanese restaurant in Rome, actually.

＊日本語訳は別冊 p. 25 に掲載されています。

128

> 以下のマークは、試験官の評価基準を表します。コメント欄についているこれらのマークは、その分野の評価がプラスになることを表しています。
> ⊕流 流ちょうさと論理的一貫性
> ⊕語 語彙の豊富さ
> ⊕文 文法表現の豊富さと正確さ

1、2 I'm a student. と質問に答えた後、サポートとなるセンテンスを2つ続けて詳細な情報を加えている。自分の専攻までは述べていないが、いいスタート。

1 きちんとフルセンテンスで答えている。
2 サポートとして、because を使って理由を述べている。
3 ⊕文 助動詞を正しい時制で使っている。
4 ⊕文 <how + SV> と、正しい語順にしている。
5 ⊕流 because … and also because …と、理由を並列して示している。情報量を増やし、なおかつシンプルな言い方で述べているのがよい。
6 ⊕語 定型表現の come in handy「役立つ」を用いている。

1 きちんとフルセンテンスで答えている。Yes/No で答える文の後に、サポートとして、どんな運動をしているかを述べる文を続けている。
2 サポートとして、because を使って理由を述べている。

1 きちんとフルセンテンスで答えている。
2、3 ⊕文 If … , it would be ～「もし…なら、～だろう」の仮定法で、理由をちゃんと述べている。このように because 以外で理由を述べてもよい。
4 ⊕流 情報を加えるというサインを用いている。
5 さらに情報を加えると長くなりそうなので、頃合いを見て話し終えている。

1 単刀直入な答えがすぐに思いつかなかったので、いったん色々なものを挙げて時間をかせぎ、「日本食」と答えている。このような技術も有効。
2 サポートとして、because を使って理由を述べている。

1 ⊕語 eat の代わりに try out「～を食べてみる」を使っている。
2 サポートとして、例を挙げている。
3 ⊕流 but を使うだけで論理的に聞こえる。
4 ⊕語 ache for「～をとても欲しがる」という表現を使っている。

Lesson 3　Part 2 の攻略

ここでは Part 2 の攻略法を紹介します。Part 2 の大きな特徴は、試験官からトピックが書かれた冊子を手渡され、それに目を通して答えることです。

Part 2 の内容とトピック例

- トピックが書かれた冊子を手渡されるので、そのトピックについてひとりでスピーチを行います。
- 話す内容を考える準備時間が 1 分間与えられます。
  鉛筆とメモ用紙を渡されて、メモを取ってもよいと言われます。メモは必須ではありませんが、極力取るようにしましょう。
  また、冊子には何も書き込まないように言われます。
- 実際に話す時間は 1 ～ 2 分。話し終えた後に、話した内容についての質問が 1 ～ 2 回されることもあります。

✓ 冊子の内容例

手渡される冊子には、冒頭に話すべきトピックが書かれていて、その下に、「4 つの含めるべき要素」が指示されています。

Describe the most memorable trip you have ever taken.　→トピック

You should say:　→以下、含めるべき要素
　　when you took the trip,　→要素 1
　　where you went,　→要素 2
　　why you made the trip,　→要素 3
and explain why this trip stuck in your memory.　→要素 4

あなたがこれまでに行った、最も記憶に残る旅行を描写しなさい。
あなたが言うべきこと：
　　いつその旅行に行ったか。
　　どこに行ったか。
　　なぜその旅行をしたか。
そして、なぜこの旅行が記憶に残ったか説明しなさい。

✅ Part 2 のトピック例

　Part 2 では多くの場合、これまでの人生で出会ったり経験したりした事柄を描写することが求められます。描写するトピックは人物、もの、映像、体験などさまざまです。以下にトピックの例をいくつか紹介しておきます。

Describe the best teacher you had in your school days. ［人物］
あなたの学生時代の最もよい教師を描写しなさい。

Describe a great leader that you know. ［人物］
あなたが知っている素晴らしいリーダーを描写しなさい。

Describe a toy you liked in your childhood. ［もの］
あなたが子どものころ好きだった玩具を描写しなさい。

Describe a souvenir you were happy to receive from someone. ［もの］
あなたが誰かからもらってうれしかったお土産を描写しなさい。

Describe the most impressive photograph you have seen. ［映像］
あなたがこれまでに見た中で最も印象的な写真を描写しなさい。

Describe the most memorable commercial you have seen. ［映像］
あなたがこれまでに見た中で最も記憶に残るコマーシャルを描写しなさい。

Describe a tourist site in your country you recommend foreigners to visit. ［場所（旅行）］
あなたが外国の人に行くように勧める、自国の観光地を描写しなさい。

Describe the most memorable trip you have ever taken. ［体験（旅行）］
あなたがこれまでに行った、最も記憶に残る旅行を描写しなさい。

Describe an occasion you helped someone. ［体験］
あなたが誰かを助けたときのことを描写しなさい。

Describe an occasion you experienced hardship. ［体験］
あなたが苦難を経験したときのことを描写しなさい。

Unit 4 ● Speaking Test 攻略

🔊 Part 2 攻略のカギ

　Part 2 に取り組む際のカギは4点あります。以下にそれぞれのカギを紹介していきましょう。

✅ 2 分間話し続けよう

　Part 2 では1〜2分間話すように指示されますが、とにかく**2 分間話すこと**を目指してください。話すときは早口にならず、**普通のスピード、またはややゆっくりめのスピード**で、スムーズに話すことを心がけます。

　また、このパートはスピーチのような形式で話すことになりますが、ライティングのように＜導入→意見の理由→反論・再反論→結論＞のような構成にする必要はありません。**指示された「4 つの含めるべき要素」**について、**順番どおりに答えていけば大丈夫**です。その際、発言を以下の流れにするよう心がけてください。

> 指示された要素について単刀直入に述べる
> 　→サポート（理由や、より詳しい説明）を述べる

　なお、話をうまく2分間に収める必要はありません。途中で止められても気にしないでください。試験官は単に制限時間が来たことを知らせているだけです。ただしその結果、「4 つの含めるべき要素」すべてが入らないのは困るので、ひとつの要素につき 30 秒前後（2 分÷4＝30 秒、ただし長短はあってよい）で話すと考えて、ひとつにあまり時間をかけ過ぎるのは避けたほうがよいでしょう。

　場合によっては、話し終えた後で、話した内容について追加で質問されることがあります。その際の回答はやや短めでも構いません。

✅ メモは簡潔に取る

　1 分間の準備時間にメモを取る際は、「4 つの含めるべき要素」について何を話すか、さらにそれらの**サポート（理由や、より詳しい情報）**として何を話すかを、**4 つの順番どおりに、簡潔に**書いていきます。

　メモは日本語で書いても英語で書いても構いませんが、英語で話すことを考えれば、英語で書いておくほうがよいでしょう。

　話している間は、適宜メモを見ながら話します。ずっとメモを見ながら話すことはお勧めできません。試験官の目を見ながら、時々メモに目を落とす、という姿勢で臨

Lesson 3 ● Part 2 の攻略

みましょう。
　以下にメモの取り方のサンプルを紹介しておきます。

与えられた冊子の内容

> Describe the most memorable trip you have ever taken. →トピック
>
> You should say: →以下、含めるべき要素
> 　　when you took the trip, →要素1
> 　　where you went, →要素2
> 　　why you made the trip, →要素3
> and explain why this trip stuck in your memory. →要素4

メモのサンプル

> ❶ Europe
> ❷ last year　　❸ every long vacation
> ❹ Ita, Gre, Ger　❺ Athens-Frank
> ❻ J painter　❼ friend travel freak
> ❽ historic sites　❾ Acro, Colosse

❶トピックに対する回答。
❷要素1の回答。
❸要素1のサポート。「長期休暇のたびに旅行に行く」と言うつもり。
❹要素2の回答。「Italy、Greece、Germanyに行った」と言うつもり。このように、スペルを全部書く必要はない。
❺要素2のサポート。「まずAthensに到着し、Frankfurtから帰国した」と言うつもり。
❻要素3の回答。「日本人の画家の影響で行きたくなった」と言うつもり。
❼要素3のサポート。「旅行が大好きな友人の意見」も理由として追加するつもり。
❽要素4の回答。「史跡が記憶に残った」と言うつもり。
❾要素4のサポート。「AcropolisとColosseum」を、記憶に残った場所の例として挙げるつもり。

✅ 英語が思い浮かばない場合は

　あることを言う際に、日本語は頭に浮かんでいるのだが、対応する英語が思いつかないことがよくあります。そのようなときは、言いたいことを完全に英語化しようとするのではなく、「80%でも、いや50%でもいいから、とにかく伝えよう」と考えましょう。

その際、日本語をそのまま英語に置き換えるのではなく、自分が話したい事柄は何かを考え、それを自分が使える表現で何とか表すようにします。例えば「どうしようもない状況だった」が思い浮かばなければ、「どうしようもない→解決策がない」と考え、I couldn't find any solution. のようにします。それも思い浮かばなければ、It was a difficult situation. としてもいいでしょう。「どうしようもない」という日本語にこだわらないようにするのです。

　IELTS のスピーキングでは「語彙の豊富さ」があるかどうかが評価基準となります。しかし、なにも難しい表現を使うことだけが評価されるわけではありません。ことばに詰まったときに別の表現に言い換える柔軟な対応能力も「語彙の豊富さ」として評価されるのです。ですから、ためらわずに簡単な英語で言い換えるようにしましょう。

　一方、一番避けるべきことは、言い換えを考えようとして**沈黙や言いよどみの時間が長くなる**ことです。×「英語の表現がわからない→別の内容を言おうとして日本語で考える→それを英語に直す」のような回りくどいことをしていたら、あっという間に時間が過ぎてしまいます。

　言い換え表現がすぐに出てこない場合は、沈黙を防ぐために**つなぎ言葉**を用いて、考える時間を稼ぎましょう。以下に**つなぎ言葉**をいくつか紹介しておきます。しかし、使い過ぎると「流ちょうさ」の評価基準がマイナスになるので注意してください。

　Well,
　You know,
　Let me see,
　Let me think,
　I can't find the right words, but ... （適切な単語がわからないのですが…）
　I don't exactly know how to say it, but ...
（どう言えばいいのかよくわからないのですが…）

✅ 対話をするつもりで話そう

　Part 2 は、ひとりで話す形式ですが、Part 1 同様、対話をするつもりで取り組みます。試験官の目を見て、試験官にわかりやすいように話すことが、評価を高めることにつながります。

　対話として捉えると、暗記したことを話すような棒読みや、必要以上の早口で話すことは避けなければならないことがよくわかると思います。目の前の試験官に**自分の話をわかってもらうことを最優先に考えましょう**。

Part 2 実践トレーニング

それでは実際にPart 2に取り組んでみましょう。各Stepの指示をよく読んでトレーニングを進めてください。

Step 1 まずは自力でトライする

以下の指示に従って、質問に取り組みましょう。

① 下の質問に目を通して、話す準備を1分間でする。その際、以下の内容でメモを取るようにする。
- 要素1〜4について何を話すか、またそれらのサポート（理由や、より詳しい情報）として何を話すかを、1〜4の順番どおりに簡潔に書いておこう。

② 自分で2分間を目標に話す。
- 4つの要素について順番どおりに話していこう。
- 自分の回答を録音しておき、後で確認するとよい。

Describe the most memorable trip you have ever taken. →トピック

You should say: →以下、含めるべき要素
    when you took the trip, →要素1
    where you went, →要素2
    why you made the trip, →要素3
and explain why this trip stuck in your memory. →要素4

Unit 4 ● Speaking Test 攻略

Step 2 モデルアンサーを確認

　以下に Step 1 のモデルアンサー（よい回答例）を掲載します。どうして評価が高くなるのか考えながら、英文とそれに対するコメントを読んでいきましょう。

＊Part 2 では 2 分間を目標に話しますが、このモデルアンサーは朗読すると 1 分 30 秒ほどになります。本番では考えながら話すことを考慮して、意図的にこの長さにしてあります。

OK, ₁I've decided to speak about my trip to Europe. ₂I took the trip last year ... last summer, during my summer holidays. I go somewhere every long vacation. I went to ₃Europe with a friend of mine, and visited ₄Italy, Greece and Germany. ₅We flew in to Athens and out of Frankfurt. We took the ferry from Greece to Italy and then the train from Italy to Germany. We visited many, many places along the way. ₆The reason that we went to Europe is, ₇well, I ₈had always wanted to travel in Europe ₉since I read a book by this Japanese painter ₁₀who visited European countries ₁₁and drew a lot of drawings. My friend is ₁₂a travel freak, but in Europe he had only visited the UK and France, so he wanted to go to some other European countries. ₁₃What made this trip memorable to us was, first of all, the impressive historic sites. We were both interested in history, and seeing historic remains such as the Acropolis and the Colosseum was just our dream come true. ₁₄Also, we tried to talk to ₁₅as many local people as we could, and that was also a lot of fun.

以下のマークは、試験官の評価基準を表します。コメント欄についているこれらのマークは、その分野の評価がプラスになることを表しています。
　⊕流 流ちょうさと論理的一貫性　⊕語 語彙の豊富さ　⊕文 文法表現の豊富さと正確さ

1　まず前置きとして、全体のトピックについて述べている。
2　要素 1（いつ行ったか）について述べている。
　　last summer, during ... と情報を追加しているが、無理に It was last summer ... のようにフルセンテンスにしなくてもよい。
3、4　要素 2（行った場所）について述べている。
　　まず Europe と言って訪れた地域を述べ、その後でより詳しく訪れた国の名を挙げている。

5 要素 2 のサポートとして、より詳しい情報を加えている。
6 The reason 以降で、要素 3（旅行した理由）について述べている。
7 つなぎ言葉を適切に使っている。
8、9 ⊕文 過去完了形と <since + SV> 使って、文法知識をアピールしている。
10 ⊕文 関係代名詞 who を使った文構造を作っている。
11 ⊕流 and を用いて、わかりやすく情報を並列している。
12 ⊕語 単に likes to travel などとはせず、口語的な表現を使っている。
13 What 以降で要素 4（記憶に残った理由）について述べている。
　⊕文 関係代名詞 What を主語にして、要素 4 の、explain why …という文を言い換えている。
14 ⊕流 Also を使って、要素 4（記憶に残った理由）をもうひとつ述べている。
15 ⊕文 比較表現を使って文法知識をアピールしている。

＊日本語訳は別冊 p. 26 に掲載されています。

Step 3　モデルアンサーでトレーニング

モデルアンサーを使って、話すトレーニングをしましょう。以下の指示に従ってください。

①10.mp3 の音声を聞きながら、モデルアンサーに目を通す。
- 納得できるまで、何回繰り返してもよい。

②自分でモデルアンサーの英文を声に出して読む。
- 10.mp3 で聞いたお手本の音声を思い出しながら声に出そう。
- 納得できるまで、何回繰り返してもよい。
- 自分の回答を録音しておき、後で確認するとよい。

Unit 4 ● Speaking Test 攻略

Step 4 悪い例を確認

以下に Step 1 の回答の悪い例を掲載します。この回答だと、どうして評価が低くなるのか考えながら、英文とそれに対するコメントを読んでいきましょう。

> Uh ... Last year I go to Europe. ₁ I go ... I went to ₂ Greek, Italy, and ₃ German. I was with my friend. ₄ Uh ...（silence）uh ... ₅ It was memorable because ... uh ... ₆ I went to many history ... ₇ historic ... uh ... sorry, I ... I saw beautiful scenery. I didn't speak English very well, but I could speak with people. ₈ It was enjoy ... I enjoyed the trip. ₉ I took the train to ... from Italy to German ... uh ... ₁₀ I ate Italian food. ₁₁ Very delicious. Uh ...
>
> 以下のマークは、試験官の評価基準を表します。コメント欄についているこれらのマークは、その分野の評価がマイナスになることを表しています。
> ⊖流 流ちょうさと論理的一貫性 ⊖語 語彙の豊富さ ⊖文 文法表現の豊富さと正確さ

1　文法ミスは修正しないで話し続ける方針でよい。無意識に修正してしまうこともあるが、そういう場合は構わない。
2、3　⊖語 国名は Greece と Germany。このようなミスが続くと印象が悪くなる。
4　⊖流 多少の「つなぎ言葉」や沈黙は仕方ないが、あまりに多いとマイナスになる。
5　要素 3（旅行した理由）を飛ばして、いきなり要素 4（記憶に残った理由）に移っている。重大なミス。
6　⊖文 友だちといっしょに行ったのだから、we にすべき。よくあるミスだ。
7　⊖語「遺跡」という単語が思い浮かばず、詰まっているようだ。そういう場合は、historic places のように、簡単な英語で大胆に言い換えること。
8　要素 4（記憶に残った理由）を話そうとしていたが、いつの間にかトピックが「旅行を楽しんだこと」にすり替わっている。
9、10　⊖流 時間が余ったので不用意に情報を足して、話にまとまりがなくなった。
11　⊖文 It was very delicious. のようにフルセンテンスで述べたい。

Step 5 仕上げに自分で話してみる

これまで見てきたモデルアンサーと悪い例を念頭に置いて、最後に自分自身の力で Step 1 (p. 135) にもう一度取り組みましょう。手順は、Step 1 と同一です。

Lesson 4　Part 3 の攻略

ここでは Part 3 の攻略法を紹介します。Part 3 では、試験官の質問に答える形で話していきます。

Part 3 の内容と質問例

- Part 3 は試験官とのディスカッション形式で行われます。
- 試験官が Part 2 のトピックに関連した質問をします。
- 質問の内容は、抽象的かつ一般的なものです。

　例：Part 2 のトピック：個人的な旅行体験

　　　Part 3 の質問：旅行についての一般的な質問

- What factors make trips enjoyable and fulfilling?
  どのような要素が旅行を楽しく充実したものにしますか。

- Do you think traveling with somebody is better than traveling alone?
  あなたはだれかと旅行するほうがひとりで旅行するよりもいいと思いますか。

- What is the point of traveling in the Internet age?
  インターネットの時代に旅行することに、どんな意味がありますか。

- 上記のような質問が 2、3 問出され、さらに受験者の回答に応じて**追加の質問**もされます。仮に 3 つの質問と、それぞれに対する追加質問がひとつずつされたとすると、質問数は合計 6 つになります。

- Part 3 全体に与えられる時間は、試験官の発言も含めて 4 〜 5 分です。この時間を考えると、**各質問に対して 30 秒前後、4 〜 6 センテンス**で話すことが目安となります。

Unit 4 ● Speaking Test 攻略

✅ Part 3 の質問例

以下に Part 3 の質問例をいくつか紹介しておきます。質問が Part 2 のトピックと関連していることを確認してください。

Part 2 のトピック：Describe the best teacher you had in your school days.
あなたの学生時代の最もよい教師を描写しなさい。

↩ Part 3 の質問：教師についての一般的な質問

- What are the qualities that make an excellent teacher?
  優秀な教師になるための資質とは何ですか。
- What kind of help should teachers offer students?
  教師は学生に、どのような援助を提供すべきですか。
- What can the government do to help schools hire good teachers?
  学校がよい教師を採用するのを援助するために、政府にはどのようなことができますか。

Part 2 のトピック：Describe a toy you liked in your childhood.
あなたが子どものころ好きだった玩具を描写しなさい。

↩ Part 3 の質問：玩具についての一般的な質問

- What kind of toys are good toys?
  よい玩具とはどのような玩具ですか。
- How are toys different now than when you were a child?
  あなたが子どもだったころと今とでは、玩具はどのように違いますか。
- What kind of emotions do children have toward toys?
  子どもたちは玩具に対してどのような感情を抱きますか。

Part 2 のトピック：Describe an occasion you experienced hardship.
あなたが苦難を経験したときのことを描写しなさい。

↩ Part 3 の質問：苦難についての一般的な質問

- In your culture, what is thought important when facing hardship?
  あなたの文化では、苦難に直面しているときには何が大切だと考えられていますか。
- What benefits can hardships offer?
  どのような利点を苦難は与えてくれることができますか。

- What kind of support should people provide when someone is facing a hardship?
  誰かが苦難に直面しているとき、人々はどのような支えをするべきですか。

Part 3 攻略のカギ

Part 3 に取り組む際のカギは 4 点あります。以下にそれぞれのカギを紹介していきましょう。

☑ 質問を正確に把握しよう

Part 3 の質問は抽象的なものが多く、一度聞いただけでは意味がよくわからないこともあります。そのような場合はためらわずに**試験官に聞き直しましょう***。聞き直しの回数が多くない限りマイナスにはなりません。質問をあやふやに理解して**まと外れな回答をしてしまうことが一番のマイナス**です。

*試験官に聞き直す際の表現は p. 124 の「質問が聞き取れなかったら聞き直す」を参照。

☑ サポートは厚めに

これまで Part 1 と 2 でも心がけてきた、

> 質問に単刀直入に答える
> →その答えのサポート（理由や、より詳しい説明）を述べる

という流れを意識して話してください。質問が抽象的ですから、それに対して説得力を持った回答をするためには、理由や詳しい説明といった**サポートが多めに必要**になります。

なお、Part 3 用の特別な論理構成というものはありません。サポートを厚くすることを留意しておけば大丈夫です。

☑ 回答が思いつかなくても焦らない

ほかのパートでもそうですが、特に Part 3 では「そんなこと考えたこともないよ」と思うような質問を投げかけられることがあります。答えが思いつかなくても焦らずに「Part 3 ではよくあることだ」くらいに考えてください。そして**つなぎ言葉***を使いながら、思いついたことを口に出していきましょう。また、「答えが思いつかない」と

いうことを試験官に率直に伝えるのもよいでしょう。大切なことは、「わからない」で終わってしまわずに、**質問に関連したことを何かしら話すことです**。「まと外れ」は避けるべきとはいえ、沈黙してしまうよりはいいのです。**中学英語を並べて何とか切り抜ける練習をしておくとよいでしょう**。

Good			Bad
ずばり回答 >	聞き直してからずばり回答 >	まと外れな解答 >	沈黙

＊**つなぎ言葉**の例は p. 133 の「英語が思い浮かばない場合は」を参照。

✅ 対話をするつもりで話そう

　これまでも強調してきましたが、Part 3 もやはり試験官と対話をするつもりで取り組みます。むしろ対話の度合いは Part 3 が一番高いかもしれません。なぜなら試験官が受験者の回答に合わせてアドリブで質問を投げかけてきたりするからです。**普通の会話のような自然なやり取りを心がける、質問にできる限りの回答をする、できるだけ相手にわかりやすいように話す**、という姿勢で臨みましょう。

　そのため、普通の会話と同じように、質問がわからなければ聞き直したり、「そんなことを考えたことはないけれど……」、「その質問に対する答えは思いつかないが……」などと言ったりしても構いません。

　くれぐれも、回答が思いつかないときに、下を向いて目も合わせずに沈黙するようなことがないよう気をつけましょう。

Part 3 実践トレーニング

それでは実際に Part 3 に取り組んでみましょう。各 Step の指示をよく読んでトレーニングを進めてください。

Step 1　まずは自力でトライする

以下の指示に従って、質問に取り組みましょう。
① 以下のそれぞれの質問に回答していく。自分の回答を録音しておき、後で確認するとよい。
② それぞれの質問と追加質問について、30秒前後、4～6センテンス程度で話すことを目標とする。
③ 以下の流れで回答するようにする。

> 質問に単刀直入に答える
> 　→その答えのサポート（理由や、より詳しい説明）を述べる

質問1 We have been talking about an impressive trip you took. Now let's discuss more general questions about traveling. What factors make trips enjoyable and fulfilling?

　質問1の追加質問
　・Are there any other factors that make trips enjoyable?

質問2 Now let me ask you another question. Do you think traveling with somebody is better than traveling alone?

　質問2の追加質問
　・What are the advantages of traveling by yourself?

質問3 Now, living in the Internet age, we can access lots and lots of information while sitting in front of a computer or even lying on the bed using a smartphone. What is the point of traveling when you can find out about any place on Earth without leaving your home?

Step 2 モデルアンサーを確認

以下に Step 1 のモデルアンサー（よい回答例）を掲載します。どうして評価が高くなるのか考えながら、英文とそれに対するコメントを読んでいきましょう。

質問1

Q: All right, we have been talking about an impressive trip you took. Now let's discuss more general questions about traveling. What factors make trips enjoyable and fulfilling?

A: Well, ₁ the first thing that comes to mind is seeing what you haven't seen before or have only seen in pictures. ₂ For example, on our trip to Europe, my friend and I visited the Acropolis in Athens. I ₃ had seen it many times in pictures, but what's missing in those pictures is the walk from downtown Athens to the ancient building, the height and depth of it ... the actual feel of the building, the view from the top of the hill ... the whole experience of being there. ₄ There are lots of things in this world you can't get a feel for until you are really there.

追加質問

Q: OK, are there any other factors that make trips enjoyable?

A: Yes. ₁ Talking to local people is a lot of fun. ₂ That's another aspect you can't experience just by seeing a picture or watching videos. ₃ Athens is a very touristic city, but there are people who actually live there, of course. ₄ Talking to those people, you think about a lot of stuff: what it would be like to live in such a historic city, how the city is different now than 2,500 years ago ... ₅ Talking to local people gives you new perspectives, new understandings, memories ... many, many things.

質問2

Q: Thank you. Now let me ask you another question. You said you traveled in Europe with a friend. Do you think traveling with somebody is better than traveling alone?

A: ₁ Hmm ... That's a difficult question for me because I like to do both. I often go on a trip by myself ... ₂ But, yes, I think I'd prefer to travel with someone if there is someone available to go with me.

Lesson 4 ● Part 3 の攻略

以下のマークは、試験官の評価基準を表します。コメント欄についているこれらのマークは、その分野の評価がプラスになることを表しています。
⊕流 流ちょうさと論理的一貫性　**⊕語** 語彙の豊富さ　**⊕文** 文法表現の豊富さと正確さ

1 **⊕流** 質問に単刀直入に答えている。
2 **⊕流** For example 以降で、サポートとして自分の個人的な体験を例として挙げている。

3 **⊕文** 過去完了形を正しく用いている。

4 **⊕流** さらなるサポートとして、個人的体験から導いた一般論を述べている。

1 質問に対する回答は、このような一般論でよい。
2 **⊕流** サポートとして、直前の回答をより詳しく説明している。
3 **⊕流** サポートとして例を挙げている。質問1の回答で用いた Athens の例と結びつけていることに注目。
4 **⊕流** サポートとして、さらに詳しい説明を述べている。

5 **⊕流** まとめとして、最後に一般論を述べている。

1 Hmm …と考え中であることを示し、さらに「答えるのが難しい」と率直に述べて、時間稼ぎをしている。
2 **⊕流** **⊕語** 回答に苦労しながらも、would prefer を用いて「どちらかと言えば」というニュアンスで質問に答えることができた。

Q: Why?
A: Well, first of all, that way I can share my experience with them. ₁You know, you can talk about what you saw, how you felt when you saw it ... ₂And of course when eating, especially dinner, it is much more fun to be with somebody and chat while eating than eating alone. Oh, and ₃it is useful to have someone watch your luggage when you go to the bathroom in a public place.

Q: (Chuckling) Hmm, ₁from what you're saying it sounds like traveling with somebody is much, much better than traveling alone, but you said you also like taking trips by yourself. What are the advantages of traveling by yourself?
A: Traveling alone has some advantages. ₂First, you can go ₃wherever you want to go. Traveling with a friend, you have to consult with him about where to go and sometimes you can't agree or even fight with him. If you are by yourself, there is no one but you that decides your ₄destination. ₅Second, when traveling alone you have a lot of time to think. You know, you think about your future, things you want to do in the future, or you can ₆look back on your past — you can think about various things without being disturbed. ₇Actually, I sometimes go traveling when I am stressed out and want to ₈put my thoughts together.

Q: Thank you. Now, living in the Internet age, we can access lots and lots of information while sitting in front of a computer or even lying on the bed using a smartphone. What is the point of traveling when you can find out about any place on Earth without leaving your home?
A: Hmm ... ₁I haven't thought about that before ... ₂but like I said earlier, being in a certain place is totally different to just seeing it in a picture. ... ₃I ... I think traveling is becoming even more popular

1 「つなぎ言葉」を入れて、その間にサポートとして何を述べるか考えている。
2 ➕流 And を使って、さらにサポートを追加している。

3 ➕流 ➕文 やや冗談めかしたことを言って、余裕を見せている。また、<have O do> の語法を用いている。

1 受験者の回答を聞いて、このようにアドリブ的な質問をしてくることがある。

2、5 ➕流 First と Second を用いて複数の情報を順序立ててわかりやすく述べ、なおかつサポートの厚みも増している。
3 ➕文 <wherever + SV >を用いている。

4 ➕語 where to go を destination 「目的地」に言い換えている。

6 ➕語 look back on ～「～を振り返る」という句動詞を用いている。
7 サポートとして、自分のことを例として加えている。

8 ➕語 put one's thoughts together「～の考えをまとめる」という定型表現を用いている。

1 率直に「それについては今まで考えたことがない」と言い、その間に回答を考えている。
2 ➕流 とりあえず前に言ったことを繰り返すことで沈黙を避けている。
3 ➕流 ここから、何とか新しい内容を述べ始める。

because of the Internet. ₄I mean, ₅the more information people can access about places in the world, ₆the more they want to go there in person and actually experience those places. Suppose you have ₇no information, know nothing about a certain place, you wouldn't ₈be inclined to go there.

Q: Thank you. That's the end of the speaking test.

＊日本語訳は別冊 p. 27 〜 29 に掲載されています。

Step 3 モデルアンサーでトレーニング

モデルアンサーを使って、話すトレーニングをしましょう。以下の指示に従ってください。

① 11.mp3 の音声を聞きながら、モデルアンサーに目を通す。
- 納得できるまで、何回繰り返してもよい。

② 自分でモデルアンサーの英文を声に出して読む。
- 11.mp3 で聞いたお手本の音声を思い出しながら声に出そう。
- 納得できるまで、何回繰り返してもよい。
- 自分の回答を録音しておき、後で確認するとよい。

4 ⊕流 直前に述べたことが少しわかりにくかったかもしれないと思い、I mean「つまり」を使って説明し直している。

5、6 ⊕文 <the+ 比較級 , the+ 比較級 > の構文を用いている。

7 ⊕流 ⊕語 no information を know nothing で言い換えて、理解してもらおうとしている。

8 ⊕語 be inclined to *do*「〜したいと思う」という、ややレベルの高い語彙を使っている。

Unit 4 ● Speaking Test 攻略

Step 4　悪い例を確認

　以下に Step 1 の回答の悪い例を掲載します。この回答だと、どうして評価が低くなるのか考えながら、英文とそれに対するコメントを読んでいきましょう。

質問1

Q: All right, we have been talking about an impressive trip you took. Now let's discuss more general questions about traveling. What factors make trips enjoyable and fulfilling?

A: ₁Uh … uh … ₂I enjoyed my trip to Europe. I went to many places and I met many people and … yeah, it was enjoyable.

Q: ₃OK, are there any factors that make trips in general enjoyable?

A: Uh … trips … ₄I'm sorry, I didn't understand the question.

Q: OK, why are trips fun? Why do people enjoy traveling?

A: OK, OK, uh … ₅you have new experience … ₆I meet a lot of people. ₇I eat different foods … yeah.

質問2

Q: All right, moving on to the next question, some people think traveling with somebody is more fun than traveling alone. Do you agree?

A: ₁I agree … I think it's fun to travel in group.

Q: Why?

A: Uh … hmm … ₂I can make many friends. ₃I can go to many places with many people and talk about … ₄talk about experience.

追加質問

Q: Have you ever gone on a trip by yourself?

A: No, I … I don't. I always travel with my friends … ₅I never travel alone.

質問3

Q: Thank you. Now, living in the Internet age, we can access lots and lots of information while sitting in front of a computer or even lying on the bed using a smartphone. What is the point of traveling when you can find out about any places on Earth without leaving your home?

A: Hmm … ₁I think Internet is useful. I can make a reservation on Internet. ₂Hotel, plane. ₃Uh … that's all.

Q: OK. Thank you. That's the end of the speaking test.

150

Lesson 4 ● Part 3 の攻略

> 以下のマークは、試験官の評価基準を表します。コメント欄についているこれらのマークは、その分野の評価がマイナスになることを表しています。
> ⊖流 流ちょうさと論理的一貫性　⊖語 語彙の豊富さ　⊖文 文法表現の豊富さと正確さ

1 質問に聞き取れない部分があったのでとまどっている。そういう場合は素直に質問を聞き直そう。
2 ⊖流 質問を聞き直さなかったので、質問内で聞き取れた enjoyable だけを頼りに、まと外れな回答をしてしまった。
3 試験官が気を利かせて質問を繰り返してくれている。
4 ここで質問を聞き直したのは評価できる。しかし、この程度の質問は聞き取れるぐらいのリスニング力はつけておきたい。
5、6、7 ⊖文 いろいろな要素を挙げるのはよい。しかし文が短か過ぎる。もっと複雑な構文を使いたい。

---

1 ⊖流 質問に答えてはいるが、サポートとなる情報を入れていない。
2、3、4 ⊖文 ⊖語 それぞれの文が短か過ぎる。もっと複雑な構文を使いたい。また、中学レベルの語彙を駆使して何とか切り抜けようとしていることは評価できるものの、高いレベルの語彙がまったくないため、語彙ポイントは高くはならない。
5 ⊖流 この文を回答のサポートにしようとしているものの、単なる前の文の言い換えにとどまっている。

---

1 ⊖流 質問が聞き取れなかったので、まと外れの回答をしている。質問内容がわからなかったら聞き直すべきだった。
2 ⊖文 できればフルセンテンスを用いたかったところ。You know, you can reserve hotel rooms or book plane tickets. などとすれば、語彙の豊富さも示せた。
3 ⊖流 このように自分から回答を打ち切ってしまうケースもよく見られる。何とかがんばってもう少し厚みを増したかった。

Step 5 仕上げに自分で話してみる

　これまで見てきたモデルアンサーと悪い例を念頭に置いて、最後に自分自身の力でStep 1 (p. 143) にもう一度取り組みましょう。
　その際の手順は、Step 1 と同一です。

Unit 5
IELTS 模試

Listening Test 設問 ………………………… 154
Reading Test 設問 ………………………… 160
Writing Test 設問 ………………………… 166
Speaking Test 設問 ……………………… 169
IELTS 模試　解答・解説 ………………… 173

Listening Test 設問

これから IELTS 模試の Listening Test を始めます。本番の Listening Test と同じように、Section 1〜4 の4つのセクションで構成されています。

Listening Test の取り組み方　◀12〜15

以下の手順に従って、各セクションの模試に取り組みましょう。

① 指定された音声を再生して、設問に取り組む。解答は直接設問に書き込む。

　＊本番ではこの模試とは異なり、問題冊子に解答をメモしておき、後でそれを解答用紙に転記することになる。

② 本書 p. 173 で答え合わせをしてから、解答の後に掲載されている解説を読む。

解説を読むときは、別冊 p. 30〜42 の英文スクリプトを参照する（スクリプトの日本語訳は本書 p. 232〜246 に掲載）。

● Listening Test 設問

Section 1 Questions 1–10 🔊 12

Questions 1–5

Complete the notes below.

*Write **ONE WORD AND / OR A NUMBER** for each answer.*

Computer Club Membership	
Example Student knew about club through a ___website___ .	
Name:	Sunil **1** ....
Degree course:	**2** ....
Year:	1st
Membership fee details	
One-time joining payment:	**3** £ ....
Yearly payment:	£ 3
Email:	sunstats@ **4** .... .com
Phone:	077- **5** ....

Questions 6–10

Complete the table below.

*Write **NO MORE THAN TWO WORDS** for each answer.*

Events	Day	Time	Venue
Weekly Meetings	Every **6**	4 p.m.	Club room in the **7** ....
All-member **8**	2 to 3 times a week	————	————
Innovation Wednesday	Wednesday (once a month)	**9**	Club room / café / **10** ....

Unit 5

155

Section 2 Questions 11–20

Questions 11–13

Choose **THREE** letters, **A–F**.

Which THREE things should the staff do to set up the conference?

- **A** Welcome the guests
- **B** Prepare audio visual equipment
- **C** Bring food to the convention room
- **D** Provide enough vegetarian dishes
- **E** Set up the room for 350 guests
- **F** Ask about dining preferences

Questions 14 and 15

Choose the correct letter, **A**, **B**, or **C**.

14 Why is bottled water unavailable?

   A Not enough bottles have been ordered.
   B Most people only ask for soft drinks.
   C It is not part of the service package.

15 What preparation is necessary for the jazz performance?

   A Carrying instruments onto the stage
   B Checking that the equipment works
   C Showing the band members to rooms

Questions 16–20

Answer the questions below.

Write **NO MORE THAN THREE WORDS** for each answer.

16 In what shape should the chairs in Convention Room A be set up? ....

17 When will event organisers start checking their slide presentations? ....

18 What will an IT company hold at the hotel? ....

19 What activity caused chaos and a delay last year at a similar event? ....

20 To whom should Kevin report at the end of the day's work? ....

Section 3 Questions 21–30

Questions 21–25

*Choose the correct letter, **A**, **B**, or **C**.*

21 What point does Lisa make about conventional papers on global warming?

  A They often lack truly unique solutions.
  B They don't touch on the role of governments.
  C They usually don't address recycling.

22 What concern does Tom have about taking a technical approach?

  A It might bore most of the class.
  B It might be difficult to find examples.
  C It could be time-consuming.

23 What clean energy advantage of China does Lisa mention?

  A Its local governments are eager to reduce pollution.
  B It has abundant monetary funds to develop resources.
  C It contains a valuable natural resource for batteries.

24 What do Lisa and Tom agree to do in the earlier part of the presentation?

  A Omit data already familiar to the audience
  B Explain past and present circumstances of climate change
  C Discuss technological advancement in the industrial age

25 Lisa and Tom decide to conclude their presentation by

  A showing how quickly ideas can be implemented.
  B illustrating case studies that have been successful.
  C discussing various types of technological innovations.

Questions 26–30

What feature do the speakers identify for each of the following approaches to combatting climate change?

Choose **FIVE** answers from the box and write their correct letter, **A–G**, next to Questions 26–30.

Features:

A Its process can be gradual.
B It is prohibited by law.
C Its power output is rising.
D It is not in practical use.
E It could be produced almost anywhere.
F It could guard against sea level rises.
G It is currently used.

Approaches:

26 Today's solar energy panel   ....
27 Mangrove tree planting   ....
28 Sulphur spray   ....
29 Changing consumer behaviour   ....
30 Cleaner transportation   ....

Section 4 Questions 31–40

Questions 31–40

Complete the notes below.
*Write **ONE WORD** for each answer.*

Measuring Animal Intelligence

Facts about intelligence

- Humans highly value intelligence because of its centrality to their **31** ....
- Big **32** .... may not be as useful for animals as for humans.

Learning

- Young animals can learn by **33** .... and copying adults.
- In addition, **34** .... provides juvenile animals to learn to attack or defend.

Communication

- Animals communicate not only information but also **35** ...., thoughts and plans.
- Clicks and whistles may differ from what humans usually call a **36** .... but convey complex information.

Tools

- Adult crows have been seen drawing out insects from trees with **37** ....
- Bearded capuchin monkeys use tools in a **38** .... manner.
- Bearded capuchins have a method to gauge the **39** .... of a nut shell.
- Juvenile monkeys undergo up to eight years of a type of **40** ....

Reading Test 設問

これから IELTS 模試の Reading Test を始めます。本番の Reading Test と同じように、Passage 1 〜 3 の 3 つのパッセージで構成されています。

Reading Test の取り組み方

以下の手順に従って、各パッセージの模試に取り組みましょう。

① 各パッセージの解答時間は 20 分。
② 別冊 p. 43 から始まるパッセージを読みながら、本書の設問を解いていく。解答は直接設問に書き込んでいく。
③ 本書 p. 179 で答え合わせをしてから、解答の後に掲載されている解説を読む。解説を読むときは、別冊のパッセージを参照する（パッセージの日本語訳は本書 p. 247 〜 261 に掲載）。

Passage 1　Questions 1–13

パッセージ→別冊 p. 43 〜 45
解答時間 20 分

Questions 1–7

Complete the sentences below.

*Choose **NO MORE THAN TWO** words from the text for each answer.*

1　Voyager 1 was the first man-made object to go past the ....

2　Overcoming gravity is one of the .... that a Mars mission would have to overcome.

3　Spaceship flight time to Mars from Earth would be tied to .... at the time of takeoff.

4　It requires tremendous .... for a spaceship to take off from Mars.

5　An on-board .... would serve to limit the impact of radiation on astronauts.

6　........................ accelerates in human beings within weightless environments.

7　Vast and firm .... make planets at least theoretically easy to colonise.

Questions 8–13

Do the following statements agree with the claims of the writer in the text?

In boxes 8–13 on your answer sheet, write:

> **YES** if the statement reflects the claims of the writer
> **NO** if the statement contradicts the claims of the writer
> **NOT GIVEN** if it is impossible to say what the writer thinks about this

8 The traditional methods of space exploration could be altered to avoid fatal accidents. ....

9 A version of the International Space Station would be unsuitable for a distant planet such as Mars. ....

10 Probes on Mars would require regular maintenance that would be difficult to carry out. ....

11 HAVOC would be a ground base strong enough to resist the intense Venusian atmospheric pressure. ....

12 The near absence of gravity makes asteroids more suitable for landing missions than planets. ....

13 Governments should restrict the potential flights of private firms beyond the orbit of Earth. ....

Passage 2 Questions 14–26

Questions 14–18

Reading Passage 2 has eight paragraphs, **A–H**.
Which paragraph contains the following information?

*Write the correct letter, **A–H**, in boxes 14–18 on your answer sheet.*
NB You may use any letter more than once.

14 Positive aspects of gig economy ....

15 The type of job structure that the gig economy is most similar to

....

16 A chronological description of how workers' general working conditions changed ....

17 Examples of jobs workers may undertake in the gig economy ....

18 Examples of the factors that led to the deterioration of job security in the UK ....

Questions 19–21

*Choose the correct letter, **A**, **B**, **C**, or **D**.*

19 What is one possible result of the gig economy?

    A Workers will form stronger unions.

    B Workers will engage in longer-term projects.

    C Workers will get higher pay.

    D Workers will have less expertise.

20 What is one of the benefits of the gig economy to small business owners?

    A It gives them an advantage in terms of labour expenses.

    B It allows them to have more free time.

    C It makes it easier for them to fire unproductive employees.

    D It provides them with more opportunities to hire highly skilled workers.

21 What do some experts predict about the future of the gig economy?

    A High-paying jobs will eventually be included in it.

    B Fewer workers will be involved in it.

    C It will hugely increase in size.

    D It will be regulated by the government.

Questions 22–26

Complete the summary below.

*Choose **NO MORE THAN TWO WORDS** from the passage for each answer.*

Write your answers in boxes 22–26 on your answer sheet.

Job security in Britain

Job security has shown a **22** .... to a state resembling that prior to the 20th century. The reasons for this include technological advancement, increased competition, and the need to increase operational **23** .... **24** .... lost its former power as the number of union members decreased. Moreover, the nature of work itself may be going through a total **25** .... Part-time workers these days can no longer expect to have **26** .... work schedules.

Passage 3 Questions 27–40

パッセージ→別冊 p. 50 ~ 53
解答時間 20 分

Questions 27–30

*Choose the correct letter, **A**, **B**, **C**, or **D**.*

27 When neurotransmitters cross synaptic gaps,

    A electrical information becomes chemical.
    B information is shared between neurons.
    C information is conveyed to the body.
    D the brain can retrieve forgotten memories.

28 The writer refers to computers in order to

    A show how machines are relevant to human lives.
    B suggest that people cannot be as smart as machines.
    C illustrate how critical memory is to both humans and systems.
    D distinguish between different types of memory processing.

29 As a result of having Alzheimer's disease,
   A memory is not recalled at all.
   B neural signals are not transmitted.
   C neurotransmitters are not created.
   D blood vessels in the brain are blocked.

30 What have neuroscientists discovered about the APOE e4 gene?
   A It can generate a variety of different brain diseases.
   B Its early detection can lead to more effective treatment.
   C Its existence in a person is a risk factor for an illness.
   D Its absence assures a person that they will avoid Alzheimer's.

Questions 31–35

Complete the summary below.
*Choose **NO MORE THAN THREE WORDS** from the passage for each answer.*
Write your answers in boxes 31–35 on your answer sheet.

Treating and preventing brain diseases

Future treatments of brain diseases probably depend on treatments that work on a **31** .... level. Medical experts have special hope for progress in **32** .... for brain repair. One way that people can possibly avoid brain disease is through regular **33** .... **34** .... may provide the necessary stimulation to help prevent mental decay. Changing one's **35** .... may be the best way to keep one's brain healthy as one ages.

Questions 36–40

Do the following statements agree with the information given in Reading Passage 3?

In boxes 36-40 on your answer sheet, write:

   TRUE   if the statement agrees with the information
   FALSE   if the statement contradicts the information
   NOT GIVEN   if there is no information on this

36 Human brains store information in arrangements similar to that of a file cabinet. ....
37 Repetitive recall of information strengthens neural configurations related to memory. ....
38 Current brain disease medical treatments are increasingly expensive. ....
39 Scientists are fairly clear on the factors that generate Alzheimer's disease. ....
40 Developing Huntington's disease is related to whether one's parents had the gene. ....

Writing Test 設問

これから IELTS 模試の Writing Test を始めます。本番の Writing Test と同じように、Task 1 と Task 2 の 2 つのタスクで構成されています。

Task 1 と 2 の取り組み方

以下の指示に従い、次のページの Task に取り組みましょう。
① 指定された時間とワード数を守る。
　Task 1：20 分、最低 150 ワード
　Task 2：40 分、最低 250 ワード
② 本番のテストを想定して、必ず手書きで書く。
③ 終了後、本書 p. 186 ～ 189 に掲載されているモデルアンサーを確認する（モデルアンサーの日本語訳は別冊 p. 54 ～ 56 に掲載）。各タスクを終えるたびに確認してもよいし、2 つのタスクをまとめて確認してもよい。

Task 1

20 分、最低 150 ワード

You should spend about 20 minutes on this task.

The bar chart shows the percentage of government budgets allocated to education in four countries in 1990, 2000, and 2010.

Summarise the information by selecting and reporting the main features, and make comparisons where relevant.

Write at least 150 words.

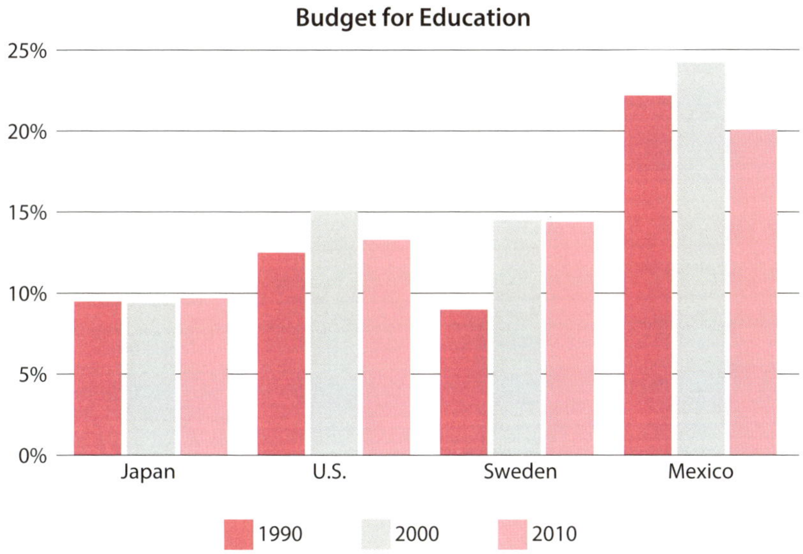
Budget for Education
25%
20%
15%
10%
5%
0%
Japan
U.S.
Sweden
Mexico
1990
2000
2010

Task 2

You should spend about 40 minutes on this task.

> **Students today can easily access information online and conduct research without leaving the room or opening a book.**
>
> **Do you think this is a positive or negative development?**

Give reasons for your answer and include any relevant examples from your knowledge or experience.

Write at least 250 words.

Speaking Test 設問

これから IELTS 模試の Speaking Test を始めます。本番の Speaking Test と同じように、Part 1～3 の 3 つのパートで構成されています。

Part 1 の取り組み方

① 質問の下の→ Answer と書かれているところで、実際に回答していく。
② 最初に名前を尋ねられて、続いて身分証明書の提示を求められる。
③ その後、テストの質問が始まる。それぞれの質問に複数のセンテンスで答えるようにする。その際、以下の流れを忘れないようにする。
　質問に単刀直入に答える。→その答えのサポート（理由や、より詳しい情報）を述べる。
④ 終了後、本書 p. 190～197 のモデルアンサーを確認（日本語訳は別冊 p. 57）。
☆自分の回答を録音しておき、後でそれを聞いて確認するとよい。

Part 1　Questions

Q: Good afternoon. My name is Paul Garfield. Can I have your full name, please?

　→ Answer

Q: Thank you. And may I see your identification, please?

　→ Answer

Q: Thank you. Now in the first part, I would like to ask you some questions about yourself. Where do you live and what kind of neighborhood is it?

　→ Answer

Q: Do you like living there?

　→ Answer

Q: What do you like most about your neighborhood?

→ Answer

Q: What kind of improvements could be made to your neighborhood?

→ Answer

Q: Let's move on now and talk about music. What kind of music do you like most?

→ Answer

Q: In what situations do you listen to music?

→ Answer

Q: What kinds of effects do you think music has on people?

→ Answer

Q: All right, now let's talk about computers. Do you often use computers?

→ Answer

Q: What kind of computers do you use?

→ Answer

Q: What kinds of things do you do on computers?

→ Answer

Q: Do you think you need to learn any more about computers?

→ Answer

Q: Thank you.

● Speaking Test 設問

🔊 Part 2 の取り組み方

① 質問に目を通して、話す準備を 1 分間する。話す内容はメモしておく。
② → Answer のところで回答を開始する。その際、以下のことに注意する。
　・2 分間を目標に話す。
　・質問で述べられている要素について、上から順に話していく。
　・回答する際は、以下の流れで複数のセンテンスで答えるようにする。
　　それぞれの要素について単刀直入に述べる。→ サポート（理由や、より詳しい情報）を述べる。
③ 終了後、本書 p. 198 ～ 199 のモデルアンサーを確認（日本語訳は別冊 p. 59）。
☆ 自分の回答を録音しておき、後でそれを聞いて確認するとよい。

Part 2　Question

Q: Now I'm going to give you a topic I would like you to talk about for one to two minutes. Before you talk, you'll have one minute to think about what you are going to say. You can make notes if you wish. Here's your topic, and here's a pencil and some paper.

Describe the best teacher you had in your school days.

You should say:
　when this teacher taught you,
　what subject this teacher taught,
　what kind of teaching approach this teacher employed,
and explain why you think this teacher is the best.

（上の質問を見ながら、1 分間で話す準備をする）

Q: OK? Remember you have one to two minutes, and don't worry if I stop you. It just means that your time is up. Please start speaking now.

　→ Answer

Q: Thank you. Can I have the paper and pencil back, please?

Part 3 の取り組み方

① 質問の下の → Answer と書かれているところで、実際に回答していく。
② 回答する際は、以下のことに注意する。
　・それぞれの質問に対して、約 30 秒で答えることを目標にする。
　・それぞれの質問には 4 ～ 6 センテンスで答えることを目標にする。その際、以下の流れを忘れないようにする。
　　質問に単刀直入に答える。→その答えのサポート（理由や、より詳しい情報）を述べる。
③ 終了後、本書 p. 200 ～ 203 のモデルアンサーを確認（日本語訳は別冊 p. 60）。
☆ 自分の回答を録音しておき、後でそれを聞いて確認するとよい。

Part 3　Questions

Q: We've been talking about a teacher, and now I'd like to ask a few general questions related to this topic. What qualities do you think make an excellent teacher?

　→ Answer

Q: What kind of help should teachers offer students?

　→ Answer

Q: What do you think the government should do to recruit good teachers?

　→ Answer

Q: Aside from teachers, what kind of factors do you think make a good school?

　→ Answer

Q: Thank you. That's the end of the speaking test.

IELTS 模試　解答・解説

ここからは IELTS 模試の解答と解説を、Listening、Reading、Writing、Speaking の順に掲載します。

Listening Test 解答・解説

* 文字は大文字／小文字どちらで書いても構いません。ただし人名などの固有名詞は最初の文字だけ大文字にするなど、通常よく見る形で書いておくのが無難でしょう。
* スペリングはイギリス英語でもアメリカ英語でも構いません（例：centre / center）。
* 数字は 7 / seven どちらのスタイルで書いても構いません。

Section 1	Q1: Nayar　Q2: statistics　Q3: 2　Q4: greenmail Q5: 30470089　Q6: Monday　Q7: student centre Q8: emails / e-mails　Q9: 7 p.m. / 7 pm　Q10: pub
Section 2	Q11〜13: B、D、F　Q14: C　Q15: B Q16: (a) semicircle　Q17: 9 a.m. / 9 am Q18: (a) farewell party　Q19: (a) room changeover Q20: security
Section 3	Q21: A　Q22: C　Q23: C　Q24: B　Q25: A Q26: C　Q27: F　Q28: D　Q29: A　Q30: G
Section 4	Q31: survival　Q32: brains　Q33: observing Q34: play　Q35: moods　Q36: language　Q37: sticks Q38: sophisticated　Q39: density　Q40: schooling

Section 1 解説

* (l. 3) などは、別冊 p. 30〜32 の Section 1 英文スクリプトの行数を表しています。

[前半 Q1〜Q5]

- **Q1**：スクリプトの (l. 20) OK, can I have your name again? が前触れです。

- **Q2**：(l. 22) And what do you study? が前触れです。音声では設問の Degree course という語句は流れないので、(l. 23) I'm a first-year in the statistics department という表現から判断します。

- **Q3**：(l. 34) There's a yearly fee of £3. という**ワナ**に気をつけて、その後で述べられる解答を捉えます。
- **Q4**：(l. 39) この設問の音声のように、比較的簡単な単語を組み合わせた固有名詞などはスペリングを言わないこともあるので注意しましょう。
- **Q5**：ここでも、設問の Phone という単語は流れません。(l. 42) mobile が mobile phone number の意味で使われていると判断する必要があります。

[後半 Q6 〜 Q10]

- **Q6**：音声の (l. 51) once a week が、表では Every と言い換えられています。
- **Q8**：この設問ではこれといった**前触れ**は流れませんが、女性の (l. 62) And, if members can't come for one reason or another, という発言が、この後ミーティング以外の情報交換手段について話しそうだという雰囲気を漂わせています。このように、会話の流れから次に来る情報を予想することも必要です。

Section 2 解説

＊ (l. 3) などは、別冊 p. 33 〜 35 の Section 2 英文スクリプトの行数を表しています。

[前半 Q11 〜 Q15]

- **Q11 〜 13**

- (l. 17) the guests are going to move into the dining room と述べています。「ゲストが dining room に移動する」ので、食事を convention room に運ぶ必要はありません。従って選択肢 C は間違いです。
- 19 行目で「350 名から 375 名近くが来場すると考えている」と言っていますが、直後で (l. 20) Regardless, I want us to be ready for 400「それでも、400 名分の準備をしたい」と述べるので、選択肢 E は間違いです。
- (l. 22) The organisation is going to welcome the guests, so we won't have

to do that. と述べています。「協会がゲストを出迎えるので、自分たちは出迎えなくてもよい」ということなので、選択肢 A は間違いです。ただし、迷っているゲストの案内はします。

- **Q14**：bottled water については、(l. 34) that's not included in the package that this organisation has ordered で、「発注されたパッケージには含まれていない」と述べられます。この内容を言い換えた選択肢 C が正解です。(l. 33) soft drinks という語句も聞こえますが、これは「ゲストのグラスをソフトドリンクで満たしておくこと」という文脈で使われているので、選択肢 B の内容とは対応しません。また、選択肢 A については述べられていません。

- **Q15**：(l. 41) making sure that the **cables** are connected. **Microphone**, **lights** ... **everything** has to be functioning properly. で、確認すべきいろいろなものが述べられていますが、正解の選択肢 B ではそれらが簡単に the equipment と言い換えられています。なお、選択肢 A の内容は、(l. 39) the band members will attend to the set-up of the instruments.「バンドのメンバーが楽器の準備を行う」と対応しないので間違いです。

[後半 Q16 〜 Q20]

- 後半の設問は、設問タイプ 6 の短答問題 (Short-Answer Questions) となっています。短答問題では、設問文中のキーワードを探し、前触れを捉え、解答を待ち受けます。

- **Q16**：設問文の shape、the chairs がキーワードです。音声の (l. 48) all the chairs are arranged in a semicircle から、**semicircle** を正解と考えます。冠詞の a は書いても書かなくても構いません。

- **Q17**：設問文の checking、slide presentations がキーワードです。音声では (l. 54) you're in charge of setting up the stage for the presentations という前触れを捉えます。次に (l. 56) You two should have everything set up by **9 a.m.**, の 9 a.m. を頭に入れておき、それに続く because the event organisers want to start checking presentation slides **at that time**. の at that time が 9 a.m. のことを指していると理解したうえで、**9 a.m.** を正解とし

Unit 5 ● IELTS 模試

ます。このように、正解らしきものが流れて、その後ろの部分でそれが正解だと確認できるパターンもしばしばありますので、音声の流れと設問文に応じて柔軟に対応する必要があります。

- **Q18**：設問文のキーワードである IT company が、音声では正解の（l. 64）（**a) farewell party** の後ろに登場します。これも Q17 と同じで、正解をその後ろの部分で確認するパターンです。

Section 3 解説

*（l. 3）などは、別冊 p. 36 ～ 39 の Section 3 英文スクリプトの行数を表しています。

[前半 Q21 ～ Q25]

- **Q21**：Lisa は conventional papers について、（l. 13）typical descriptions「典型的な説明」に焦点を当てて、（l. 14）the usual solutions「お決まりの解決策」が載っていて、（l. 16）It's all very predictable.「とてもありきたりだ」と述べているので、選択肢 A の内容と対応していることがわかります。選択肢 C の内容は（l. 15）encouragement to recycle と矛盾します。

- **Q22**：Tom の発言内の（l. 23）require more time to research の言い換えが選択肢 C です。「時間がかかる」という懸念はあるものの、プレゼンテーションを（l. 24）more interesting にすることができると言っているので、選択肢 A の内容は逆になります。

- **Q23**：（l. 40）China is rich と述べていますが、それは in rare earth materials（＝正解の選択肢 C の valuable natural resource）という観点からであり、選択肢 B のように資金が豊富だとは述べていません。

- **Q24**：Tom の発言内の（l. 47）a history of climate change が、選択肢 B の past and present circumstances of climate change に対応しています。その直後で選択肢 A に出ている（l. 48）familiar を使って「その話題は、教授や学生は当然よく知っているだろう」と否定的なことを述べるものの、さらに（l. 49）Nevertheless, we can, or rather, should, lead off with that sort of information と言って、「それでも、そのような情報で始めるべきだ」という結論を述べています。さらに Lisa も（l. 51）That makes sense. と同意している

ので、選択肢 B が正解で、A は間違いだと判断できます。このように、話がいったんひっくり返りそうで、実はひっくり返らない、といった会話パターンもあります。

- **Q25**：選択肢 C の technological innovation(s) という表現が音声 60 行目に出てきますが、これはプレゼンテーションの締めくくりではありません。聞き続けていくと、(l. 64) **wrap things up** by showing how all of these **ideas could be put into practice much faster** と言って、「アイディアがずっと速く実行されることを示して終える」ことを述べています。wrap things up が設問文では conclude に、put into practice が正解の選択肢 A では be implemented「実行される」に言い換えられています。

[後半 Q26 ～ Q30]

- **Q26**：(l. 76) producing much more energy than earlier models が選択肢 C と対応しています。

- **Q28**：(l. 102) only at the theoretical stage「単なる理論的な段階で」が選択肢 D では not in practical use と言い換えられています。

- **Q30**：(l. 116) happening-right-now が選択肢 G では currently used と言い換えられています。

Section 4 解説

*(l. 3) などは、別冊 p. 40 ～ 42 の Section 4 英文スクリプトの行数を表しています。

- **Q31**：音声の (l. 9) critical が、設問文では centrality「中心的役割」と言い換えられています。また、音声では (l. 10) **human** survival と形容詞になっているものが、設問文では their … と所有格となっていると考えて、**survival** を選びます。

- **Q33**：音声の (l. 23) Most animals usually do so の do so が内容的に learn を指していることに気づいて、続いて流れる **observing** を選びます。

- **Q34**：音声の (l. 24) For instance, juvenile foxes … あたりから**前触れ**が始

まります。(l. 28) play also serves this function の this function が「狩りの技術を学ぶこと」であると気づくことが大切です。さらに、その後に設問文に出ている attack や defend という語が音声 29 行目で流れて来るのを聞き取って、**play** が正解だと判断します。

- **Q35**：音声に何度か現れる（l. 32）Communication が**前触れ**となります。音声で流れる（l. 36）convey「伝える、伝達する」が、設問文では communicate に言い換えられています。

- **Q37**：(l. 46) Adults have been observed using **sticks** の Adults は、直前の文の Adult crows を指しています。

- **Q39**：音声の（l. 58）determine「測定する」が、設問文では gauge「測定する」で言い換えられています。

- **Q40**：設問文中の a type of が、音声では（l. 68）**schooling** の後に of a sort という言い換えで出てきます。後ろを聞いて正解かどうか確認できるパターンです。

Reading Test 解答

* 文字は大文字／小文字どちらで書いても構わず、スペリングもイギリス英語とアメリカ英語どちらのスタイルでも構いません（例：centre / center）。ただしパッセージ本文から語句を抜き出して書く設問の場合は、本文の表記のまま書くのが基本です。

Passage 1	Q1: heliosphere　　Q2: technical obstacles Q3: planetary position　　Q4: power　　Q5: water shield Q6: Bone deterioration　　Q7: surfaces　　Q8: YES Q9: NO　　Q10: NOT GIVEN　　Q11: NO　　Q12: YES Q13: NOT GIVEN
Passage 2	Q14: F　　Q15: D　　Q16: A　　Q17: E　　Q18: B Q19: D　　Q20: A　　Q21: C Q22: decline　　Q23: flexibility　　Q24: Organised labour Q25: restructuring　　Q26: regular
Passage 3	Q27: B　　Q28: D　　Q29: B　　Q30: C Q31: cellular　　Q32: neural regeneration Q33: mental stimulation　　Q34: Lifelong education Q35: lifestyle　　Q36: FALSE　　Q37: TRUE Q38: NOT GIVEN　　Q39: FALSE　　Q40: TRUE

Passage 1 解説

*（l. 3）などは、別冊 p. 43 ～ 45 の Passage 1 の行数を表しています。

[Q1 ～ Q7]

- **Q1**：設問文中にある Voyager 1、the first man-made などのキーワードから、段落 A の前半が対応すると目をつけます。また、空欄が冠詞 the の直後にあることから、名詞が入るだろうと推測しておきます。設問文の go past が、パッセージの (l. 1) passed beyond と対応していると考えて、**heliosphere** を選びます。

- **Q2**：設問文中のキーワード Overcoming gravity が、段落 B の (l. 12) escape the greater Martian gravity の言い換えだと気づきます。設問では one of the

…となっているので「複数あるもののうちのひとつ」を答えることを念頭に前後を読むと、直前の文に (l. 10) many technical obstacles が見つかります。「重力を逃れること（克服すること）」は乗り越えなければならない「技術的障害」のひとつであると考えて、**technical obstacles** を選びます。このように、設問とパッセージでは情報の出てくる順番が逆になっていることがあるので気をつけましょう。

- **Q3**：設問文中の flight time … be tied to … the time of takeoff と、段落 B の (l. 13) The flight time … depending on … launch time が対応していることに気づき、**planetary position** を選びます。

- **Q4**：設問文全体の内容が段落 B の最後の文 (l. 22) と対応しているので、**power** を選びます。

- **Q5**：設問文の on-board「船内の」や limit 以降の部分が段落 C の (l. 28) in the hull「船体の中の」や limit radiation harm と対応しているので、**water shield** を選びます。設問文にある冠詞 An から、空欄には名詞が入るだろうと推測できます。

- **Q6**：設問文の weightless などを頼りに、段落 C の (l. 32) weightlessness の直前にある **bone deterioration** を選びます。パッセージでは risk of bone deterioration の形で使われていますが、設問文では主語として使われています。なお、設問文の accelerates「加速する」は、(l. 32) speeds up に対応しています。このような言い換えを見抜く柔軟な視点が必要です。

- **Q7**：設問文の Vast and firm「広大で硬い」が、段落 D の (l. 34) large, hard と対応しています。さらに設問文の colonise が (l. 35) colonisation と対応していることなどから、**surfaces** を選びます。

[Q8～Q13]

- **Q8**：段落 D にある (l. 37) to rethink the conventional space exploration model と対応しているので **YES** になります。conventional は設問文では traditional と言い換えられており、rethink「考え直す」は内容的に同じことを表す be altered「変えられる」で表されています。

- **Q9**：段落 E の中で、(l. 47) a more advanced version of the International Space Station を作ることが提唱されています。その部分と矛盾するので NO です。
- **Q10**：パッセージには設問文が述べる「火星上の探査機は定期的な整備が必要」といった内容は出ていませんので、NOT GIVEN です。
- **Q11**：段落 F で、HAVOC については (l. 68) floating base「浮遊基地」と説明されており、設問文の a ground base「地上基地」ではありませんので、NO です。
- **Q12**：段落 G の前半の内容と対応しているので、YES です。パッセージの (l. 75) their gravity is negligible「重力はごくわずかだ」は、設問文では The near absence of gravity「重力がほとんど存在しないこと」と言い換えられており、(l. 77) arrive and depart は landing missions と言い換えられています。
- **Q13**：パッセージには設問文が述べる「民間企業の宇宙開発に対する政府の規制」といった内容は出ていませんので、NOT GIVEN です。

Passage 2 解説

＊(l. 3) などは、別冊 p. 46 ～ 49 の Passage 2 の行数を表しています。

[Q14 ～ Q18]

- **Q14**：段落 F を読んでいるときに、これが gig economy の支持者（proponents）の意見を紹介した段落であり、(l. 70) flexibility などの利点について語っていることを把握します。段落の内容が設問文の Positive aspects と対応しているので、F を選びます。
- **Q15**：段落 D の 2 文目の (l. 36) resemble が、設問文では is ... similar to と言い換えられており、内容が対応しています。従って D を選びます。
- **Q16**：段落 A の内容が、設問文が述べる workers' general working conditions「労働者の一般的な労働条件」の chronological description「時系列的な描写」であると気づいて、A を選びます。
- **Q17**：段落 E の 3 文目後半、(l. 53) these services could be anything from

a week of legal consultation to acting as an occasional private driver で、「法律相談」や「専属運転手」と仕事の例を出しています。この部分が、設問文の「gig economy で労働者が請け負う仕事の例」という内容と対応するので、E を選びます。

- **Q18**：段落 B は冒頭から（l. 11）multiple reasons for the decline of British job security「英国の雇用の保障が低下した多様な理由」と述べており、この部分が設問文の「英国での雇用の保障の低下（deterioration）を引き起こした要因（factors）の例」という内容と対応するので、B を選びます。

[Q19〜Q21]

- **Q19**：gig economy の特徴が述べられた段落 E の（l. 61）This multitasking and lack of specialisation may hinder workers from gaining the in-depth skills that they need. で、「労働者は熟練した技能を習得できないだろう」ということを述べています。in-depth skills が選択肢 D では expertise「専門知識」と言い換えられており、内容的にも対応しています。

- **Q20**：段落 F の最終文の（l. 76）a boon to small entrepreneurs who would otherwise have trouble paying high regular wages で、「そうでなかったら高額で定期的な賃金を払うのに困るだろう」ということを述べています。選択肢 A の内容が一致しているので、これを選びます。regular wages が選択肢では labour expenses「人件費」と言い換えられています。

- **Q21**：未来の gig economy について書かれているのは段落 H です。gig economy について（l. 95）mushroom in size「規模が急成長する」と書かれているので、選択肢 C の hugely increase in size に対応しています。

[Q22〜Q26]

- **Q22**：job security というキーワードは段落 A と B で見つかります。空欄が冠詞 a の後ろにあるから名詞が入ることが推測できることと、直後に前置詞 to があることなどから、段落 B の 1 文目にある（l. 11）**decline** を選びます。

- **Q23**：この設問の直前の文では雇用の保障が低下したことを述べていますが、ここでは低下した理由のひとつを選びます。空欄の前に increase とあるので、「増加させるもの」を探すようにして、段落Bの（l. 16）increasing operational flexibility「運営上の柔軟性を高めること」から **flexibility** を選びます。

- **Q24**：空欄に入るのは主語になり得る名詞であり、空欄の後ろには lost its former power とあることなどから、段落Cの1文目にある（l. 22）the previous power of organised labour から **organised labour** を選びます。パッセージの（l. 21）a fatal or near-fatal blow「致命的あるいはそれに近い打撃」が内容的に要約文の lost と対応していることや、パッセージでは of organised labour の形で使われているものが要約文では主語になっていることに気づく必要があり、柔軟な思考力が求められます。

- **Q25**：空欄の前の＜冠詞＋形容詞＞の a total に続く名詞を探すようにして、段落Cの（l. 24）there may be an entire restructuring of the nature of work から **restructuring** を選びます。パッセージの entire が total に言い換えられていることと、the nature of work がそのまま要約文でも使われていることに注目しましょう。

- **Q26**：空欄の直後にある work schedules をキーワードにして、段落Cの（l. 32）a regular work schedule から **regular** を選びます。この直後の（l. 33）This is no longer the case.「このことはもはや当てはまらない」が要約文の can no longer expect to と対応しています。

Passage 3 解説

＊（l. 3）などは、別冊 p. 50～53 の Passage 3 の行数を表しています。

[Q27～Q30]

- **Q27**：段落Aの内容と一致している選択肢Bを選びます。特に（l. 5）Special brain cells, or neurons, transmit these signals among one another. で「信号を互いに伝達し合う」と述べているのがカギです。この signals はこの直前の文に出ている neurotransmitters を指しています。

- **Q28**：段落B冒頭の内容、特に（l. 11）Human memory is different. との対

応から、選択肢 D を選びます。

- **Q29**：段落 D の内容と一致している選択肢 B を選びます。特に Alzheimer's disease について述べている、(l. 34) It creates blockages … at synapses that prevent neurotransmitters from crossing synaptic gaps.「シナプスにおいて、神経伝達物質がシナプス間隙を渡るのを妨げる」という部分が対応しています。

- **Q30**：段落 E の中で（l. 42）In particular, the presence of a specific gene, APOE e4, increases the chance of a person developing Alzheimer's. と述べています。「APOE e4 という遺伝子が、人がアルツハイマー病にかかる可能性を高める」ということですから、選択肢 C を選びます。

[Q31 〜 Q35]

- **Q31**：空欄の直前に冠詞の a があり、直後に名詞の level があるので、形容詞が入ると推測します。要約文中の Future treatments などと内容的に対応する段落 I の最初の文に注目して、(l. 76) at a cellular **level** から **cellular** を選びます。

- **Q32**：空欄の直前の progress in「〜における進歩」に注目します。前置詞 in の後ろですから、名詞（句）が入ると推測できます。要約文の special hope が段落 I の（l. 78）the most promising と対応すると考えて、その直後に出てくる（l. 79）**neural regeneration** を選びます。

- **Q33**：空欄が through regular という＜前置詞＋形容詞＞の後ろにあることから、名詞（句）が入ると推測します。要約文の regular と、段落 J の最初の文にある（l. 83）consistent「継続的な」が対応することなどから、直後に続く **mental stimulation** を選びます。

- **Q34**：空欄には may provide の主語となる名詞が入ると推測します。要約文中の prevent mental decay が段落 J に（l. 89）preventing mental decay という形で出ていることなどにより、その文の主語である（l. 88）**Lifelong education** を選びます。

- **Q35**：Changing の目的語となり、かつ one's という所有格とつながるような名詞が入ると推測します。要約文中の the best way が段落 J の最終文の (l. 93) the best measure と対応していることに注目し、その周囲を注意して読みます。(l. 92) lifestyle changes が要約文では Changing one's ... と表されていることに気づけば、**lifestyle** を選べます。

[Q36 〜 Q40]

- **Q36**：段落 B の (l. 15) Human memory is therefore less like a computer or file cabinet という部分と矛盾するので、FALSE です。

- **Q37**：段落 C の (l. 23) When we constantly recall this type of routine information, neural networks strengthen の内容と一致するので、TRUE です。constantly recall「常に思い出す」が、設問文では Repetitive recall「繰り返し思い出すこと」と表されています。

- **Q38**：パッセージには、設問文が述べる「脳の病気の治療に関わる費用」に関する内容は出ていないので、NOT GIVEN です。

- **Q39**：段落 E 冒頭の (l. 39) The exact causes of Alzheimer's are unclear と矛盾するので、FALSE です。

- **Q40**：段落 G に出てくる (l. 62) They know that it is genetic, so a child that inherits the gene that causes the disease has a high chance of developing it. という文の「遺伝子を受け継ぐ子どもは発病する可能性が高い」という内容と一致するので、TRUE です。

Writing Test モデルアンサー

Task 1

The bar chart ₁ gives information on the ₂ proportion of national budget ₃ expended on education ₄ in four different countries in three separate years: 1990, 2000, and 2010. ₅ One country's education budget didn't change much over the two decades, while in the other countries it showed some fluctuation.

First, ₆ Japan's ₇ expenditure on education ₈ remained almost the same during the 20-year period, at around 9 percent. ₉ In Sweden, by contrast, spending on education ₁₀ jumped from around 9% in 1990 to a little over 14% in 2000. It, however, ₁₁ stayed at that level in 2010.

The United States ₁₂ saw its education budget increase from 12.5% in 1990 to 15% in 2000. This number ₁₃ had decreased by about 2% by 2010. ₁₄ A similar trend was seen in Mexico, which ₁₅ allocated 22% of its national budget to education in 1990, raised it to 24% in 2000 and then reduced it to 20% in the year 2010.

(総ワード数：150 words)

＊日本語訳は別冊 p. 54 に掲載されています。

1 設問文の shows の言い換え。
2 設問文の percentage の言い換え。
3 設問文の allocated to の言い換え。前置詞も expend に合わせて on にしている。
4 設問文から微妙に表現を変えている。
5 まずグラフの全般的な傾向を述べている。日本だけが変化が少ないので、その点を取り上げている。
6、9 変化の少ない日本と、2000 年と 2010 年において変化の少ないスウェーデンを、変化の少ないグループとして一段落にまとめている。
7 「支出」を表す単語のバリエーションを見せている。
8 変化がないことを表す基本的な表現。
10 「急激に上がった」という意味を表す表現のひとつ。
11 変化がないことは、このような表現でも表すことができる。
12 see O do 「O が〜するのを目撃する」という語法で動詞 increase を使って、表現のバリエーションを見せている。
13 過去完了形を使って「2010 年までにはすでに〜していた」という意味を表している。
14 「同じような傾向が見られた」という意味。いろいろなグラフで使うことができる便利な表現。
15 設問文にあった allocated を、ここでは能動態の動詞として用いている。

Task 2

₁It has been quite a while since the Internet became the primary source of information for many people. Students are no exception to this trend and, when writing a paper or a thesis, it is not rare that they conduct research mainly on the Internet. ₂I personally find this a positive development, although there are some disadvantages.

₃First, the Internet is cheaper to use than buying books or photocopying pages and pages of journal articles. ₄This is a clear advantage for students, but also from the viewpoint of the library, it leads to the reduction of maintenance and human costs arising from storing ever-increasing numbers of books and journals. ₅Conducting research on the Internet is also less time-consuming. ₆It allows students to save time by not physically having to go to the library, but instead spending that time on actual reading and writing. ₇Additionally, a real library often keeps only one copy of a book and there may be a long waiting list for it. The Internet can save students that type of wasted time, too.

₈Of course, it would be wrong for students to become too accustomed to online search and believe that everything can be done on the Internet. ₉There are still a number of old articles and books that cannot be accessed via the Internet. Students will have to go to the library for them, so it is important that they know how to use a library. ₁₀They should also be taught not to believe all the information they find on the Internet.

₁₁The downsides of doing research on the Internet, however, can be overcome by providing students with appropriate training. ₁₂I generally see the use of the Internet in a positive light as the advantages seem to outweigh the disadvantages.

(総ワード数：294 words)

＊日本語訳は別冊 p. 55 〜 56 に掲載されています。

● Writing Test モデルアンサー

＊各コメントは、番号が振られたセンテンス全体を指しています。
1 まず第1文で、トピックに関する一般的な現状認識を述べている。
2 肯定的な立場を取りながらも、否定的な側面にも言及している。
3 肯定する理由を単刀直入にずばりと述べている。
4 「図書館の立場から見てもいいことである」と、肯定する理由をさらにつけ加えている。
5 金銭面に続けて、「時間もかからない」と、肯定する理由をさらに挙げている。
6 前文の less time-consuming とはどういうことかを、ここで詳しく説明している。このように自らが使ったことばを説明していくと、内容的なつながりがよくなり、論理的一貫性の分野で評価が上がる。
7 このように、さらに肯定する理由を思いついたら、畳みかけるように続けてもよい。思いつかなかったら無理に加える必要はない。残り時間を考えながら判断しよう。
8 トピックに正面から反対する理由が思いつかなかったら、このように「過度に〜するのはよくない」という「程度の問題」に持ち込んで反論を書くこともできる。
9 反論のサポートをきちんと続けている。
10 さらにサポートを思いついて加えている。
11 反論の段落がやや長くなったので、反論に対する再反論を、最後の結論の段落に入れた。このような構成にすることも可能。
12 最後にもう一度、肯定的な立場を表明している。第一段落とは表現を変えていることに注目。

Speaking Test モデルアンサー

Part 1～3の各パートのモデルアンサー（よい回答例）を掲載します。モデルアンサーをよく読んだ後で、以下のトレーニングを実践しましょう。

① 指定された音声を聞きながら、モデルアンサーに目を通す。
　・納得できるまで、何回聞いてもよい。
② 自分でモデルアンサーを声に出して読む。その際に録音しておいて、後でそれを聞いて確認するとよい。
　・上の①で聞いた音声を思い出しながら声に出す。
　・納得できるまで、何回繰り返してもよい。

Part 1

メインの質問

Q: Good afternoon. My name is Paul Garfield. Can I have your full name, please?

A: My name is Tsukasa Hirai.

Q: Thank you. And may I see your identification, please?

A: Of course. Here you are.

Q: Thank you. Now in the first part, I would like to ask you some questions about yourself. Where do you live and what kind of neighborhood is it?

A: I live in Asakusa, ₁which is situated in downtown Tokyo. ₂It's a district that developed back in the Edo era, and preserves the atmosphere of traditional Japan. There are lots and lots of entertainment and eating and drinking places.

関連した質問

Q: Do you like living there?

A: ₁Oh, yes, I like it a lot. I was born and grew up there, and I love the mixture of old and new things. Like I said, the district of Asakusa maintains the feel of traditional Japanese culture, but mixed with modern buildings and facilities. ₂It's great fun living there.

● Speaking Test モデルアンサー

1 地名だけで終わらず、場所に関する情報を加えている。「浅草」だけでは試験官はわからないだろうと考えることが大切。
2 町の歴史に関する説明や、町の描写を加えている。

1 最初に、質問に単刀直入に答えている。その後で好きな理由を述べている。

2 冒頭の I like it a lot. と同じことを、表現を変えて述べている。

Q: What do you like most about your neighborhood?

A: ₃What I love most about Asakusa is the people. They're so nice and kind, and they ₄share a deep love for the neighborhood. They help each other and ₅are determined to pass their love of the area on to future generations. I'm proud to be one of them.

Q: What kind of improvements could be made to your neighborhood?

A: ₆It's quite difficult to think of any downsides to Asakusa, really, but if I am forced ... uh, I ₇would say that just recently there may be a few too many visitors coming to Asakusa. Please don't get me wrong. It's a good thing that people from both inside and outside of Japan come to visit the district and enjoy it, but right now we may be having more visitors than we can handle. ₈The city should probably expand some of the roads and create more parking space.

Q: Let's move on now and talk about music. What kind of music do you like most?

A: I listen to all kinds of music. You know, I listen to Japanese pop music, rock, classical music ... But I would say I like classical music the most. I play the piano and I learned the violin once as well, and I spend many hours listening to classical music. ₁Mozart and Chopin are my favorite composers.

Q: In what situations do you listen to music?

A: I always listen to music when I commute. Oh, these days I listen to a lot of English as well on the train and while I'm walking because I'm studying for the IELTS test. But you can't listen to a foreign language for too long, so when I'm tired of listening to English, I go back to music. ₁Oh, and I play soft music when I'm studying.

3 ここも質問に単刀直入に回答して、その後で理由を述べている。
4 love は動詞で使いがちだが、表現を工夫して名詞で使って語彙力を見せている。
5 be determined to do「~しようと決意している」や pass ~ on「~を伝える」を使って語彙力を見せている。

6 答えがすぐに思いつかないことを率直に述べている。
7 直前の if ... を受けて、助動詞 would を効果的に用いている。

8 質問の improvements に対する回答をようやく思いついて、ここで述べている。もしこの発言がなければ、「浅草の欠点」だけを述べただけの、まと外れな回答となるところだった。

1 具体的な作曲家の名前を挙げて、説明を詳しくしている。

1 「通学時に聞く」だけだと情報が薄いので、さらに情報を加えている。

Q: What kinds of effects do you think music has on people?
A: I think music has many psychological effects on people. For example, when I'm tense or agitated, I listen to classical music and it has this ... sort of soothing effect. After a while I can relax and be calm. But when ₂you're working out in the gym, you may not want classical to be coming from the speakers. Rock or pop music is more motivating. So ... I think music can change people's moods and feelings dramatically.

Q: All right, now let's talk about computers. Do you often use computers?
A: Yes, I use computers all the time. ₁I can't spend a day without using a computer. It's just impossible. I think I spend at least a couple of hours a day on a computer.

Q: What kind of computers do you use?
A: I carry a laptop in my bag and take it everywhere I go. ₁When I go into a café or sit on a park bench, I open it up. My laptop is very light and really convenient. And I carry my iPad with me, too. I think the iPad is a kind of personal computer. Oh, and we have desktop PCs in the computer lab at my university. I sometimes go there to do research.

Q: What kinds of things do you do on computers?
A: I'm a college student, so like I said I spend many hours on the computer doing research and writing papers. ₂Some of the books I need to read for research, I can read on my iPad. And I also shop online, book airplane tickets and hotels when I go on trips, I read the news ... I do many, many different kinds of things using a PC!

● Speaking Test モデルアンサー

2 「一般的な人」を表す you を用いている。日本語を母語とする学習者には苦手な用法だが、使えると便利。

1 not … without -ing「〜しないで…ない」という、よく使われる語句の組み合わせを用いている。

1 laptop と種類を言うだけにとどまらず、使い方や特徴まで述べている。

2 read の目的語を文頭に出す倒置になっている。これは意図したものではなく、思いついた事柄を先に述べたので、結果的にこうなったもの。文法的に正しい文を使うに越したことはないが、文を作りかねて黙ってしまうよりは、思いついたことをとりあえず口に出したほうがよい。

Unit 5

関連した質問

Q: Do you think you need to learn any more about computers?
A: Sure. I think I know the basics, but I'd like to ₃be better at using word processing and spreadsheet software ... I will need more sophisticated skills if I go on to graduate school or ... when I get a job. I have never taken computer classes ... I learned the basics just by using it, but now I'm thinking of taking some advanced classes that my university has to offer.

Q: Thank you.

＊日本語訳は別冊 p. 57 〜 59 に掲載されています。

3 be good at ～「～が上手である」という熟語は知っていても、それを比較級にして「さらに上達する」という意味を表すような応用はなかなかできないもの。英語をインプットする際に多彩な表現に気を留めて、どんどん使って自分のものにしよう。

Part 2 🔊 17 🎤

＊モデルアンサーを用いたトレーニング法は p. 190 を参照してください。

Q: Now I'm going to give you a topic I would like you to talk about for one to two minutes. Before you talk, you'll have one minute to think about what you are going to say. You can make notes if you wish. Here's your topic, and here's a pencil and some paper.

（質問は p. 171 参照）

Q: OK? Remember you have one to two minutes, and don't worry if I stop you. It just means that your time is up. Please start speaking now.

Answer:

₁I have had a number of great teachers up until now, and the professors at my university are excellent, but I've decided to talk about a teacher I remember from my high school days. He taught me English class in my first year of high school. He was an English teacher, but he was Japanese and not a native speaker of English. ₂What was unique about his approach was that he gave us a lot of opportunities to speak English in class. Most of the English classes ₃I had taken until then were lecture-style, you know, the teacher stood up front and explained grammar and vocabulary while the students took notes. But this particular teacher ₄had us discuss various topics among ourselves. Then he taught us useful expressions and explained some grammar. He always told us not to worry about making mistakes, ₅while other teachers said, like, 'Remember this! It'll be on the exam!' ₆In retrospect, I think he was the type of person who could think 'outside the box', you know, ₇someone who was willing to leave the conventional way of doing things and try new things, and that's what made him a great teacher. He was also kind and caring. ₈I wish there were more teachers like him!

Q: Thank you. Can I have the paper and pencil back, please?

＊日本語訳は別冊 p. 59 〜 60 に掲載されています。

198

● Speaking Test モデルアンサー

1 現在完了形を効果的に用いて、「今に至るまで～してきた」という意味を表している。

2 主語を＜ What（関係代名詞）＋ V ＞、補語を＜ that + SV ＞にするという、やや複雑な構文を用いている。

3 過去完了形を効果的に用いて、「過去のある時点までに～した」という意味を表している。過去完了形は使い方をしっかり理解していないと、会話する際に使えない。

4 have O do「O に～させる」という語法を用いている。

5 「逆接」というと but を用いがちだが、while を用いて語彙力を見せている。

6 「振り返ってみると」という意味の熟語を用いて、語彙力を見せている。

7 関係代名詞の who や what を用いて複雑な構文を作っている。

8 動詞 wish を用いた仮定法を正しく使えている。

Unit 5

Part 3

＊モデルアンサーを用いたトレーニング法は p. 190 を参照してください。

質問1

Q: We've been talking about a teacher, and now I'd like to ask a few general questions related to this topic. What qualities do you think make an excellent teacher?

A: I think there are many things that can make a great teacher. Like I said in the previous part, the ability to think in inventive ways would be one thing. Always encouraging their students may be ₁**another thing teachers should not forget**. But I think that most importantly, teachers should be knowledgeable about the subject they teach. I mean, the teacher I talked about was full of knowledge on English grammar, vocabulary … ₂**even though** he was not a native speaker. It was ₃**as though** there wasn't a question he couldn't answer, and that was what initially earned our respect.

質問2

Q: What kind of help should teachers offer students?

A: I think providing students with new ideas helps them learn better. For example, when we ₁**had difficulty finding** the right way to say what we wanted to say in English in class discussions, my English teacher ₂**came up** to us and said, 'How about saying it like this?' and gave us very simple expressions to convey our ideas. We came to think, 'Oh, I may have been thinking too much. ₃**The simpler the better!**' It was ₄**eye-opening**. He also gave us ideas about how to study, and it helped us a lot. I think changing the student's thinking is the kind of help teachers should offer.

● Speaking Test モデルアンサー

1 関係代名詞を省略した形を使っている。

2 接続詞 even though「〜だけれども」は、日ごろ練習しておかないとなかなか使えない表現のひとつ。
3 as though「まるで〜であるかのように」も使えるようにしておくと便利だろう。

1 have difficulty -ing「〜するのに苦労する」の語法。簡単そうだが、スラスラと口にできるかは別問題。練習が必要。
2 come up to 〜「〜に近づく」も、簡単そうだが口からすぐには出てこない表現。
3 < the +比較級+ the +比較級>の構文を用いている。
4 日本語の発想と似ているが、なかなか出てこない表現。このような表現を増やしていくことが会話を楽にしてくれる。

Unit 5

201

Unit 5 ● IELTS 模試

質問3

Q: What do you think the government should do to recruit good teachers?

A: ₁Pay them more! Seriously, people might think teachers are overpaid, and ₂it might be true in some private schools, but in most schools, especially in public schools, I think teachers are underpaid. Even at university level, there are a number of teachers who are only paid something close to the minimum wage. Their hourly pay may be high, but they get only a few classes per week to teach. How can you expect capable specialists to want to become teachers with that kind of pay? The government should subsidize schools ₃so that they can pay teachers more if it wants to have good teachers in schools.

質問4

Q: Aside from teachers, what kind of factors do you think make a good school?

A: ₁That is a difficult question, because I have always thought it was the teachers that made a good school ... but ... of course apart from the teachers, there are the students. The students and alumni can make a school great ... or bad. You know, in good schools, students are eager to learn, ambitious about their future, full of energy — they are basically enjoying their school life. So it's important for the school to create the kind of atmosphere ₂in which the students feel comfortable being and studying there and provide whatever assistance possible to help students.

Q: Thank you. That's the end of the speaking test.

＊日本語訳は別冊 p. 60 〜 62 に掲載されています。

● Speaking Test モデルアンサー

1 ややユーモアを含めている。このような「軽み」を持ち合わせることも本番では大切。ただし、ふざけ過ぎないように。
2 might … but …という、ネイティブがよく使う組み合わせ表現を用いている。

3 ＜ so that ＋ SV ＞という構文を用いて「それらが〜できるように」と言っている。

1 時間稼ぎをしながら、何とか回答を思いつこうとしている。

2 ＜前置詞＋関係代名詞＞の in which、feel comfortable -ing「安心して〜する」、動詞 provide、whatever「どんな〜でも」など、練習して、ぜひ使えるようにしておきたい表現が連続している。

Unit 5

Appendix
Listening スクリプト、Reading パッセージの日本語訳

Unit 1　Listening Test 攻略

Lesson 2　Section 1

（N：ナレーター　W：女性　M：男性）

N：Section 1。このセクションでは、航空会社の職員と、手荷物の一部が見つからない利用客との間の電話での会話を聞きます。最初に Questions 1 ～ 5 に目を通す時間があります。

[30 秒間のポーズ]

N：すでに解答が書かれている例題があります。今回だけ、この例題に関わる会話部分が最初に流れます。

W：オーシャンスター航空です。ご用件をお伺いします。

M：もしもし、私のリュックサックについてお電話しています。まだ届かないのです。どうやら、私が乗った便には積まれなかったようです。私のほとんどの手荷物は昨日届いたのに、リュックサックは届かなかったのです。

N：紛失した物はリュックサックです。そのため、空欄には rucksack と書かれています。それではテストを開始します。音声は 1 回しか流されないので、音声を聞きながら設問に答えないといけません。注意深く聞いて Questions 1 ～ 5 に答えなさい。

W：オーシャンスター航空です。ご用件をお伺いします。

M：もしもし、私のリュックサックについてお電話しています。まだ届かないのです。どうやら、私が乗った便には積まれなかったようです。私のほとんどの手荷物は昨日届いたのに、リュックサックは届かなかったのです。

W：わかりました。お名前をいただけますか。

M：いいですよ。レジナルド・トンプソンです。

W：わかりました。それでトンプソンさん、到着した便名は何ですか。

M：9601J 便で、トロントを出発してロンドンに着きました。なお、6 月 6 日に出発して、6 月 7 日に到着しました。

W：ご住所を確認してもよろしいですか。

M：サセックスのオークツリー通り 42 番地です。

W：一番連絡を取りやすいお電話番号をいただけますか。

● Listening スクリプト、Reading パッセージの日本語訳

M：01273 の……いや、待ってください、それは自宅の番号です。携帯電話の番号を言います。携帯電話のほうが連絡を取りやすいと思います。07902-720055 です。
W：この飛行機の便を予約されたときに使われたメールアドレスをお教えいただけますか。確認のためです。
M：ええと、ちょっとお待ちください。はい、私が使ったのはこのアドレスです。reggie226@zeromail.com です。
W：わかりました。チェックしますのでしばらくお待ちください。

---

rucksack: リュックサック　　apparently: どうやら〜らしい　　confirm: 〜を確認する
reachable: 連絡可能な　　confirmation: 確認

N：残りの会話を聞く前に、Questions 6 〜 10 に目を通す時間があります。
［30 秒間のポーズ］
N：では会話を聞いて、Questions 6 〜 10 に答えなさい。
W：おっしゃるとおりです。お客様のすべての手荷物が発送されたわけではありません。まだお客様の最後の 1 個の手荷物を確認して、それをお送りしようとしているところです。
M：見つからなかったらどうなるのですか。
W：すぐに見つかるといいのですが、もし見つからなかったら、もちろん遺失物に対する賠償を請求するという選択肢がございます。単なる確認のためですが、リュックサックには何が入っているのか、そしていくらの価値があるのか大まかに説明していただけますか。
M：いいですよ。ええと、ノート型パソコンです。
W：わかりました。ノート型パソコンですね。おいくらするでしょう。
M：あっ、すみません、それはスーツケースに入れました。リュックサックにはタブレットを入れていたのです。400 ポンドぐらいします。
W：わかりました。ほかに何か入っていましたか。
M：トロントの空港で買ったお土産が入っていました。ビニール袋に入っていて、それをリュックサックに入れたのです。合計して、ええと、300 ポンドぐらいになりました。
W：お土産が、300 ポンドですね……。
M：あっ、それから免税店でウイスキーを 1 本買って、それもリュックサックに入れました。それには 80 カナダ・ドル払ったと思います。およそ 40 ポンドに相当するでしょうね。また、本を 2 冊、ノートを 1 冊入れていました。本は 20 ポンドぐらいするでしょう。ノートには価値がありません。私には大切なものですが。

Appendix

W：ご不便をおかけしまして大変申し訳ありません、トンプソンさん。賠償を請求されますと、それを調べまして、それからリュックサックが見つからない場合は請求が認められます。紛失した物に対して補償いたします。
M：わかりました。請求する期限はいつですか。
W：航空会社の保険契約には、そのような請求はすべて、旅行終了後7日以内にされなければならないと書かれています。
M：それならすぐに請求しないといけませんよね。どうやって取りかかったらいいのですか。
W：弊社のどこのオフィスでも直接請求できますし、弊社のウェブサイトでも請求できます。請求するのにまだ数日ございますよ。できれば、それよりも前に持ち物が見つかるといいのですが。

```
dispatch: ～を発送する     identify: ～を確認する、特定する     route: ～を送る
locate: ～を見つける       option: 選択肢      file a claim for ～ : ～に対する請求をする
lost property: 遺失物     roughly: 大まかに：およそ     describe: ～を描写する、説明する
plastic bag: ビニール袋    come to ～ :（金額）になる     examine: ～を調べる
approve: ～を承認する     compensate: ～に補償をする     policy: 保険契約
completion: 完了、終了    go about ～ : ～を始める      belongings: 持ち物
```

Lesson 3　Section 2

ナレーター：Section 2。地域社会活動の担当者がボランティアの人たちに対して、公営住宅団地での作業について話しているのを聞きます。最初にQuestions 11～14に目を通す時間があります。
［30秒間のポーズ］
ナレーター：では、注意深く聞いてQuestions 11～14に答えなさい。
女性：
ここで皆さんにお会いできてとてもうれしく思います。コリン・エステートはこの地域にとって、とても価値ある場所です。ここは貧困地域の多くの低所得層の住民に住居を提供しています。しかし、この団地を維持するために必要な資金やスタッフが不足しています。結果として、皆さんのようなボランティアの方々の力に頼っているわけです。地元の議会も皆さんの援助に感謝の意を伝えるよう私に言いました。作業が始まる土曜日に私たちがすることについて説明させていただきます。

あっ、ところで、その日は終日、皆さん全員にボトルに入った水をお配りします。

● Listening スクリプト、Reading パッセージの日本語訳

かなり暑い天気になると予想されるため、これは大切なことです。さて、私たちにはいくつかの異なる仕事があります。まず庭の景観を整えるところから始めます。雑草が生い茂っているので刈る必要があります。また、古くて枯れた低木を新しいものと取り換え、苗木を何本か植えます。

その後、屋根つきの自転車置き場の改善に移ります。サイクルラックを設置し、自転車置き場の屋根を取り替えます。屋根に穴がたくさん開いているからです。

正午ごろに、昼食の休憩を取ります。本団地は私たち全員に無料の弁当を用意しており、それを庭で食べることができます。1 時間ほどしたら、一般的なごみの撤去と清掃に移ります。具体的には、タワーのひとつで作業するのですが、そこには古くて壊れた家具やマットレス、その他使えない物でいっぱいになった地下室があります。私たちはそれらの物を地下室から運び出して、リサイクル用回収箱に積み込まなければならないでしょう。

その日の終盤は遊具を数点塗り直すのに費やしてから、道具をすべてまとめて、バンに戻します。午後 6 時ごろには終わっているはずです。皆さんはそれぞれ帰路につくことになります。

---

local community: 地域社会　　organiser: まとめ役　　council estate: 公営住宅団地
neighbourhood: 地域、地区　　house: 〜に住居を提供する　　resident: 居住者、住民
upkeep: 維持　　pass on 〜：〜を伝える　　gratitude: 謝意　　distribute: 〜を配給する
assignment: 仕事　　landscape: 〜の景観を整える　　withered: 枯れた　　bush: 低木
upgrade: 改善　　break: 休憩する　　complimentary: 無料の　　rubbish: ごみ
removal: 撤去　　cluttered with 〜：〜で散らかった、〜でいっぱいの
load A into B: A を B に積み込む　　recycling bin: リサイクル用回収箱

ナレーター：残りの話を聞く前に、Questions 15 〜 20 に目を通す時間があります。
[30 秒間のポーズ]
ナレーター：では残りの話を聞いて、Questions 15 〜 20 に答えなさい。
女性：
それが今回の計画です。団地への行き方ですが、行く方法はいくつかあります。地図を見てみましょう。ボランティア・パックの中にあるはずです。取り出して住所をよく見てください。ウィロウビー・ロード 27 番地です。入り口が複数ある大きな団地です。利用する交通機関によって到着する入り口が異なります。

Appendix

徒歩または自転車で来る場合、南側入り口から団地に着くことになるでしょう。GPSアプリを使って団地に行く場合、アプリが連れて行ってくれる場所がここです。南側入り口から最初に見える建物が管理事務所です。両側に小道があり、向かって左の小道は西方向に向かいますが、右側、つまり東側の小道を進んでください。この小道は遊び場の周囲をぐるりと回って北に向かいます。この小道を進むと中庭に出ます。中庭の反対側では、小道が北側入り口まで続いています。右に曲がると、舗装された歩道が見えます。それを東に少し進むと、駐車場が見えます。そこに私たちの備品を積んだバンが駐車されるので、そこに集合して作業を開始します。

地下鉄で到着する場合は、最寄りの入り口は北側入り口になります。地下鉄の出口を出たら、エイボン・ストリートに出ます。左に曲がり、エイボンに沿って少し進み、左から来る道路を渡ります。そして左側の酒屋を通り過ぎると郵便局が見えます。エイボン・ストリートの反対側がコリン・エステートの北側入り口です。しかし、その道をもう少し進んで銀行まで行かないといけません。銀行の前には反対側へ渡れる横断歩道があります。北側入り口から入ったら、中庭に向かって小道を南に進むと、左側に自転車置き場があります。右側には古い警備室がありますが、それはもう使われていません。

バスで来る場合は、フラワー・マーケットというバス停で降りるのですが、実際の団地からは道路2本分東にあります。マーケットを通り抜けて西に向かってください。イニス・ストリートは団地の東側入り口で終わります。少々細い小道があり、それを進むと、先ほどお伝えした、もっと広い小道に着きます。右に曲がり、舗装された歩道にたどり着いたらまた右に曲がります。そしてまっすぐ歩くと駐車場に着きます。

---

app: アプリ　　administration: 管理　　footpath: 小道　　loop: 輪を描くように進む
courtyard: 中庭　　pavement: 舗装された歩道　　equipment: 備品　　tube: 地下鉄
face: ～に面する　　past: 通り過ぎて
off-licence: 酒屋（酒類の購入はできるが、店内での飲酒はできない店）

Questions 11 and 12

A～Eからアルファベットを2つ選びなさい。
昼食前にボランティアが完了させる予定の2つの作業はどれか？
A　生い茂った雑草を刈ること
B　低木を伐採すること
C　新しいサイクルラックを設置すること

D　古い施設を解体すること
E　ボトルに入った水を配ること

Questions 13 and 14
A～Eからアルファベットを2つ選びなさい。
昼食後にボランティアが完了させる予定の2つの作業はどれか？
A　リサイクル用回収箱を空にすること
B　設備を塗装すること
C　壊れた家具を修理すること
D　地下室にごみを置くこと
E　ごみを出すこと

＊Q15～20の設問の日本語訳は省略。

Lesson 4　Section 3

（N：ナレーター　P：教授　S：サラ）
N：Section 3。サラという名の大学生が、大学教授と論文の課題について話しているのを聞きます。最初にQuestions 21～25に目を通す時間があります。
［30秒間のポーズ］
N：では、注意深く聞いてQuestions 21～25に答えなさい。
P：コースタル・カルテットについての君の草稿を読み直しているところなんだ。本当に、とても素晴らしいよ。
S：ありがとうございます。あの、難しかったのですが、経営学の講義の原理を音楽グループに応用するのは興味深くもありました。それに加えて、カルテットは私に、グループの音楽のベスト盤をくれたんですよ。
P：それでクラシック音楽をもっとよく鑑賞できるようになるといいね。では、まず君の草稿を簡単に見直していこう。見直しながら、改善の余地があるかどうか、おのずとわかるだろう。
S：そうしましょう。
P：わかった。それで、君の報告では、カルテットは約10年前に財政難に陥ったそうだね。どうやら彼らはもう少しで演奏を中止しなければならない、つまり活動を停止しなければならないところだったんだね。
S：そのとおりです。だから彼らは経営者のフィオナ・ホジンズを雇用したのです。

彼女には、カルテットを利益を上げるようにする仕事が課せられました。
P：それでフィオナ・ホジンズが最初に行ったことは何だい？
S：彼女はカルテットを別の演奏会場へ移しました。
P：新しい会場はどこだったんだっけ。
S：ターナビー・ホールです。それまでの会場よりもずっと小さいのですが、その移転によってお金をたくさん節約できました。
P：君の論文は、彼女が行った他の変更や、彼女が収入を増やすことにいかに専念したかについても詳細に触れているね。君の論文の主旨は、費用削減には限界があり、組織は収入を増やす方法を探す必要があるということのようだね。
S：そのとおりです。フィオナ・ホジンズはカルテットにチケットの価格を上げるように説得しました。また、Tシャツや帽子、トレーナーのような商品のライセンス供与をするようなアイディアを展開しました。それによって、追加収入ばかりでなく、カルテット自ら、より幅広い層の潜在的聴衆に売り込むこともできました。またフィオナ・ホジンズはカルテットに、個人を対象とした演奏をするように説得しました。例えば彼女は、とても豪華な結婚式や企業イベントでの演奏を始めるよう説得したのです。この場合も、増収ばかりでなく、メディアの注目をたくさん引きつけることもできました。コースタル・カルテットがそのようなイベントで演奏することはまったくの驚きだったからです。
P：このような変更を行う際に、フィオナ・ホジンズとカルテットの間に対立はなかったのかい？
S：実際のところ、かなり多くの問題がありました。第一に、フィオナ・ホジンズはクラシック音楽に関してほとんど何も知りませんでした。彼女はビジネスのみに集中する傾向がありました。このせいで、すぐに何人かのメンバー間で、多くの不安、さらには反感までもが生じました。
P：なるほど。
S：彼女にとって、カルテットを説得して自分の見解を理解してもらうことや、自分のアイディアが利益をもたらすことを納得してもらうことは、本当に困難でした。
P：さて、これでこの草稿の要点はカバーできたね。
S：はい、できたと思います。

● Listening スクリプト、Reading パッセージの日本語訳

> go over 〜：〜を見直す　　draft: 草稿、下書き　　quartet: 四重奏団　　I have to say that 〜：本当に〜だ　　apply A to B: A を B に応用［適用］する　　principle: 原理　　on top of that: それに加えて　　appreciation: 鑑賞（力）　　along the way: 途中で　　room: 余地　　financial: 財政的な　　apparently: どうやら〜らしい　　task A with B: A に B の仕事を課す　　profitable: 利益を上げる　　venue:（イベントなどの）会場　　go into 〜：〜の詳細に触れる　　revenue: 収入　　gist: 主旨、要点　　boost: 〜を増大させる　　convince A to do: A に〜するように説得する　　license: 〜に許可を与える　　market: 〜を売り込む　　potentially: 潜在的に　　upscale: 豪華な、上流階級向けの　　conflict: 対立　　practically: 事実上、ほとんど　　uneasiness: 不安　　amongst = among　　straight away: すぐに　　beneficial: 利益をもたらす

N：残りの会話を聞く前に、Questions 26 〜 30 に目を通す時間があります。
[30 秒間のポーズ]
N：では会話を聞いて、Questions 26 〜 30 に答えなさい。
P：さて、それでは、君の論文の全体的な質をどのように改善できるか話し合おう。
S：はい、しっかり聞きます。
P：個人の詳細情報を含めることで、この草稿をより現実的にできると思うよ。
S：フィオナ・ホジンズがひとりの人間としてどのような人物であったかということですか？
P：それより、カルテットを説得して自分のアイディアに賛成してもらうために、彼女が用いた手法に沿って書くんだ。ほら、彼女のアプローチは何がユニークだったんだい？　彼女は自分の提案の利点を強調したのかな？　それとも、より友人の立場としてグループにアプローチしたのかな？　それだと、おそらくメンバーとよい関係を築いてからはじめてビジネス上の変更を持ち出したのではないかな。
S：彼女はその両方の方法を少しずつ用いたのだと思います。
P：そうであれば、それを君の論文にも盛り込む必要があるね。
S：なるほど。
P：さらに、背景をもっと追加してもいいかもしれない。
S：おっしゃっていることがよくわかりません。
P：君の論文は、基本的には最初の 2 つの段落でカルテットが財政危機にあることを述べることから始まっているね。読み手は、カルテットがどのようにしてその状況になったのか、その背景があまりわからないんだ。
S：なるほど。では、カルテットの財政面の歴史について書くべきだということですね。そうすれば、カルテットがどのようにしてその状況、財政難になったのかについて読み手がいくらか理解できるようになりますから。
P：そのとおり。カルテットは約 20 年間演奏してきた。だから、長い間財政的に健

211

全だったはずだ。適切に行ってきたことがあるに違いない。そして少なくともビジネスの観点からは、間違って行ってきたこともあるかもしれない。

S：あっ、そうですね。

P：これによって論文がずっと説得力を持つようになるよ。それからほかに入れるといいかもしれないことは、何であれ君が観察したチーム管理のスキルだろうね。

S：チーム管理のスキルですか？

P：カルテットはチームとしてみなすことができるよね。そして、財政が悪化しつつあるチームを再び軌道に乗せるためには特別なスキルが必要でしょう。例えば、いろいろな個性に対応できる能力もそうだ。すぐに指示を実行するスタッフもいれば、もっと説得力のある指示や詳しい指示をしないといけないスタッフもいるからね。

S：フィオナ・ホジンズがいかにメンバーそれぞれに対して異なる対応をしているかを確かに目にしました。

P：それでは、そのことを論文でも述べる必要があるね。それから、メンバーに意見を言ってもらうために、彼女は何をしたかな？ ほら、優れたリーダーは、メンバーが安心して言いたいことを言えるようにするからね。優れたリーダーは心理的な安心感を保証するんだ。

S：あっ、そうですね、講義でおっしゃっていたことですね。ええと、フィオナ・ホジンズが主要メンバーと、しばしば密室会議を行っていたことを覚えています。ほんの10分から15分間の会議ですが。

P：それも彼女のチーム管理の手法のひとつだったのかもしれないね。そのほうが、ほかの大勢の人が出席している会議で意見を言うより簡単だったかもしれないし。それに、そのことは個々のメンバーとの信頼関係を築くのにも役立ったかもしれないね。

S：はい。心理的な安心感に関する過去の研究を調べて、私の調査結果とどのように関連するか確認します。

P：それはとてもいい考えだ。最後にひとつだけ。フィオナ・ホジンズの何か間違いや失敗について議論するのもいいかもしれないね。彼女が目標を達成できなかったときのような。

S：彼女の間違いや失敗ですか？

P：望むことの100パーセントを達成できる経営者なんていないからね。フィオナ・ホジンズがカルテットと共に達成しようとしてできなかったことがあったはずだよ。真のリーダーはとにかく何かを成し遂げられなかったときにはそれに気づいて、前に進まなければならないから。

S：それに関してはいくつか思い浮かぶことがあります。大きなことがひとつあります。彼女はカルテットを説得して、演奏する音楽の種類を広げることができません

でした。彼女はカルテットに試しにポップス調のクラシックの歌を1、2曲作ってもらいたかったのですが、カルテットが拒否したのです。それが彼女の最大の失敗だったと思います。

P：ほら、それも論文に反映させないといけないね。
S：ご意見をいろいろとありがとうございます。戻って書き直します。
P：全部変更しなくていいんだよ。私たちが話したことをいくつか加えて、それからまた私に会いに来ればいいよ。
S：そうします。ありがとうございます。

---

one's full attention:（人）の細心の注意　　along the lines of ～ : ～という線に沿って　　go along with ～ : ～に賛成する　　moreover: さらに　　crisis: 危機　　since that's the case: そういうことだから　　perspective: 観点　　persuasive: 説得力のある　　get ～ back on track: ～を再び軌道に乗せる　　convincing: 説得力のある　　instructions: 指示　　address: ～を言う　　voice: (意見など) を言う　　ensure: ～を保証する　　closed-door meeting: 密室会議　　rapport: 信頼関係　　as in ～ : ～におけるような　　experiment: 試す　　reflect: ～を反映する

Questions 21 ～ 25

コースタル・カルテットに関する問題や活動は、どんな結果をもたらしたか？
ボックスから解答を5つ選び、A～Iの中の正しいアルファベットをQuestions 21 ～ 25 の隣に書きなさい。

結果：

A　コンサートの中止
B　演奏者間の不安
C　ビジネスの専門家の雇用
D　快適でない座席
E　より多くの潜在的聴衆に知られること
F　マスコミによる報道の増加
G　メンバー数人の脱退
H　チケット売上の増加
I　より低い経費

21　金銭的困難
22　会場の変更
23　ライセンス供与商品
24　個人を対象とした演奏
25　フィオナ・ホジンズのビジネスへの専念

Appendix

Questions 26 〜 30

A、B または C から正しいアルファベットを選びなさい。

26 フィオナ・ホジンズに関するどのような情報を、教授はサラに草稿に追加するように勧めているか？
  A 彼女の個人的な性格がどのようなものだったか
  B 彼女がカルテットのメンバーを説得するために用いたアプローチ
  C 彼女とカルテットのメンバーとの関係が、時が経過するにつれてどのように変化したか

27 カルテットに関するどのような情報を、教授はサラに草稿に追加するように勧めているか？
  A カルテットの音楽の功績についての歴史
  B カルテットが何年も人気を保ち続けている理由
  C どのようにしてカルテットが財政的な苦境に陥ったか

28 チーム管理のスキルの例としてサラが言及しているのはどれか？
  A メンバーに安心して自分の意見を述べてもらうこと
  B 公平性を保証するために各メンバーを同じように扱うこと
  C 頻繁に全メンバー出席のもとで短時間の会議を行うこと

29 サラが目にした、フィオナ・ホジンズができなかったことは何か？
  A 新しいレパートリーを検討するようカルテットのメンバーを説得すること
  B 彼女の経営上の過ちを認めて白状すること
  C 会計四半期の売上目標を達成すること

30 サラの論文に関して、教授はサラに何をするよう提案しているか？
  A 裏づけとなる情報を追加すること
  B 論文の構造全体を変えること
  C フィオナ・ホジンズにもう一度インタビューすること

• Listening スクリプト、Reading パッセージの日本語訳

Lesson 5　Section 4

ナレーター：Section 4。意思決定についての大学の講義を聞きます。最初に Questions 31 〜 40 に目を通す時間があります。
［30 秒間のポーズ］
ナレーター：では、注意深く聞いて Questions 31 〜 40 に答えなさい。
教授：
社会科学においては、人間は合理的だと思われています。特に、社会学や経済学のような分野は、人間の活動や意思決定における基本的な合理性を想定しています。しかし研究者は、実際には人間がしばしば非常に不合理な決断をすることを明らかにしています。もっと具体的に言うと、人間は次善の決断、つまり最善ではない決断をする可能性が非常に高いのです。

> assume: 〜だと［を］想定する、思う　　rational: 合理的な　　sociology: 社会学
> rationality: 合理性　　in practice: 実際は　　irrational: 不合理な　　suboptimal: 次善の

これは人間が非常に限られた情報の集まりをもとに、すばやく決断できるように進化してきたからです。そうなった理由のひとつは、何千年もの間、人間の生存がすばやい決断ができるかどうかにかかってきたことにあります。植物、動物、他の人間が危険であるかどうかをすばやく判断できる能力のあるなしで、生死が分かれることがあったのです。

> evolve: 進化する　　survival: 生存

現代の問題は、人間が多量の複雑な情報に直面するため、決断に要する時間がはるかにかかってしまうことです。この複雑さは、意思決定の過程で人々がしばしば思考停止してしまう状況を招いてきました。この問題は、少なくとも産業革命の初期の段階から大きくなってきましたが、21 世紀のデジタル時代の今日では巨大な問題になっています。研究によると、過剰な情報によって、実際、人々が自分で下す決断にはるかに不満を抱くようになっていることが明らかになっています。

> require: 〜を必要とする　　complexity: 複雑さ　　paralyse: 〜を一時停止させる
> the Industrial Revolution: 産業革命　　enormous: 巨大な　　excess: 過剰な

人々が不満を抱く理由のひとつは、人々が余分な時間とリソースを持つと、研究者のバリー・シュワルツが呼ぶところの「追求者」になってしまう傾向があることで

Appendix

す。人々は考え得る最善の選択肢を求めますが、その選択肢は現実には達成できないものや、存在すらしないものであるかもしれません。追求者は、ある選択肢がよかったら、さらによい選択肢があるに違いないと思います。たとえ最初の選択肢よりもよい２番目の選択肢が見つかっても、追求者は２番目の選択肢よりもさらによい、３番目、４番目のものを探し続けます。最終的な結果として、追求者が「最善の」選択肢を延々と探し求めているうちに途方に暮れてしまったり、実は自分が不満を抱いている選択肢で我慢したり、単に不満を抱えて選択肢を探すことをやめてしまったりすることもあります。

> resource: 資源、リソース　　option: 選択肢　　realistically: 現実には　　attainable: 達成できる　　exist: 存在する　　end result: 最終結果　　settle for〜:〜で我慢する

人によっては、単に買い物に出かけることでさえ不満を与えるものになりました。店にはあまりにもたくさんの品物があるので、何を選んでいいのかわかりにくいのです。たくさんの店が、提供できる品物の幅は広ければ広いほどよいと無意識に考えてしまいます。店側は、来店する買い物客は、最もよい品質と価格という点で自分たちの好みに合う品物を選ぶと思っています。しかし研究は、買い物客が選択の幅に圧倒されてしまうことがあり、そうすると選択肢が少ない場合よりもはるかに少ししか買わないことを明らかにしています。ですから、直観に反することではありますが、選べる選択肢の幅を制限することで、実は企業はさらに利益を得ることができるのです。

> automatically: 自動的に、無意識に　　range: 範囲、幅　　preference: 好み　　overwhelm:〜を圧倒する　　choice: 選択の幅　　counterintuitive: 直観に反する

研究はまた、消費者にとって、自分で故意に選択肢の幅を狭くすることが役立つことも明らかにしました。消費者は、品物の量が限られている店や店の中の一角を選べばよいのです。例えば、店の通路の棚の一部分だけから品物を選んだり、ウェブページ内の小さなコーナーから品物を選んだりすることで、消費者は圧倒的な数ではなく、ごく少ない数の商品の中から選択することができます。

> reveal:〜を明らかにする　　deliberately: 故意に　　aisle:（店舗などの）通路

人間がよりよく選択できるもうひとつの方法は、ある程度の無計画さを受け入れることです。ナッシム・タレブのような研究者は、無計画さは人間の生活において、とても大きくて効率的な役割を果たすことを証明しました。すばやく無計画に決断

● Listening スクリプト、Reading パッセージの日本語訳

するほうが、決断するのにたくさんの時間をつぎ込むよりも、実際にはより満足感を与えてくれることがしばしばあるのです。無計画さを受け入れるという方法を用いて、単に目についた最初の銘柄を店の棚から取るほうが、どの銘柄が一番いいか考えるのに長い時間をかけるよりもいい場合があるのです。

---

randomness: 無計画さ　　demonstrate: 〜を証明する　　tremendous: とても大きな
efficient: 効率的な　　invest:（時間・お金など）をつぎ込む

Questions 31 〜 40

以下の文を完成しなさい。
各解答は1語で書くこと。

人間の意思決定

一般的な事実
・人間がする決断は、しばしば（31. 不合理）だ。

進化の原因
・すばやい決断はかつて人間の（32. 生存）において重大なことだった。

問題
・現代の人々は、本人たちが下さないといけない決断の複雑さのために、（33. 思考停止する）傾向がある。
・過剰な情報は、人々を自らの決断に対して（34. 不満を抱いた）状態にしておく。

追求者
・追求者は、たとえよい選択肢が見つかっても、別の（35. 選択肢）を探す。
・追求者は、最終的には（36. 不満）を感じることになる。

研究
・店主たちは広い（37. 範囲）の品物が顧客のためになると信じている。
・（38. 圧倒された）買い物客はより少ない品物を買う。

解決策
・選択肢の幅を（39. 狭くすること）は消費者が決断するのに役立つことがある。
・人々は（40. 無計画な）決断をすることで満足感を得ることがある。

Appendix

Unit 2　Reading Test 攻略

Lesson 2　Passage 1

下記の Reading Passage 1 に基づく Questions 1 ～ 13 に答えなさい。

競争関係：ライオンとハイエナ

A

食物連鎖の頂点の捕食動物は、獲物を食べるだけでなく、競争関係にある捕食動物を抑止する動物でもある。川では、例えば、成長したカイマン—— 外見はアリゲーターによく似た生物——は、その生活環境内に生息する異なる種類の生物からは単独では簡単には襲われない。これは頂点の捕食動物が他の動物からの危険に直面しないということではない。この力関係は、アフリカの草原でのライオンとハイエナの競争において容易に見ることができる。

> rivalry: 競争関係　　apex: 頂点　　predator: 捕食動物　　prey: 獲物　　deter: ～を阻止する、抑止する　　singly: 単独に　　dynamic: 力関係　　readily: 容易に

B

この 2 種の捕食動物のそれぞれが独自の競争上の優位性を持っている。ライオンはハイエナよりもずっと大きく、獲物のスピードを鈍らせて引き裂く強力なつめや、獲物の首を砕いて殺傷できるぐらい大きくて強い口を持っている。この方法で、ライオンは助けを借りずに比較的大きな獲物を仕留めることができるのだ。群れになるとライオンはさらに恐ろしい。30 頭のライオンから成る大きな「プライド」、つまり群れが、成長したゾウを殺しているところが観察されているくらいだ。同様に、ハイエナにも独自の優位性がある。ハイエナはどう猛なハンターで、高い知能と力強いあごがある。しかし、ハイエナがライオンにさえ匹敵するのを可能にしているのは、その社会的構造だ。ライオンのプライドの規模は、通常は 4 頭から 21 頭までの範囲である。その一方、ハイエナは「クラン」として知られている、メスに率いられた群れで生活し、その群れは総計で容易に 80 頭にも達する。ハイエナは自分たちのはるかに多い頭数を利用してライオンを圧倒できるのである。

> claw: かぎづめ　　crush: ～を砕く　　take down ～ : ～を倒す　　unaided: 援助なしで　　fearsome: 恐ろしい　　pride: (ライオンなどの) 群れ　　likewise: 同様に　　fierce: どう猛な　　draw with ～ : ～と引き分けになる　　number: 総計して～に達する　　overwhelm: ～を圧倒する

218

● Listening スクリプト、Reading パッセージの日本語訳

C
対照的な狩りの手法もまた、この2種の動物を対立させる。ライオンは待ち伏せして攻撃するハンターで、自身の茶色い色合いをカモフラージュとして用い、ふかふかの足を使ってこっそりと獲物に近づく。うまく仕留めたら、プライドのライオンは低いうなり声のみを発しながら、比較的静かに獲物を食べる。対照的に、ハイエナは、例えばアンテロープのような獲物の群れを驚かそうとする。大きく独特なほえ声を使って、群れから一頭のアンテロープを引き離そうとするのだ。その後ハイエナは自分たちの優勢な数を利用して、その獲物を疲れさせる。この手法は騒々しく、ハイエナのほえ声は――それは人間の笑い声に不気味なほど似ているという者もいるが――近くにいるライオンを引きつけることがある。

> confrontation: 対立　　ambush: 待ち伏せ（攻撃）　　colouration: 色合い
> stealthily: こっそりと　　growl: うなり声　　by comparison: 対照的に　　startle: 〜を驚かせる　　distinctive: 独特の　　yelp: ほえ声　　herd: 群れ　　superior: 優勢な
> wear 〜 down: 〜を疲れさせる　　eerily: 不気味に

D
どの対立においても、ハイエナとライオンは獲物に対する支配権を得るために、異なる戦略を使う。ハイエナは通常、ライオンと獲物の両方を取り囲もうとする。個々のハイエナはそれから円の中に駆け込み、ライオンの無防備な背面をかんで、矢のように駆け去っていく。ライオンは通常は報復したり追いかけたりしようとして振り返るが、結局は別の方向から来る他のハイエナにかまれてしまうのだ。その間、ライオンはこのようにして一時的に気を散らされているので、他のハイエナが矢のように円の中に駆け込み、獲物から肉の大きなかたまりを引きはがすのである。苦しめられた単独のライオンはしばしばあきらめて、獲物を放棄してしまう。

> kill: 獲物　　encircle: 〜を取り囲む　　nip: (軽く)かむ　　exposed: 攻撃を受けやすい
> rear: 背後　　dart away: 矢のように駆け去る　　retaliate: 報復する　　pursue: 追いかける
> distract: 〜の気を散らす　　tear 〜 away: 〜を引きはがす　　hunk: 大きなかたまり
> torment: 〜を苦しめる

E
小さなハイエナがライオンを獲物から追い払っている光景はドラマチックであり、ハイエナの「泥棒」としての評判を引き起こした。しかし、実はハイエナは食べる動物の50パーセントを殺すのだ。ライオンは「勇敢」だと考えられてはいるが、実はライオンが獲物からハイエナを追い払うことは、逆の場合よりもはるかによくあることである。それは通常、一頭あるいは少数のハイエナが、一頭のオスの成長し

たライオンか、メスのライオンの小さな群れに対峙しているときに起こる。それだと、ライオンもハイエナも根本的には今の評判を得られなかったかもしれない。

> run 〜 off: 〜を追い払う　　give rise to 〜 : 〜を引き起こす　　courageous: 勇敢な

F

対立は必ずしも戦いや、動物のどちらか一方が追い出されることで終わるとは限らない。獲物に対するハイエナの数がかなり多くても圧倒的ではない場合は——おそらく4〜7頭の場合は——入り込んで来たライオンとハイエナは、いやいやながら「分け合う」ことになる。ハイエナが獲物の一端を、ライオンがもう一端を食べるのだ。このような状況では、ライオンはすべてのハイエナを脅して追い払えるほど強くはないが、同様にハイエナも数が少な過ぎてライオンを追い出すことができないのである。

> one or other of 〜 : 〜のどちらか一方　　significant: (数が)かなりの　　overwhelming: 圧倒的な　　intrude: 入り込む　　grudgingly: いやいやながら　　scare away 〜 : 〜を脅して追い払う

G

分け合うだけでなく、ハイエナはライオンの獲物をあさることもする。ライオンが食べた後の残り物を何でも食べるのだ。このことは特に、ライオンのプライドがとりわけ大きくて、ハイエナのクランがいくらか小さい環境において当てはまる。ライオンとハイエナは両者とも食べ物をあさるが——そして実際はライオンのほうがハイエナよりも多くあさるが——ハイエナはあさるための能力をより備えている。ハイエナのかむ力は非常に強く、最も硬い骨さえも砕き割って、中の栄養価が高い骨髄を手に入れることができる。これはすでに「すっかり食べつくされた」ライオンの獲物をあさるときに役立つのである。実際、ハイエナのクランが小さ過ぎてライオンのプライドを襲えないときは、より小さなハイエナがライオンの群れの後を追い、ライオンの獲物の残りを食べて、生きる手段としてあさることにはるかに依存するようになることを科学者たちは観察している。

> scavenge: (〜を)あさる　　equipped: (必要なものを)備えている　　exceptionally: 非常に　　crack open 〜 : 〜を砕き割る　　get at 〜 : 〜を手に入れる　　nutritious: 栄養価が高い　　marrow: 骨髄　　pick 〜 clean: (肉など)をすっかりむしり取る

H
この2種類の動物間の複雑な競争は新しいものではない。化石の記録は、ハイエナとライオンの競争関係は少なくとも12,000年前の更新世後期までさかのぼり、この時代には両種がヨーロッパの一部に生息していたことを示している。ハイエナがかんだ傷跡が残る、その時代の化石化したライオンの骨と、同様にライオンの襲撃によって損傷したハイエナの骨が、研究者によって発見されている。どちらの動物も最終的にはヨーロッパから姿を消したが、どう猛な競争をアフリカ大陸で続けたのである。

> fossil: 化石　　the Late Pleistocene: 更新世後期　　occupy: ～に居住する
> evidence: 形跡

語彙：
nip: 小さくかむこと。通常は深刻な危害はもたらさない。
camouflage: 隠れる能力を与える色合い
yelp: 短い鳴き声

Question 1
A、B、CまたはDから正しいアルファベットを選びなさい。
1　頂点の捕食動物の主な特徴は何か？
　A　生活環境内で競争相手となる他のすべての捕食動物よりも長生きする。
　B　他の動物に捕食されることはほぼない。
　C　他の生息種よりも多くの獲物を食べる。
　D　生き残りのための闘争においてほぼすべての危険を回避する。

Questions 2～4
A～Gからアルファベットを3つ選びなさい。
ハイエナは獲物を狩る際やライオンに立ち向かう際にどんな戦略を使うか？
A　騒音をたくさん出す
B　カモフラージュを用いて隠れる
C　群れの規模を利用する
D　非常に静かに歩く
E　クランの一員をおとりとして使う
F　体の大きさで敵を怖がらせる
G　敵を混乱させる群れの戦術を用いる

Appendix

Questions 5 〜 7
以下の発言は Reading Passage 1 で与えられた情報と一致しているか？
解答用紙の解答欄 5 〜 7 に次のように書きなさい：
　　　TRUE　　　　発言が情報と一致している場合
　　　FALSE　　　発言が情報と矛盾している場合
　　　NOT GIVEN　これについての情報がない場合
5　成長したゾウは大きなライオンの群れさえ撃退するほど大きい。
6　ハイエナのほえ声は人間の笑い声のように聞こえて、ライオンさえも追い払う。
7　ライオンがハイエナから盗む獲物は、ハイエナがライオンから盗む獲物よりも多い。

Questions 8 〜 10
以下の発言は文章内での著者の主張と一致しているか？
解答用紙の解答欄 8 〜 10 に次のように書きなさい：
　　　YES　　　　発言が著者の主張を反映している場合
　　　NO　　　　発言が著者の主張と矛盾している場合
　　　NOT GIVEN　著者がこれについてどう考えているかわからない場合
8　メスに率いられた動物の社会構造は、オスに率いられたものよりも強い。
9　ハイエナが「泥棒」と呼ばれるのは公平ではない。
10　ハイエナとライオンはしばしば進んで協力して獲物を狩り、それを分け合う。

Questions 11 〜 13
Reading Passage 1 には A 〜 H の 8 つの段落がある。
以下の情報を含むのはどの段落か？
A 〜 H から正しいアルファベットを選び、解答用紙の解答欄 11 〜 13 に書きなさい。
注：どのアルファベットも複数回用いることができる。
11　食べ物をあさることを可能にするハイエナの身体的特徴
12　ライオンとハイエナの異なる狩りのやり方
13　ハイエナとライオンがかつて競争相手であったかもしれない場所

Lesson 3　Passage 2

下記の Reading Passage 2 に基づく Questions 14 ～ 27 に答えなさい。

コンピューター・システムの高まる影響力

A

おそらく 21 世紀の最初の 10 年までは、コンピューターの機能は計算あるいは機械の操作のみに限定されるだろうとほとんどの人が考えていた。工業用の工作機器を動かすようなことをしていたコンピューター・システムは、この考え方に一致していた。チェスの最高の大名人さえもしのぐシステムや、粒子加速器を動かすような、科学実験で非常に正確な予測や測定ができるシステムにも同じことが言えた。こうした初期のシステムには非常に高い計算性能があったが、自律的なものではなかった。さらに、それらは非常に制約された、数学の「機械の世界」の中で機能していた。コンピューターは人間の感情や感受性を理解できないからこの先もずっと限界があるだろうと、つまり永遠に「人間味」が必要なことはできないだろうと思われていたのだ。知能を持つシステム、つまり自律的に人間と交流できるシステムは、数十年先のことだと専門家によって考えられていた。科学者の中には知能を持つシステムが実現するかどうか疑問に思う者もいたぐらいだ。

---

outperform: ～を上回る、しのぐ　　grandmaster: 大名人　　particle collider: 粒子加速器
computational: （コンピューター）計算の　　autonomous: 自律性の　　constrained: 制約された　　sensitivity: 感受性　　human touch: 人間味

B

今や、反対の状況が証明されつつある。コンピューターは以前に想像されていたよりもはるかに急速に進歩しており、数学的に正確であるだけでなく創造的でもあることを証明しているのだ。コンピューターの作曲家たちは非常に上達してきた。最もよく知られている例はエミリー・ハウエルである。エミリーは人間ではなくソフトウェア・パッケージであるが、音楽業界に現れているパッケージは彼女だけではない。デビッド・コープが設計して制作したエミリーは、「興味深い音楽の発見」をすることができ、それは機械によって考え出された本質的に創造的な作品である、とコープは書いている。コンピューターによって作られたホログラフィーの「演奏者」もまた人気を得ており、それらのショーは大勢の聴衆を集めている。この傾向から推定すると、このようなソフトウェアのシステムが、スタジオ内だけでなくコンサートでも、ミュージシャンに対抗し始めるのも時間の問題かもしれない。

| contrary: 正反対のこと   composer: 作曲家   holographic: ホログラフィーの
| extrapolate: 推定する

C

取って代わられるかもしれないのは芸術家だけではない。コンピューターは企業の人事部に非常に急速に進出しているのだ。ここ数年、企業はコンピューターを採用プロセスに深く統合してきている。少なくとも今のところは、コンピューター自体が実際に採用の決定をするまでには至っていないものの、コンピューターが採用に関する助言を与えているのだ。研究によって、実際にコンピューター・システムのほうが人間の責任者よりも優れた採用の選択をしていて、コンピューターが推薦した志望者のほうが人間だけで選んだ志望者よりも、仕事で成功して生産性が高い傾向にあることがわかっている。責任者の中には、採用の決定は完全にシステムにさせたほうが安心だと述べる人もいる。その理由は、システムは人の外見や民族、または性別に関する典型的な人間の偏見を避けることができるからである。その代わりに、システムは志望者が一連の知能テストや性格テストでどのような成績を収めたかに基づいて採用に関する助言をしている。システムは典型的な人間の感情的な好みや不合理な考えを避けるのだ。適切な例として、研究によると伝統的に、背の高い男性や魅力的な女性のほうが容易に採用され、報酬が高く、昇進も速いということがわかっている。身長や魅力といった外見上の特徴は実際の労働者の生産性とは何の関係もないのに、そうなのだ。

| displacement: 取って代わること   human resources department: 人事部
| integrate: 〜を統合する   stop short of -ing: 〜するまでには至らない   solely: 単独で
| bias: 偏見   ethnicity: 民族的背景   irrationality: 不合理な考え   in point: 適切な
| readily: 容易に   superficial: 外見上の

D

コンピューターはまた執筆の分野にも進出してきている。これらのシステムは言語の語彙、文法、その他の中心的な特徴をすぐに習得できる。これらを用いて、また現代の文献や歴史的な文献を基準にして、コンピューターはオリジナルの物語を創造することができる。多くの読み手が、コンピューターが書いた詩または非常に短い物語を人間が書いたものと区別できない。また、コンピューターが作るオリジナルの記事やニュースレポートは、より情報に富んでいて、より質の高いものになっている。コンピューターはそのようなレポートに高いレベルの客観性を入れることに特に長けているのだ。このことはクリスター・クレアウォールの研究によって実証されている。コンピューターが作った記事は人間が作ったものよりも「より正確で、

情報に富んでいて、信頼できる」ことが彼の研究でわかったのだ。

> penetrate: 〜に進出する、入り込む　　benchmark: 〜を基準にする　　literature: 文献
> infuse: 〜を注入する　　objectivity: 客観性　　substantiate: 〜を実証する

E

しかし、こうした新たな分野へのコンピューター・システムの急速な拡大は、批判なしで進んできたわけではない。実際のところ、不安を感じる専門家もいるのだ。彼らは今世紀の中ごろまでに、コンピューターやロボットのせいでほとんどの人が失業しているのではないかと危惧している。例外となるのは、そのような装置を所有または設計するひと握りのエリートである。コンピューターがあらゆる分野に進出するにつれ、次の数十年で人間の失業率は50パーセントにまで達するとする見積もりもある。基本的には、こうしたシステムは資本や技術的専門知識がある人間とない人間との間に、非常に大きな経済的格差を生み出し得る。ジョージ・メイソン大学のタイラー・コーエン教授の著書のタイトルが言うとおり、これらのシステムの経済に与える影響によって、『大格差（平均の概念は終わる）』が起こるのだ。この経済学者はほんの数十年後の、広がる不平等の世界を予見しているのである。インタビューでこのシナリオについて尋ねられると、コーエンは自ら、私たちは「それに慣れる」必要があるだろうと端的に述べた。ほかの専門家たちは、コンピューター・システムがあまりに高度で知能が高くなるので、つまり人工知能に進化するので、制御不可能になるかもしれないと心配している。高名な物理学者であるスティーブン・ホーキングは、人工知能は人類を根絶するかもしれないと警鐘を鳴らしてきた。

> uncriticised: 批判されずに　　alarm: 〜を不安にする　　gulf: 隔たり、溝
> expertise: 専門知識　　sprawling: (無秩序に)広がった　　scenario: シナリオ
> evolve into 〜 : 〜に発展する、進化する　　Artificial Intelligence (= AI) : 人工知能
> famed: 高名な　　eradicate: 〜を根絶する

F

しかし、コンピューター・システムの新たな分野への進出が続いていることについて、より楽観的な人たちもいる。彼らは、技術の進歩に対する過去の恐怖は、例えば蒸気機関から電話、インターネットに至るまでの恐怖は、根拠のないものであったと述べる。現在の進歩は人間の生活を大幅により快適かつ便利にしてきた。音声制御のスマートフォンからオンラインの株式取引に至るものは、コンピューター・システムの進歩の成果なのである。最も技術的に進歩した社会が最も裕福でもあるのは偶然ではないのだ。そして、コンピューターがもし本当に人間の仕事に大規模に取っ

Appendix

て代わり、また物質的な豊かさも生むのであれば、政府はすべての人に、その人たちの仕事の状況に関わらず、単に多額のお金を支払うことが可能であろう。それはいわゆる全国民対象の基本所得保証（UBI）である。現行の福祉給付金とは異なり、UBIはすべての市民が真のゆったりした生活を楽しむことができるほど金額が高いものであろう。史上初めて、人類の大部分が働く必要から解放されるかもしれないのだ。AIに関して物理学者のミチオ・カクは、そのようなシステムが本当に出現したらと仮定して、そのようなことは一斉にではなく段階的に起こるだろうと断言している。これにより、人間が恒久的にシステムを制御することを保証する安全対策をシステムに組み込むための時間が、十分過ぎるほど与えられるだろう。

---

note that〜：〜と言及する　　unjustified: 不当な、根拠のない　　substantially: 大幅に　accident: 偶然　　if indeed〜：もし本当に〜だとすれば　　material abundance: 物質的な豊かさ　　Universal Basic Income: 全国民対象の基本所得保証　　welfare payment: 福祉給付金　　the bulk of〜：〜の大部分　　humanity: 人類　　assert that〜：〜と断言する　assuming (that)〜：〜と仮定して　　in stages: 段階的に　　ample: 十分過ぎるほどの　safeguard: 安全策　　ensure: 〜を保証する

G

進歩したコンピューター・システムの長期的な影響を予想することや、楽観主義者と悲観主義者のどちらが最終的に正しいと証明されるかを予想するのは不可能だろう。この不確実性に加えて、この分野での進歩はまったく規制されておらず、おそらくどんな有効な規制も適用できないという事実もある。ある意味、人間は単にこれらのコンピューターの進歩から何が発展するのかを見て、それらが与える利益とリスクの両方に対処しなければならないのだろう。

---

ultimately: 最終的に　　uncertainty: 不確実性　　unregulated: 規制されていない　beyond the scope of〜：〜の範囲外で　　confer: 〜を与える

Questions 14〜17

Reading Passage 2にはA〜Gの7つの段落がある。

下記の見出しのリストから、段落B、D、EおよびGの適切な見出しを選びなさい。

正しい数字i〜viiを、解答用紙の解答欄14〜17に書きなさい。

見出しのリスト

i　　コンピューターの進歩に関する懸念
ii　　コンピューター・システムの歴史的観点
iii　　労働市場に対する技術の影響
iv　　すべての人に対する無条件の資金の提供

226

v　コンピューターが作る文章の正確さ
vi　予測不可能な、コンピューターが将来与える影響
vii　人間の音楽家に勝るコンピューター

Questions 18 〜 22
以下の文（Questions 18 〜 22）および専門家のリストを見なさい。
各文を A 〜 E の適切な専門家と組み合わせなさい。
A 〜 E から正しいアルファベットを、解答用紙の解答欄 18 〜 22 に書きなさい。
18　コンピューター・システムは本来、芸術的であり得る。
19　書き手として、コンピューターは人間よりも信頼できるかもしれない。
20　人工知能のシステムは人類の存在を絶滅の危機にさらすかもしれない。
21　人工知能のシステムはおそらく徐々に発展するだろう。
22　収入の格差は非常に大きくなるかもしれない。

Questions 23 〜 25
各文を下記の A 〜 E の適切な文末を使って完成させなさい。
A 〜 E から正しいアルファベットを、解答用紙の解答欄 23 〜 25 に書きなさい。
23　初期のコンピューター・システムがしなければならなかったことは ....
24　ホログラフィーの画像ができることは ....
25　現行の法律ができないことは ....
A　簡単な計算でさえも多くの時間がかかること。
B　計算機能に限定すること。
C　ほかのシステムが競合しないように阻止すること。
D　人間のようにライブのエンターテインメントをすること。
E　コンピューターの科学的な進歩に遅れずについていくこと。

Questions 26 and 27
下記のメモを完成させなさい。
各解答はパッセージから 1 単語のみ選んで書くこと。
　採用プロセスにおけるコンピューター
コンピューターによる推薦は、より（26. 成功する）雇用につながる。
責任者の中には、コンピューターによって完全になされる採用に肯定的な意見を持っている人がいる。なぜならコンピューターには人間の特徴に関する（27. 偏見）がないからだ。

Lesson 4　Passage 3

下記の Reading Passage 3 に基づく Questions 28 〜 40 に答えなさい。

成長する臓器と向上する生命

A

人間それ自身と同様に、生体細胞には寿命がある。それらは出現し、成熟し、そして死滅するのだ。血液、臓器、また骨の中であれ、体の同じ部分の細胞は常に再生され続け、死滅した細胞に取って代わるのだ。細胞のこの絶え間ない修復と交替こそ生物を生き続けさせるものなのである。

> as with 〜 : 〜と同様に　　biological: 生物学的な　　cell: 細胞　　lifespan: 寿命
> regenerate: 〜を再生する　　organ: 臓器　　organism: 生物

B

しかし場合によっては、病気やけがによって、局所的細胞の修復能力を超えるほど、体の一部が損傷を受けることもあり得る。医学の介入がなければ、今度はこれが永久的な損傷や死につながる可能性もある。20 世紀の後半 25 年までは、臓器が機能不全になりつつあったり損傷を受けたりした患者に対する一般的な治療は、医学的に実行可能な場合、臓器の部分的または完全な切除、臓器の移植、または損傷した臓器を補ったりそれに代わったりする機械装置を利用することであった。これらの治療はあらゆるリスクや問題を伴う。例えば、腎臓の切除は患者の生活の質を著しく低下させ、一方で移植には常に細胞性拒絶反応の高いリスクが伴うのだ。（機械的な）人工心臓のような装置は性能が著しく向上したが、それでも本来の心臓ほどの機能は果たさず、多くの場合、患者はそのような装置では満ち足りた寿命を全うすることはできないのである。

> intervention: 介入　　feasible: 実現 [実行] 可能な　　transplant: 移植　　device: 装置
> supplement: 〜を補う　　entail: 〜を伴う　　kidney: 腎臓　　cellular: 細胞の
> rejection: 拒絶反応　　artificial: 人工の　　live out a natural life: 天寿を全うする

C

ここ最近は、研究者たちは自然に目を向けることによって、損傷した臓器の問題を解決する方法を探している。これはある方法で育てられた臓器を利用するということであり、臓器のドナーを探す必要がなくなるのである。さらに、患者自身の細胞から育てられた臓器は、患者の体が新たな臓器を拒絶する可能性を低減するだろう。研究者たちは、例えばある種のトカゲのような生物が四肢全体を再生させる方法に

注目してきた。これにより、トカゲは攻撃してくる捕食生物のために尾や四肢を犠牲にすることができる。トカゲは後でそれを再生させることができるからだ。同様の方法で、科学者たちはこれを人間に対して行いたいと思っている。例えば細胞を成長させて心臓や肺にして、患者の体内の損傷を受けた臓器の代わりになるようにするのだ。

eliminate: 〜を取り除く　　lizard: トカゲ　　limb: 肢、手足　　sacrifice: 〜を犠牲にする

D

胚性幹細胞は臓器の再生に最適である。その名前が示すように、人間の胚芽に由来し、体のどの部分にも成長する能力がある。しかし、胚性幹細胞は倫理的に問題があるとされてきた。その結果、研究者たちは成体幹細胞を「再プログラム」することによって、胚性幹細胞の状態に戻すことに重点を置いてきたのである。これらの「人工的に作られた胚性幹細胞」はその後で、体の一部を作るために用いられてきたのだ。

embryonic stem cell: 胚性幹細胞　　imply: 〜を示唆する　　embryo: 胚芽
ethically: 倫理的に　　problematic: 問題のある　　revert: （元の状態などに）戻る

E

幹細胞を活用して体の一部を作ることは、バイオプリンティングを通して、つまり3Dプリンターを用いることで、より大規模に行うことができる。これらは独特な形状をした工業部品の生産のために用いられる3Dプリンターと同じ装置である。ロンドン大学ユニバーシティー・カレッジの科学者たちは、人工的な構造、つまり「骨組み」の上で、人間の耳や鼻をバイオプリントした。そして、最終的にできた物は「自然の」耳や鼻と同様に機能したのだ。ほかの科学者たちも同様の手法を用いている。最初に、科学者たちはバイオインクと呼ばれる物質を用いるが、それは理論上、どんな患者に対しても用いられることができる。このバイオインクはバイオプリンターに挿入されるが、このプリンターは細胞の単一の層を作ることができる。この層は1枚のバイオペーパーに挿入される。さらに細胞が印刷されてバイオペーパーに挿入され、そして同じように上に重ねられて骨組みを作り上げる。完全な臓器が印刷される必要はない。いくつかの層が1枚1枚重ねられると、細胞融合が自然に生じて、それらの細胞はバイオペーパーが溶けるときに自力で成長し始めるのである。完全な臓器が最終結果となる。

deployment: 活用　　component: 部品　　scaffold: 骨組み　　substance: 物質
theoretically: 理論上は　　universally: 万人に　　fusion: 融合　　dissolve: 溶ける

Appendix

F

同時に、克服しなければならない技術的障害がまだたくさんある。体の奥深くまで幹細胞を挿入することは、胃や腎臓といった内臓に到達するためには明らかに必要なことだが、依然として非常に困難なままである。細胞注入の間に、これらの内臓への血流を維持することでさえ非常に大きな課題である。中でも肝臓などの固形臓器は、幹細胞注入の間にそこまで到達して十分な血流を維持するのが最も困難である。臓器をバイオプリントすることにもまた限界がある。現状の技術は前述の鼻や耳のような「シンプルな」身体部分をバイオプリントできるほど進歩してはいるが、目や脊髄といった非常に複雑な臓器を作れるまでにはまだ程遠い。それ以外に、体が幹細胞を拒絶するリスクも続く。そして拒絶されなかったとしても、幹細胞が期待どおりの機能を、つまり注入先の臓器と協調して想定されたように修復または交替する機能を必ずしも果たすとは限らないのだ。最悪のシナリオの場合、幹細胞は腫瘍を形成して、実際に患者の健康リスクを増大させる。

| obstacle: 障害 | insertion: 挿入 | exceptionally: 非常に | injection: 注入 |
| liver: 肝臓 | aforementioned: 前述の | spinal cord: 脊髄 | tumour: 腫瘍 |

G

それでもなお、研究者たちは非常に複雑な分野においてさえも前進し続けている。MRC再生医療センターの科学者たちはとても小さいが完全に機能するマウスの肝臓、腸および腎臓を育てた。このミクロレベルでの成功は、そのうちこの研究者たちが人間のずっと大きな臓器に対してもおそらく同様のことができるであろうことを示唆している。ウェイク・フォレスト再生医療研究所のアンソニー・アタラ所長の説明によると、科学技術を利用した現在のレベルの再生細胞は通常、約1センチメートルの長さまで機能する。彼と彼の同僚たちは研究に「スマート・バイオマテリアル」、すなわち研究室内で育てられて、特定の人に由来しなくてもよい組織を好んで用いている。スマート・バイオマテリアルはこうした短い長さで用いることは可能であるが、これまでのところ、もっと大きな物には用いられていない。アタラ博士のチームはまた、挿入前に細胞を伸ばしたり運動させたりすることで「訓練」しており、これによって細胞性拒絶反応の可能性を減らしている。

| regenerative: 再生の | intestine: 腸 | tissue: 組織 | lessen: 〜を減少させる |

Questions 28 〜 31
下記の要約を完成させなさい。
各解答はパッセージから選ぶこと。2 語を超えてはいけない。
解答は解答用紙の解答欄 28 〜 31 に書きなさい。

　幹細胞

細胞には寿命がある。成長し、成熟し、そして死滅する。細胞は死滅した細胞と入れ替わるために（28. 再生される）。時には、体の一部が病気やけがを通して損傷を受けることがある。医師は従来、そのような場合には臓器移植を行ってきた。しかし、これがときには（29. 細胞性拒絶反応）につながる。（30. 自然）に触発されて、科学者たちは今、臓器再生に努力を集中させている。（31. トカゲ）は自然界における再生の明らかな例である。幹細胞を用いて、研究者たちは人間においても同様のプロセスを成し遂げたいと望んでいる。

Questions 32 〜 35
以下の図表を完成させなさい。
各解答はパッセージから選ぶこと。2 語を超えてはいけない。
解答は解答用紙の解答欄 32 〜 35 に書きなさい。

細胞は印刷されて（32. バイオペーパー）に挿入される。
いくつかの層が（33. 骨組み）を作るために用いられる。
バイオペーパーが溶けるときに細胞の（34. 融合）が生じる。
プロセスは（35. 完全な臓器）で終わる。

Questions 36 〜 40
下記の質問に答えなさい。
各解答はパッセージから選ぶこと。3 語を超えてはいけない。
解答は解答用紙の解答欄 36 〜 40 に書きなさい。
36　幹細胞注入の間に固形臓器において維持するのが困難なものは何か？
37　臓器の複雑性に関して限界があるのはどんな技術か？
38　幹細胞注入において考えられ得る最悪の結果は何か？
39　アンソニー・アタラ博士は細胞を育てるために何を使うか？
40　受容の可能性を高めるために、細胞は挿入前にどのように訓練され得るか？

Appendix

Unit 5　IELTS 模試 Listening Test

Section 1

（N：ナレーター　W：女性　M：男性）
N：Section 1。このセクションでは、大学のコンピュータークラブについての、2人の学生の電話での会話を聞きます。最初に Questions 1 ～ 5 に目を通す時間があります。
［30 秒間のポーズ］
N：すでに解答が書かれている例題があります。今回だけ、この例題に関わる会話部分が最初に流れます。
W：もしもし、メリッサ・アンドリューズです。
M：もしもし、メリッサ、ええと、サネル・ナヤーといいますが、そちらのクラブについてお電話しています。大学のウェブサイトで見て、それで、入りたいなと思いまして。
N：この男子学生は大学のウェブサイトでこのクラブについて知りました。ですから空欄には website と書かれています。それではテストを開始します。音声は 1 回しか流されないので、音声を聞きながら設問に答えないといけません。注意深く聞いて Questions 1 ～ 5 に答えなさい。
W：もしもし、メリッサ・アンドリューズです。
M：もしもし、メリッサ、ええと、サネル・ナヤーといいますが、そちらのクラブについてお電話しています。大学のウェブサイトで見て、それで、入りたいなと思いまして。
W：あら、よかったわ。お電話をありがとうございます。お待ちください、ペンを持って来ます。はい、お名前をもう一度いただけますか？
M：サネル・ナヤーです。S-u-n-i-l N-a-y-a-r です。
W：少々お待ちください……書きました。それから、何を勉強していますか？
M：私は……ええと、それについてちょっと心配していたんです。私は統計学科の1年生で、コンピューターのスキルは高くないんです。クラブに入るには、コンピューターサイエンスの学生である必要がありますか？
W：いいえ、誰でも参加できます。実を言うと、メンバーのほとんどはコンピューターサイエンス、数学、物理、その他の自然科学の学生ではありますが。でも経済や統計学の学生も何人かいますし……同じようにプログラミングに熱心な英語専攻の学生も 2 名いるくらいですよ。

● Listening スクリプト、Reading パッセージの日本語訳

M：わあ、それを聞いてよかったです。あの、もう少し質問してもいいですか？
W：もちろんです！
M：参加するのに費用はかかりますか？
W：3ポンドの年会費があります。あっ、それにすべての新メンバーには入会費として、1回だけ2ポンドのお支払いをお願いしています。
M：わかりました、悪くないですね。
W：電子メールのアドレスを教えてもらえますか、サネルさん？　ほとんどメールで連絡を取ります。
M：はい。sunstats@greenmail.com です。
W：ありがとうございます。自宅の電話からかけていらっしゃるんですか？
M：はい。
W：携帯電話の番号もいただけますか？
M：はい。077-30470089 です。
W：わかりました、ありがとうございます。

---

check ～ out: ～を見る　　statistics: 統計学　　moderate: まあまあの、あまり高くない
sign up: 参加する　　I must say ～ : 実を言うと～だ　　enthusiastic: 熱心な

N：残りの会話を聞く前に、Questions 6～10 に目を通す時間があります。
[30秒間のポーズ]
N：では会話を聞いて、Questions 6～10 に答えなさい。
W：では、サネルさん、ほかに質問があるとおっしゃっていましたね。
M：あっ、はい。もうちょっとで忘れるところでした。ええと、どのくらいの頻度で集まりますか？　週に1回ですか？
W：週に1回、月曜の午後4時にクラブのミーティングがあります。
M：それはどこであるのですか？　学校のカフェテリアですか？
W：学生センターに小さなクラブルームがあります。少し窮屈ですが、居心地は十分いいですよ。いつもコーヒーとビスケットの缶がありますよ。
M：その月曜のミーティングは必須ですか？
W：いいえ、でも出席を強くお勧めします。メンバーがクラブで起きていることに遅れずについていき、その方針に加わるための手段ですから。
M：わかりました。
W：それと、もしメンバーが何らかの理由で来られなかったら、少なくとも、全メンバー向けの電子メールに加えて、クラブのブログ上の要約をフォローすることをお願いしています。そうすれば、私たちがしていることに遅れずについていけます。

233

Appendix

M：全メンバー向けの電子メールですか？
W：そうです。私たちが送ります……週に2、3回といったところでしょうか。最新情報、近々行われるイベント、就職情報……そのような情報がたくさん載っています。
M：毎週のミーティングは月曜だけですか？
W：月曜のミーティングでは計画や財務といったクラブの実務を扱います。でも、イノベーション・ウェンズデーと呼んでいるミーティングもあります。それは月に1回です。
M：イノベーション・ウェンズデーですか？
W：はい、毎月の最終水曜日の、午後7時ごろに集まります。
M：それでは、それは社交の集まりですか？
W：部分的にはそうかもしれませんが、大部分はアイディアを共有する機会です。
M：どのようなアイディアですか？ 講義の勉強についてのものですか？
W：時々はそうです。でも通常はもっといろいろなことについてです。コンピューターのプログラムや技術の動向、最新のSF映画などについて話します。実はこの集まりは常に、クラブで最も出席率の高いイベントのひとつになっているのですよ。
M：その理由は理解できます。それも学生センターであるのですか？
W：ええと、時々はクラブルームで開かれますが、大学の近くのカフェやパブで行われることのほうが多いですね。
M：わあ、よさそうですね。いろいろ教えてくださって本当にありがとうございます。次にするべきことは何ですか？ 月曜のミーティングのひとつに出席してみていいですか？

---

cramped: 窮屈な　　tin: 缶　　have got ~ about: ~を手近に置いておく　　mandatory: 義務的な、必須の　　encourage: ~を奨励する　　keep up with ~: ~に遅れずについていく　　along with ~: ~に加えて　　upcoming: 近々ある　　opportunity: (就職の)機会　　innovation: 革新　　social: 社交の　　uni = university

---

Section 2

ナレーター：セクション2。ホテルのマネージャーが従業員に対して、会議の準備について話しているのを聞きます。最初にQuestions 11〜15に目を通す時間があります。
[30秒間のポーズ]
ナレーター：では、注意深く聞いてQuestions 11〜15に答えなさい。

マネージャー：

さて、皆さん全員にここに集まってもらってうれしく思います。私たちは幸運にも、明日のイベントの準備をするよう選ばれました。これは私たちにとって大規模なイベントです。動物愛護協会の年次総会です。総会では協会の最高責任者やその他役員の方々によるスピーチもあります。これは大きな仕事ですが、私たちならうまくできます。

明日は誰が何をするのかといった詳細に入る前に、イベント全体についての説明をさせてください。まず第一に、この会議は2つのパートで構成されます。最初のパートはスピーチとプレゼンテーションで、午前10時に始まり正午に終わります。2番目のパートは昼食会です。スピーチとプレゼンテーションは会議室Aで開催されます。私たちはそのために、会議室内のすべてを準備しないといけません。それにはもちろん、視聴覚機器も含まれます。スピーチが終わった後、ゲストはダイニングルームに移動します。

覚えておいていただきたいのは、400名ほどのゲストがいらっしゃるだろうということです。主催者側は、実際には350名から375名近くの人が来場されると考えておられるそうです。それでも、私たちは400名分の準備をしたいと考えています。何が起こるかわかりませんからね。

協会側がゲストを出迎えるので、私たちにはその必要はありません。しかし、別の会議が会議室BとCで開かれるので、迷ってしまって正しい受付ブースに行けないようなゲストをご案内できるように用意しておいてください。

昼食会についてですが、ゲストはシーフード、ステーキまたはベジタリアン料理を選択できます。この団体においては多数のベジタリアンの方の参加が予想されます。約60パーセントでしょうか。そのため、必ずベジタリアンの方のための食事が十分にあるようにしておかないといけません。大丈夫ですね？

さて、昼食会の間は、私たちはテーブルの列の間を通って、ゲストの食事の選択を承ります。私たちの目標は、15分から20分以内にその選択された料理をゲストに運ぶことです。また、必ずゲストのグラスが常にソフトドリンクまたはその他の飲み物で満たされているようにしましょう。中にはボトルに入った水を頼まれる方もいらっしゃるでしょうが、それは協会が発注されたパッケージには含まれていません。よって、もし求められたら、ただ謝罪して提供できないことを伝えてください。

Appendix

昼食会中はダイニングルームでジャズバンドのライブ演奏があります。ダイニングルームにはステージとオーディオ機器があり、バンドのメンバーが楽器の準備を行います。キースとサム、いつものように、2人は彼らと連携してケーブルが接続されているか確認してください。マイク、ライト……すべてがきちんと機能していないといけません。

> conference: 会議　　　set up 〜: 〜を準備する　　　annual: 年一回の、年次の
> chief executive: 最高責任者　　　consist of 〜: 〜から成る　　　luncheon: 昼食会
> be expecting: 〜が来るだろうと思っている　　　organiser: 主催者　　　show up: 現れる
> regardless: それでもなお　　　escort: 〜を案内する　　　reception: 受付
> as for 〜: 〜については　　　representation: 代表参加　　　beverage: 飲み物
> attend to 〜: (仕事など)を処理する

ナレーター：残りの話を聞く前に、Questions 16 〜 20 に目を通す時間があります。[30秒間のポーズ]

ナレーター：では話を聞いて、Questions 16 〜 20 に答えなさい。

マネージャー：

では、具体的な仕事の取り組み方です。皆さんには午前7時30分までに来てもらい、会議室の準備を開始してもらいます。ケビン、あなたのグループを連れて、すべての椅子がメインステージの周りに半円形に配置されるようにしてください。ゲストがあまり苦労せずにその場所に出入りできるように、椅子と椅子との間には十分な間隔があるようにしてくださいね。つまり、ゲストが椅子に座ったり椅子から立ち上がったりするときに、他のゲストにぶつかったらいけないのです。この作業部分は、そうですねえ、8時45分までには終わらせてください。

その間に、キースとサム、あなたたちにはプレゼンテーション用のステージの準備を担当してもらいます。2人のチームもケビンのチームと同じスペースで作業しますが、お互いが通る道を空けておくようにしてください。2人は午前9時までにはすべてが準備されているようにしないといけません。イベントの主催者側がその時間にプレゼンテーションのスライドをチェックし始めたいとのことだからです。会議室が終わったらすぐにダイニングルームに移動して、そこでバンドのためのオーディオ機器を確認します。

午前9時から10時のスピーチ開始まで、皆さんは入り口とホールを回って、ゲストが正しい会場に行くようにしてください。基本的には先ほど私が話したことです。その他の2つのイベントは、教職者協会の会議とIT企業の送別会です。シートの裏

● Listening スクリプト、Reading パッセージの日本語訳

面の詳細を確認して、ゲストを正しい会場へ誘導してください。

いったんスピーチが始まったら、メガンのチームはダイニングエリアでテーブルと椅子の準備に取りかかってください。他の人は会議室Aの中か周囲にいて、遅れて来たゲストの手助けをします。ダイニングと会議の場所が別々だという事実は、実は私たちにとって大きな利点です。皆さんは覚えているかもしれませんが、去年、同様のイベントではスピーチと食事が同じ部屋で行われました。そのため少々混乱があり、食事を出すのに大幅な遅れが生じました。部屋の配置換えを同時に行わなければならなかったためです。

午後3時ごろにはすべてが終わりに近づいているはずですが、少し長居して話し合いたいというゲストも何人かいるかもしれません。3時30分ごろにはすべて撤収し始め、遅くとも5時ごろまでには終わらせます。最後に去るクルーはケビンのクルーです。ですからケビン、あなたはそのときに警備員に話して、私たちがいつ建物を出るのか知らせる必要があります。

address: 〜に取り組む　　semicircle: 半円形　　that is: つまり、すなわち
bump into 〜 : 〜にぶつかる　　meanwhile: その間に　　in charge of 〜 : 〜を担当して
keep out of one's way: 〜が通る道を空けておく　　farewell: 送別の
go about 〜 : 〜に取りかかる　　chaos: 大混乱　　lengthy: 非常に長い
changeover: 改造、転換　　wind down: 終わりに近づく　　linger: 居残る
break 〜 down: 〜を解体する　　security: 警備員　　premises: 建物

Questions 11 〜 13
A〜Fからアルファベットを3つ選びなさい。
スタッフが会議を準備するためにすべき3つのことはどれか？
A　ゲストを出迎える
B　視聴覚機器を準備する
C　会議室に食事を運ぶ
D　ベジタリアン料理を十分に提供する
E　350名のゲストのために部屋を準備する
F　食事の好みを尋ねる

Questions 14 and 15
A、BまたはCから正しいアルファベットを選びなさい。
14　ボトルに入った水が入手できないのはなぜか？

Appendix

    A 十分な数のボトルが注文されていない
    B 大半の人がソフトドリンクだけを頼む
    C サービス・パッケージに含まれていない

15 ジャズ演奏に必要な準備はどれか？
    A 楽器をステージ上に運ぶこと
    B 機器が機能するか確認すること
    C バンドのメンバーを部屋に案内すること

Questions 16 〜 20

以下の質問に答えなさい。
各解答は 3 語を超えてはいけない。
16 会議室 A の椅子はどのような形で準備されないといけないか？
17 いつイベント主催者たちがスライドのプレゼンテーションをチェックし始めるか？
18 IT 企業がホテルで開催するのは何か？
19 去年、同様のイベントで混乱や遅れを引き起こしたのはどんな活動か？
20 その日の作業の最後に、ケビンは誰に報告すべきか？

Section 3

（N：ナレーター　T：トム　L：リサ）
N：Section 3。トムとリサという大学生が、今度行う気候変動に関するプレゼンテーションについて話しているのを聞きます。最初に Questions 21 〜 25 に目を通す時間があります。
［30 秒間のポーズ］
N：では、注意深く聞いて Questions 21 〜 25 に答えなさい。
T：やあ、リサ。
L：こんにちは、トム。気候変動のプレゼンについてもっと話し合うために会えてよかったわ。
T：ぼくもうれしいよ。十分過ぎるくらいの情報があるから、すごくいいプレゼンができると思うよ。
L：そうね。でも実は、もう少し違うようにできるかもしれないと思っていたの。
T：それって、どういうこと？

L：従来の論文は、お決まりの解決策を1、2個交えながら、問題の典型的な説明をすることに焦点を当てるでしょう。そしてその解決策はふつう、もっと規制することとかリサイクルを奨励することに焦点を当てるのよね。とてもありきたりだわ。

T：うん、でも政府がどうやって気候変動の影響を軽減しようとしているのか、または気候変動を後退させようとしているのかについては、たくさん情報があるよ。ぼくたちの論文の大部分はそのことに割くだろうと思っていたよ。

L：より技術的なアプローチについてはどう？

T：地球温暖化の技術的な解決法？ 工学専攻の君だからそう思うんだろうね、たぶん。うーん、いくらか背景を述べないといけないだろうな。そうするには、リサーチするのにもっと時間がかかるだろうね……。でも、うん、それはぼくたちのプレゼンをもっと興味深く、有益にするためのひとつの方法になるかもしれないね。法律や規制の代わりに技術について書くことは大胆なアプローチかもしれないな。具体的には、どんな技術を考えていたの？

L：ええと、ひとつはクリーンエネルギーを使った乗り物の出現について議論することでしょうね。例えば電気や燃料電池を使う車とか。

T：君がどうプレゼンを進めるかわかったよ。最終的にはガソリンに頼る車を、「より環境に優しい」モデルと置き換えるということだね。

L：そのとおり。それに、先進工業国だけでなく新興市場においての代替エネルギーの利用について議論してもいいかもしれないわね。

T：あっ、それはいいねえ。新興市場では代替エネルギーの多くが高額過ぎるから、安いけど汚染源になる石炭みたいな化石燃料にすごく依存しているんだ。

L：そのとおり。そして中国がそれのいい例ね。中国は石炭の最大消費国のひとつだけど、燃料電池に用いられる技術のようなクリーンエネルギーの技術を積極的に進めているわ。中国はレアアースの原料が豊富で、これはまさに燃料電池に必要な資源よね。だから中国はクリーンエネルギーの開発に自国の資源を利用できるのよ。

T：中東の太陽エネルギーの使用を取り上げてもいいかもしれないね。それについてはもうすでにたくさん読んだよ。

L：その調子よ。もう、すごいアイディアを思いついているじゃない。

T：ありがとう！ よし、それじゃあ、プレゼンの最初の部分では気候変動の歴史を扱ってもいいかもしれないね。このことは、基本的には教授もほとんどの学生も当然ながらよく知っていると思うんだ。それでも、ぼくたちはそのような情報で始めていいだろうし、むしろ始めるべきだ。背景知識としてね。

L：それは理にかなっているわ。気候変動の影響を示すスライドやグラフを数点使って始めてもいいかもしれないわね。

T：そうだね。産業化時代に汚染物質が増加したことや、この汚染の増加がどのよう

Appendix

にして気温の上昇、海面の上昇、その他の気候への影響を引き起こしてきたかを示してもいいかもしれないね。
L：それに続けて、従来の化石燃料の代替物をいくつか提示してもいいわ。ソーラー、風力、それに水力発電のような具体例を考えているの。それから新技術に話を進めるといいわね。これが私たちのプレゼンの核になる部分でしょうね。技術革新を通じた気候変動の阻止。
T：そうすると、ぼくの理解が正しかったら、トピックの背景から始めて、現在の状況を説明して、それから解決するための複数の技術的アプローチを紹介するんだね。
L：そのとおりよ。そして、気候変動について政府が意思決定をするよりもずっと速く、ましてや政府が法律を通過させたり条約に合意したりするよりもずっと速く、これらのアイディアすべてを実行に移すことがいかに可能かということでプレゼンを終えられると思うの。
T：わあ、ぼくたち本当にうまくいってるね！

---

climate change: 気候変動　more than enough: 十分過ぎる　conventional: 従来の　typical: 典型的な　predictable: 予測がつく、ありきたりな　devote A to B: A を B に充てる［割く］　require: ～を必要とする　informative: 有益な　bold: 大胆な　emergence: 出現　fuel cell: 燃料電池　ultimately: 最終的に　petrol: ガソリン　alternative: 代わりの：代替手段　industrialised nation: 先進工業国　emerging market: 新興市場　fossil fuel: 化石燃料　coal: 石炭　aggressively: 積極的に　usage: 使用（量）　nevertheless: それでも　lead off: 始める　backdrop: 背景　pollutant: 汚染物質　the industrial age: 産業化時代　hydroelectric: 水力発電　innovation: 革新、刷新　state of affairs: 状況　wrap ～ up: ～を終える　put ～ into practice: ～を実行に移す　much less ～: （否定的な文脈で）ましてや～　treaty: 条約　get somewhere: うまくいく

N：残りの会話を聞く前に、Questions 26 ～ 30 に目を通す時間があります。
［30 秒間のポーズ］
N：では会話を聞いて、Questions 26 ～ 30 に答えなさい。
T：プレゼンの全体的な順番が決まったから、代替技術について何を述べるか、もっと詳しく話し合おうよ。
L：いいわよ。例えば、いかに代替エネルギーが経済的により競争力のあるものになっているか議論できるわね。例えば、いかに現世代のソーラーパネルが前世代のモデルよりも、はるかにたくさんのエネルギーを作り出しているかを示せるわ。まだ化石燃料ほど競争力はないけれど、それに近づきつつあるわ。
T：君はすでに予備調査をたくさんしているようだね。
L：してるけど、もっとたくさんしなければならないわよ。それに気候変動の緩和も

あるし。
T：いったいどういうこと？
L：緩和とは、人間や世界への気候変動の影響を少なくするということよ。ほら、技術者たちが海面の上昇から沿岸の都市を守るための壁を開発しているけど、そういったことよ。でも、解決策は必ずしも人工的なものとは限らないの。研究者たちが、海面の上昇に対する自然による解決策があることを発見したと読んだことがあるわ。解決策はマングローブの木よ。
T：マングローブの木？
L：そう。沿岸地域にマングローブの木を植えることには堆積物を固めるような効果があって、その地域を土壌の浸食から守るの。それに、自然で長期的な地面の上昇にもつながるのよ。
T：ふーん、自然自体を活用して地球温暖化に立ち向かうんだ。これ以上環境に優しいことはないね。
L：ないでしょ。あっ、それにほら、さらに話を進めて地球工学のようなことも議論できるかもしれないと思っていたの。
T：地球工学？
L：そう。実際はたくさんの種類があるの。ひとつは硫黄を大気に噴霧して、過度の日光が届いて地球を暖めるのを防ぐことよ。別のアプローチには、海水を大気に噴霧するものがあるわ。
T：それって実際にあるの？
L：今は単なる理論的な段階よ。決して実現しないかもしれないけど、プレゼンではそういった種類の先鋭的な技術についても議論すべきだと思うの。
T：すごいね。そういったアイディアに驚く学生もいるかもしれないね。でも、前に話し合っていたことに戻ると、従来のアプローチを完全に省くべきではないと思うんだ。解決策としての条約、法律、それに消費者や企業の行動を変えることなどは省くべきではないよ。
L：もちろん省かないわ。そうしたことは反対側の観点にあるものとして示せるわ。これらは時間がかかる解決策かもしれないけれど、長期的な効果があるかもしれないわ。
T：うん。もしそうなら、各アプローチによって異なるスピードや実用性を示す表を提示してもいいかもしれないね。
L：あなたの言っていること、わかるわ。例えば、さっき話し合った電気や燃料電池を使う車のような、よりクリーンな交通手段は、「現実的で、現在起きている」というカテゴリーに入るかもしれないわね。
T：うん、そしてその確立された技術を、もっと先鋭的で理論的な段階の技術と対比

Appendix

してもいいかもしれないね。そうしたら、聞く人がもっと理解しやすくなるから。

> competitive: 競争力のある　　preliminary: 予備的な、準備の　　mitigation: 緩和、軽減
> artificial: 人工的な　　tighten up 〜：〜を引き締める、〜を固める　　sediment: 堆積物
> soil: 土、土壌　　erosion: 浸食　　result in 〜：〜という結果になる　　geoengineering:
> 地球工学　　sulphur: 硫黄　　atmosphere: 大気　　theoretical: 理論的な
> radical: 急進的な、先鋭的な　　leave out 〜：〜を省く　　perspective: 観点
> practicality: 実用性　　mode: 方法、やり方　　contrast A with B: A と B を対比する

Questions 21 〜 25
A、B または C から正しいアルファベットを選びなさい。

21　リサが地球温暖化に関する従来の論文について主張していることは何か？
　　A　本当に独自の解決策を述べていないことが多い。
　　B　政府の役割について言及しない。
　　C　通常はリサイクルについて述べない。

22　トムが技術的なアプローチを取ることについて心配していることは何か？
　　A　クラスの大半を退屈させるかもしれない。
　　B　例を見つけることが難しいかもしれない。
　　C　時間がかかるかもしれない。

23　リサが言及している中国のクリーンエネルギーの利点は何か？
　　A　中国の地方政府は熱心に汚染を軽減しようとしている。
　　B　資源開発のための資金が豊富にある。
　　C　電池用の貴重な天然資源がある。

24　リサとトムは、プレゼンテーションの前半で何をすることに同意するか？
　　A　聞き手がすでによく知っているデータを省く
　　B　気候変動の過去と現在の状況を説明する
　　C　産業化時代の技術の進歩を議論する

25　リサとトムが決定したプレゼンテーションの結びは
　　A　アイディアがどれほど速く実行されるか示すこと。
　　B　成功した実例研究を説明すること。
　　C　さまざまな種類の技術革新について議論すること。

Questions 26 ～ 30

話し手は、気候変動に立ち向かうための以下のそれぞれのアプローチに対して、どんな特徴を結びつけているか。

ボックスから解答を 5 つ選び、A ～ G の中の正しいアルファベットを Questions 26 ～ 30 の隣に書きなさい。

特徴：
- A そのプロセスは段階的であり得る。
- B それは法律によって禁止されている。
- C その電力の出力は上昇している。
- D それは実用化されていない。
- E それはほとんどどこでも作られるだろう。
- F それは海面上昇から守ってくれるだろう。
- G それは現在使われている。

アプローチ：
- 26 現在のソーラーエネルギーのパネル
- 27 マングローブの木の植林
- 28 硫黄の噴霧
- 29 消費者の行動を変えること
- 30 よりクリーンな交通機関

Section 4

ナレーター：Section 4。動物の知能についての大学の講義を聞きます。最初に Questions 31 ～ 40 に目を通す時間があります。
[30 秒間のポーズ]
ナレーター：では、注意深く聞いて Questions 31 ～ 40 に答えなさい。
教授：
直立できる能力と、他の指と向かい合わせにできる親指を使える能力に加えて、知能は人間の主要な強みです。このことは先史時代においては特に当てはまりました。天候から大きな捕食動物に至るまで、すべてのものが小規模な人間の一族を危険な状況にさらしていたからです。人間にはこのような環境の脅威に対処するための、スピード、強さ、甲羅、かぎづめ、その他の生物学的な強みがありません。そのため、知能が人の生存のために非常に重要であり続けてきました。

Appendix

> upright: まっすぐな姿勢で　　opposable thumb: (他の指と)向かい合わせにできる親指　　advantage: 強み、利点　　prehistoric times: 先史時代　　predator: 捕食動物　　clan: 一族　　in harm's way: 危険な状況に　　shell: 甲羅　　claw: かぎづめ　　biological: 生物学的な　　threat: 脅威　　critical: 重大な

さて、ほかの種の知能はどうでしょうか。進化論の観点からは、知能とはある種が生存するための要因のひとつにしか過ぎません。動物は自分が住んでいる環境内で生き残るのに十分な知能さえあればよいのです。生存のためには、大きくて複雑な脳は、強い尾や鋭い牙ほどは役に立たないのかもしれません。サメはイノシシより知能が低いのですが、サメの中には1億5,000万年以上さかのぼる種もあり、イノシシよりもはるかに長く生存していることになります。このことからは、高い知能は種の生存においては必ずしも主要因ではないということがわかります。

> species: 種　　evolutionary: 進化論の　　standpoint: 立場、観点　　fang: 牙　　boar: イノシシ　　date back: さかのぼる　　illustrate: 〜を説明する

種の知能を理解し、測定し、そして比較しようとして、多くの努力が注がれてきました。このようなことをするためには、研究者は最初に知能とは実際にはどういうものなのか理解しようと試みないといけません。例えば、「学習」は知能の一側面であり、多くの動物が学習することができます。通常はほとんどの動物が成長した動物を観察してまねすることで学習します。例えば、子どものキツネ、クマまたはトラは、狩りを習得する際に、親の行動をまねします。狩りをする素質は遺伝性のものですが、子どもの動物は長い時間をかけて学習することによってのみ、狩りの技術を習得できるのです。この重要な狩りの技術を学べない子どもの動物は生き残れないでしょう。子どもの動物の遊びもまたこの機能を果たします。子どもは遊ぶことで攻撃や防御を学ぶからです。このスキルは狩りだけではなく、つがいの相手や縄張りをめぐる競争相手から身を守るためにも必要なものです。

> measure: 〜を測定する　　juvenile: 若い、子どもの　　tendency: 素質　　genetic: 遺伝子の　　offspring: 子　　fend off〜: 〜から身を守る　　competitor: 競争相手　　mate: つがいの相手

コミュニケーションは、科学者が集中的に研究してきたもうひとつの知能の要因です。コミュニケーションとは、この場合は、交尾期の鳴き声や警告の合図を超えた情報の交換を表します。現実のコミュニケーションは、例えば気分、考え、または計画といった抽象概念を伝達するために、音、動き、あるいは誇示行動を生み出す

ことを含むでしょう。野生では、イルカがこれをする能力を示してきました。イルカは自身や家族または群れのメンバーを一連の独特なホイッスル音やクリック音で識別します。しかしクリック音やホイッスル音はまた、新たな群れに近づく際にイルカの意図を伝えることもできます。イルカは人間がふつう言語として理解するものを使わないかもしれませんが、一連のさまざまな音を通じて、複雑な情報を交換することができるようなのです。

---

intensively: 集中的に　　in this instance: この場合　　refer to 〜: 〜を表す　　generation: 発生　　display: 誇示[ディスプレー]行動　　convey: 〜を伝達する　　abstraction: 抽象概念　　identify: 〜を確認する、識別する　　intention: 意図

知能はまた、道具の使用を通して測定することもできます。科学者は野生で道具を使っている動物を観察してきました。例えば成長したカラスは食べ物を手に入れるために棒を道具として使います。成鳥が木から昆虫を取り出すために棒を使っているところが観察されています。棒を木の穴にすばやく突き刺すような動きで突っ込むと、それによって腹を立てた昆虫が棒にしがみつきます。それからカラスは昆虫がしがみついたままの棒を抜き取るのです。

---

secure: 〜を手に入れる　　extract: 〜を抜き出す、取り出す　　poke A into B: A を B に突っ込む　　jab: 突き刺す　　latch onto 〜: 〜にしがみつく　　withdraw: 〜を抜き取る　　cling to 〜: 〜にしがみつく

ヒゲオマキザルはさらに高度な方法で道具を使います。このヒゲオマキザルは木の実が豊富なブラジルの森林地帯に生息していますが、木の実はあまりに硬い殻で覆われているので、動物は歯で割ることができません。その結果、このサルは殻の中の栄養を手に入れるために、長く時間がかかる、複数の段階から成るプロセスを発達させました。まず、このサルは日光で木の実を乾燥させて、作業をやりやすくします。十分に乾燥したら、その木の実をとても大きな石か平面に持って行きます。このサルは、それから木の実を軽くたたいたり振ったりしますが、それはどうやら殻の密度を測定するためのようです。それからその木の実を平面に載せます。この平面は鍛冶屋のかなとこと同じ機能を果たします。興味深いことに、このサルは割るのに理想的な角度でその木の実を配置します。この角度は、同じ作業を課した実地調査で人間が選んだ角度とよく似ています。最後に、これも鍛冶屋と同じように、このサルはハンマーの役を果たす小さめの石を見つけて、木の実を割るまで何度もたたき続けるのです。ハンマーの役を果たすために選ばれる石は、大きさや耐久性の点で注意深く選定されます。子どものサルはこの長くて複雑なプロセスを最大

Appendix

8年かけて学び、習得します。そのため、このプロセスには一種の「学校教育」が含まれており、それにおいて子どものサルは計画、戦略、地質学および物理の基礎を学ぶのです。

---

sophisticated: 高度な　　shelled: 殻で覆われた　　crack: 〜を砕く、割る
get at 〜 : 〜を手に入れる　　nutrition: 栄養　　tap: 〜を軽くたたく
determine: 〜を測定する　　density: 密度　　blacksmith: 鍛冶屋　　anvil: かなとこ
strike: 〜をたたく　　durability: 耐久性　　schooling: 学校教育　　geology: 地質学

Questions 31 〜 40

以下のメモを完成させなさい。

各解答は 1 語ずつ書くこと。

動物の知能の測定

知能に関する事実

- 人間は自身の（31. 生存）の中心的役割を果たす知能を高く評価する。
- 大きな（32. 脳）は、動物にとっては人間ほどには役立たないかもしれない。

学習

- 若い動物は成長した動物を（33. 観察すること）とまねすることによって学ぶことができる。
- さらに、(34. 遊び) も子どもの動物に攻撃や防御を学ぶ機会を与える。

コミュニケーション

- 動物は情報だけでなく（35. 気分）、考え、計画も伝える。
- クリック音やホイッスル音は人間がふつう（36. 言語）と呼んでいるものとは違うかもしれないが、複雑な情報を伝達する。

道具

- 成長したカラスが（37. 棒）を使って木から昆虫を引き出しているところが見られている。
- ヒゲオマキザルは（38. 高度な）方法で道具を使う。
- ヒゲオマキザルは木の実の殻の（39. 密度）を測定する方法を知っている。
- 子どものサルは一種の（40. 学校教育）を最大 8 年間受ける。

Unit 5　IELTS 模試 Reading Test

Passage 1

下記の Reading Passage 1 に基づく Questions 1 〜 13 に約 20 分で解答しなさい。
次はどこに向かうべきか？

A

2012 年に無人惑星探査機ボイジャー 1 号は、太陽系の最外縁である太陽圏を通過した。それ以降、ボイジャー 1 号は地球と交信を続け、星間空間に入った最初の探査機となった。宇宙空間の物体との衝突や、その他の事故がなければ、この探査機はほぼ永遠に銀河系を飛行し続けることができるだろう。それと比べて、人間は月より先に行ったことはない。

> probe: 無人宇宙探査機　　heliosphere: 太陽圏　　the solar system: 太陽系
> interstellar space: 星間空間　　barring 〜 : 〜がなければ　　collision: 衝突　　body: 物体
> mishap: 災難、不運な事故　　indefinitely: 無期限に

B

有人の火星探査ミッションを開始するという NASA の計画があるが、この機関がそうするための財源をアメリカ政府から受けられるかどうかは定かでない。たとえそのような財源を受けられるとしても、火星探査ミッションには多くの技術的障害が残っている。そのような宇宙飛行は複数の宇宙飛行士を安全に火星へと運ぶことができ、また火星のより大きな重力から逃れられるほど高出力のものでないといけないだろう。宇宙船の飛行期間は最短で 39 日間となるだろうが、最長で 289 日間にもおよぶかもしれない。これは打ち上げ時の惑星の位置によって異なるのだ。飛行期間を最小限に抑えるには、宇宙飛行士は 2 つの惑星間が最も近くなるときと同時に出発して、地球と火星が再接近するまで火星の表面で数カ月間待ってから戻らないといけないだろう。つまり何があろうと、宇宙飛行士は宇宙または火星で数カ月間過ごさないといけないことになるだろう。月の重力は地球の重力の約 17.7 パーセントしかないため、アポロ月着陸船はかなり容易にその天体から脱出することができた。しかし、火星の重力は地球の 38 パーセントである。つまり「赤い惑星」を発つためには、宇宙船はそれよりはるかに高い出力を必要とするだろう。

> manned: 有人の　　obstacle: 障害　　gravity: 重力　　planetary: 惑星の　　coincide
> with 〜 : 〜と同時に起こる　　no matter what: 何があろうと　　lunar: 月の　　body: 天体

247

C

宇宙飛行士の生存性もまた課題であろう。宇宙船は、前述のように数カ月間もたせることができる、大量の食料と水を運べるだけ大きくないといけないだろう。また宇宙船には長期にわたる宇宙の直接放射線に十分耐えられる強度がなければいけないだろう。ウォーターシールド、つまり宇宙船の船体の中にある一種の防壁が、放射線の害を抑えることができるかもしれないが、このシールドによって宇宙船が宇宙へ運ばなければならない重量がさらに加算されることになるだろう。しかしおそらく最も重大なことは、宇宙飛行士が無重力状態に起因する骨の劣化の危険に耐えなければならないことだろう。骨の劣化は、宇宙に長期にわたって滞在している間に危険なレベルにまで加速するのだ。

> survivability: 生存性　　withstand: 〜に耐える　　radiation: 放射線　　barrier: 防壁
> hull: 船体　　endure: 〜に耐える　　deterioration: 劣化　　prolonged: 長期の

D

確かに惑星は広大で硬い表面を持つ。このような表面は、理論上は、惑星の探査や植民地化に役立つ。だがそれでも、これらすべての問題を考慮して、NASAだけでなくヨーロッパやアジアの宇宙機関に対しても、従来の宇宙探査モデルを見直すように訴えてきた科学者たちもいる。そうするためのひとつの方法は、火星（またはその他の惑星）の表面への着地の必要性を再考することであろう。こうした科学者たちは、惑星体からの打ち上げは、過熱状態のロケットの隣に膨大な量の可燃性燃料が貯蔵されているため、特に危険であると指摘する。このため宇宙飛行士の死亡の大部分が打ち上げまたは回収作業時に起きているのだ。こうした作業を最小限に抑えることで、宇宙飛行士への危害が生ずるおそれを削減することができる。

> theoretically: 理論上は　　conducive: 貢献する、助けになる　　colonisation: 植民地化
> call for 〜 : 〜を求める、訴える　　flammable: 可燃性の　　superheated: 加熱した
> fatality: 死、死亡者

E

単に火星の軌道を回るほうが現実的だと述べるロシアの科学者たちもいる。基本的には、現在地球の軌道を回っている国際宇宙ステーションをさらに進化させたバージョンのようなものを作ってそうするのである。宇宙飛行士は、火星の表面に送ったロボット探査機を注視することで、火星の低軌道からその惑星を観察することができるかもしれない。探査機は惑星上で宇宙飛行士なら見逃さないようなものを見逃してしまうかもしれないが、惑星表面への片道だけの任務を負った探査機はより

● Listening スクリプト、Reading パッセージの日本語訳

安価であり、宇宙飛行士が危険にさらされることも減るだろう。こうしたプログラムのためのロシアの計画は火星軌道有人ミッションとして進められてきた。これまでのところ、この計画はほんの少ししか進展していないが、まさに従来の火星探査ミッションのシナリオからの脱却の一例である。従来のもののほとんどが表面着陸を当然のことと考えていたのだ。

> practical: 現実的な、実用的な　　orbit: 〜の軌道を回る；軌道　　expose A to 〜: A を（危険など）にさらす　　forward: 〜を進める　　take 〜 as a given: 〜を当然のことと考える

F

科学者の中には、実は火星は人類の次の有人ミッションの最適な対象ではないという意見もある。金星は地球にはるかに近いので、宇宙飛行も短くなるだろう。金星は質量において地球に似ているので、金星の重力は地球の重力の約 91 パーセントである。つまり、宇宙船が金星を発つには火星から発つよりもはるかに高い出力が必要になるだろう。金星の温度は非常に高く、また低高度の気圧が非常に強いので、金星に送られたすべての探査機が数時間の着陸の間に、数時間もしないうちに、破壊されてきた。しかし、NASA は金星の大気圏内、約 50 キロメートル上空に、一種の「浮遊基地」を作ることについての理論を立てた。これは、その高度の金星の大気圏はより涼しくてより気圧が低いからである。風船によって空中に留められて、基地内の人間は金星表面を観測することができるだろう。NASA はこの浮遊基地を金星高高度運用コンセプト（HAVOC）と称している。まだ概念段階ではあるが、HAVOC は金星着陸の実行可能な代替案になり得るだろう。

> humanity: 人類　　mass: 質量　　altitude: 高度　　theorise: 理論を立てる　　aloft: 空中に　　viable: 実行可能な

G

おそらく有人探査を始めるための最も簡単な方法は、少なくとも今後数十年間は、惑星のことをまったく考えないようにすることであろう。適例として、民間の宇宙関連企業は惑星への着陸よりも小惑星への着陸にはるかに力を注いでいる。小惑星は、基本的には宇宙を移動している大きな岩であるが、たいていの場合は質量がとても小さいので、その重力はごくわずかである。つまり、より小さく、複雑でなく、燃料を消費しない宇宙探査機が容易に着陸および離陸できるのである。前述のように重力に対処する必要なしに、人間が小惑星で採鉱事業や植民地化事業にさえ着手できるかもしれないという事実によって、小惑星への着陸、そこでの探査、開発がより実現可能になるだろう。こうした産業を運営することによって、宇宙機関は、

249

Appendix

公的なものあるいは民間のものに関わらず、それらの事業に資金を出せるようになるだろう。小惑星の中にはその軌道によって、月よりも地球に近づくことができたものもある。そうした小惑星への飛行期間は火星や金星へ到達するのに必要な期間よりもはるかに短いだろう。しかし、人間が小惑星に長期間滞在するには、それでも何らかの方法で骨の変質の進行が始まることに対処しないといけないだろう。

---

altogether: 完全に　　a case in point: 適例　　asteroid: 小惑星　　negligible: 無視できるほどの、ごくわずかの　　exploitation: (資源)開発　　feasible: 実現可能な　　mining: 採鉱　　degeneration: 変質　　set in : (病気などが)始まる

Questions 1 〜 7

下記の文を完成させなさい。

各解答は文章から選ぶこと。2 語を超えてはいけない。

1　ボイジャー1号は（太陽圏）を通過した最初の人工物体だった。
2　重力を克服することは火星探査ミッションで乗り越えなければならない（技術的障害）のひとつである。
3　地球から火星への宇宙船の飛行期間は、打ち上げ時の（惑星の位置）に関係するだろう。
4　宇宙船が火星から離陸するには膨大な（出力）が必要である。
5　船内の（ウォーターシールド）は、放射線が宇宙飛行士に与える影響を抑えるのに役立つだろう。
6　無重力の環境内では、人間の体内で（骨の劣化）が加速する。
7　広大で硬い（表面）のため、惑星は少なくとも理論上は植民地化が容易である。

Questions 8 〜 13

以下の発言は文章内での著者の主張と一致しているか？
解答欄 8 〜 13 に次のように書きなさい：

　　　　YES　　　　　発言が著者の主張を反映している場合
　　　　NO　　　　　 発言が著者の主張と矛盾している場合
　　　　NOT GIVEN　 著者がこれについてどう考えているかわからない場合

8　死亡事故を回避するために、従来の宇宙探査の方法は変えられてもいいかもしれない。
9　国際宇宙ステーションのバージョンは、火星のような遠い惑星には向いていないだろう。

10　火星上の探査機には、実行するのが困難な定期的な整備が必要だろう。
11　HAVOCは非常に強い金星の大気圧に耐えられる強度を持つ地上基地であろう。
12　小惑星にはほとんど重力がないため、惑星よりも着陸ミッションに適している。
13　民間企業が地球の軌道を超える飛行をする可能性を、政府は規制すべきである。

Passage 2

下記のReading Passage 2に基づくQuestions 14〜26に約20分で解答しなさい。

ギグ・エコノミーの隆盛

A

産業化時代の最初の数十年間は、労働者には賃金不払い、危険な労働条件から不当解雇におよぶ権力の乱用に対抗する保護策がほぼなかった。20世紀の労働組合や労働者の安全のための規制の台頭は、賃金の上昇や、より安定していて安全な労働条件をもたらした。20世紀半ばまでは、英国および西欧諸国では、労働者は生産性向上および企業への忠誠と引き換えに雇用の保障や賃金の値上げを得るという社会的合意があった。この様式は1970年代を通しては容易に維持できたが、1980年代にほつれ始め、21世紀の最初の10年までには破綻してしまった。

> abuse:（権力の）乱用　　arbitrary: 独断的な、勝手な　　dismissal: 解雇　　result in〜:〜という結果になる　　consensus: 合意　　job security: 雇用の保障　　fray: すり切れる、ほつれる　　in tatters: ぼろぼろになって、破綻して

B

経済学者やほかの専門家たちは英国の雇用の保障が低下したことについて多様な理由を挙げている。理由には余剰な労働者を生み出した技術的進歩、海外企業との競争の激化、高まる資本移動などが含まれる。世界市場での絶えず激化し続ける競争により、企業は人件費を含む経費を押し下げ、運営上の柔軟性を高めることによって、利幅の改善を試みることを余儀なくされた。英国の労働組合は、雇用の保障の主要因であったが、これも規模が縮小した。1979年にピークを迎えて約1,300万人の組合員が在籍していたが、21世紀の最初の年までに、組合員はその数の半分にも満たなくなったのだ。

> cite:〜を挙げる　　redundant: 余剰の　　keen: 激烈な　　mobility: 移動性　　margin: 利幅

C

この組合の規模の縮小は、それまでの組合労働者の勢力に対する致命的あるいはそれに近い打撃として挙げられることがある。実際、それが決定的なとどめだったのかもしれない。組合化されていない労働は、英国の労働力の最終進化形ではないのかもしれない。その代わりに、労働の本質の完全な再構築が始まりつつあるのかもしれない。過去において、仕事は終身または臨時雇い／パートタイムのどちらかに分類することができた。終身雇用では、従業員は毎週または毎月の定期的なスケジュールで雇用者のもとにとどまった。このことは無期限に続くか、少なくとも従業員が退職を決めるか、雇用者に従業員を解雇するための妥当な理由がある場合まで続いた。その一方、パートタイムの仕事は終身雇用ということにはなっていなかった。それでも、過去にはパートタイムで雇用された従業員でも、週に数日の定期的な労働スケジュールを期待できることがしばしばあったが、このことはもはや当てはまらない。

---

fatal: 致命的な　　blow: 打撃　　organised labour: 組合労働者
the last straw that breaks the camel's back: 決定的なとどめ　　labour force: 労働力
restructuring: 再構築、再編　　permanent: 終身の　　temporary: 一時的な、臨時雇いの
grounds: 理由　　dismiss: 〜を解雇する

D

新しく出現しつつある労働市場では、ほとんどの人が慣れ親しんできた終身やパートタイムの仕事の数は、はるかに少ないだろう。その代わりに、かつて19世紀に英国の裁縫師が働いていたような、出来高払いの雇用構造に似ているかもしれない。裁縫師には保障された雇用がなく、完成させることができた衣服の量によって支払われていた。仕事の流れは不確実だった。ある週は仕事が殺到するかと思えば、翌週には仕事がほぼないこともあったのだ。このように仕事の流れが不安定だったことから、先を争って収入を求めなければならないことが多かった。もちろん、裁縫師には組合による保護、医療補助、安全面での保護はなかった。仕立業者は裁縫師に仕事を委託したが、この仕組みから利益を得ていた。仕立業者は定期的な賃金を払わなくてもよく、裁縫師は家で働くことが一般的だったため作業場所を提供しなくてもよく、一定の仕事量を保障しなくてもよかったからだ。衣類を大量生産する大型工場が増えたことによってこの仕組みは終息したが、現代の英国と西欧諸国は「ギグ・エコノミー」という形で、現在、この仕組みを再び取り入れているのかもしれない。

● Listening スクリプト、Reading パッセージの日本語訳

> resemble: 〜に似ている　　piecework: 出来高払いの　　seamstress: 裁縫師
> garment: 衣服　　workflow: 仕事の流れ　　be inundated with 〜: 〜が殺到する
> scramble to do: 先を争って〜する　　outsource: (業務など) を委託する
> revisit: 〜を再訪する　　gig: 一時的な仕事

E
このギグ・エコノミーでは、労働者は終身の労働スケジュールもパートタイムの労働スケジュールも持たない。その代わりに、労働者は複数の情報源を通して仕事、つまり「ギグ (一時的な仕事)」を見つけるようにしないといけない。労働者は企業に短期またはプロジェクトベースでの仕事を売り込むことで、ギグ・エコノミーに参加する。仕事は1週間の法律相談から臨時の専属運転手を務めることまで多岐にわたるだろう。これらの仕事はどれも終身雇用ではなく、同じ分野でないことさえあるだろう。1年間も続く仕事もあれば、数分間だけの仕事もあるだろう。結果として、ギグ・エコノミーの決定的な特徴は、労働者が常に新たな仕事を求めて目を光らせていなければならないということになる。確かに、労働者は現在の仕事が終了する前に、次の新たな仕事を確保しておかないといけないが、同時に複数の仕事に従事している場合もある。この並行作業と専門性の欠如が、労働者が自ら必要とする熟練した技能を習得することを妨げるかもしれない。このことで今度は、そのような専門性を必要とする高度な技能分野に参入するための、労働者の能力が妨げられるのだ。前述の裁縫師の場合と同様に、ギグ労働者には福祉手当、保護、保証賃金がまったくない。実際、ギグ労働者は従業員としては法的に分類されないため、法律で定められた最低時給を大幅に下回る賃金の仕事に従事しているのを目にすることも珍しくない。

> pitch: 〜を売り込む　　act as 〜: 〜の役目を務める　　occasional: 臨時の　　defining: 決定づける　　on the lookout for 〜: 〜に目を光らせて　　line up 〜: 〜を手配する、確保する　　multitasking: 並行作業すること　　hinder A from -ing: A が〜するのを妨げる　　impede: 〜を妨げる　　as with 〜: 〜の場合と同様に　　aforementioned: 前述の

F
ギグ・エコノミーの支持者は、ギグ・エコノミーのほうが、従業員に特定のスケジュールを固く守ることを要求した20世紀の雇用構造よりも、はるかに労働者にとって柔軟性があると述べる。ギグ・エコノミーでは、人々は自身のライフスタイルや金銭的な必要に応じて労働力に参加したり離れたりすることができる。ギグ・エコノミーは特に、ひとりで子育てをしている人や家事専業の人、障害のある人、その他在宅でしか仕事ができない人や、在宅で仕事をしたい人にとって有用であろう。賃

253

Appendix

金費用が低いので、ギグ・エコノミーは小規模な企業の起業家にとっても恩恵である。そうでなかったら、従業員に高額で定期的な賃金を払うのに困るだろう。

> proponent: 支持者　　adhere: 固く守る　　stay-at-home parent: 専業主婦［主夫］
> boon: 恩恵　　entrepreneur: 起業家

G
その一方、評論家はギグ・エコノミーは一歩後退であると主張する。彼らは、多くの労働者が正規雇用を見つけられずに、ギグ・エコノミーに入ることを強いられていると述べる。新たな短期の仕事を得ようとして常に先を争っていないといけないので、労働者は高いストレスを感じる。彼らは文字通り、次の給料はどこから来るのかわからないのである。これらのギグが通常支払う賃金があまりにも低いことは、労働者が引退後の生活のための貯金をする機会をまったく持てないことも意味している。これに加えて、ギグ・エコノミーはほぼ規制されておらず、おそらく規制できないだろうという事実もある。これは主に、ギグが広く分散しており、労働者は特定のギグを通常は口コミやインターネットを介して見つけることに起因する。たとえ政府がギグ・エコノミーを規制しようとしたとしても、こうした規制が施行できるかどうかは不明である。

> pay cheque: 給料　　unregulated: 規制されていない　　dispersed: 分散した
> word-of-mouth: 口コミの　　enforce: 〜を施行する

H
経済学者の中には、新しく出現しつつあるギグ・エコノミーはあまりに規模が小さいので、いずれにしても実際的な影響はないと主張する人もいる。ギグ・エコノミーの実際の規模を測定するのは困難であるが、英国の労働力の2パーセントから8パーセントの範囲だと見積もられている。しかし、ギグ・エコノミーはまだ始まったばかりだと述べる経済学者もおり、彼らは今後数十年間でその規模は急成長するだろうと考えている。

> mushroom: 急成長する

Questions 14 〜 18

Reading Passage 2 には A 〜 H の 8 つの段落がある。
以下の情報を含むのはどの段落か？
A 〜 H から正しいアルファベットを選び、解答欄の 14 〜 18 に書きなさい。

● Listening スクリプト、Reading パッセージの日本語訳

注：どのアルファベットも複数回用いることができる。
14　ギグ・エコノミーのよい側面
15　ギグ・エコノミーと最も似ている仕事の構造の種類
16　労働者の一般的な労働条件がどのように変化したかについての時系列的な描写
17　ギグ・エコノミーにおいて労働者が請け負うかもしれない仕事の例
18　英国での雇用の保障の低下を引き起こした要因の例

Questions 19 〜 21
A、B、C または D から正しいアルファベットを選びなさい。
19　ギグ・エコノミーの考えられ得る結果のひとつは何か？
　　A　労働者はより強力な労働組合を結成するだろう。
　　B　労働者はより長期的なプロジェクトに従事するだろう。
　　C　労働者はより高額な賃金を得るだろう。
　　D　労働者の専門知識は減少するだろう。

20　小規模事業主にとってのギグ・エコノミーの利点のひとつは何か？
　　A　人件費の点で利点がある。
　　B　もっと自由時間を持てるようになる。
　　C　非生産的な従業員を解雇するのが容易になる。
　　D　高度な技能を持つ労働者を雇用する機会が増える。

21　ギグ・エコノミーの今後について、何人かの専門家はどんなことを予想しているか？
　　A　最終的には高給の仕事が含まれるようになるだろう。
　　B　関与する労働者が減るだろう。
　　C　その規模は大幅に拡大するだろう。
　　D　政府によって規制されるだろう。

Questions 22 〜 26
下記の要約を完成させなさい。
各解答はパッセージから選ぶこと。2 語を超えていけない。
解答は解答用紙の解答欄 22 〜 26 に書きなさい。

　　英国における雇用の保障

雇用の保障は、20 世紀以前に似た状況にまで（22. 減少）を示して来た。この理由として、技術的な進歩、競争の増加、および運営上の（33. 柔軟性）を高める必要な

255

Appendix

どが含まれる。(24. 組合労働者) も組合員数の減少と共に以前の勢力を失った。さらに、労働の本質自体が完全な (25. 再構築) を経験しているのかもしれない。最近のパートタイムの労働者は、もはや (26. 定期的な) 労働スケジュールを持ちたいと思うことすらできない。

Passage 3

下記の Reading Passage 3 に基づく Questions 27 〜 40 に約 20 分で解答しなさい。

脳

A

人間の脳は非常に優れた情報管理装置である。私たちが起きている間、脳は膨大な量の情報を取り込む。触覚、視覚、聴覚、嗅覚を通して身体に到達する情報は化学信号や電気信号に、つまり神経伝達物質に変換される。特別な脳細胞、つまりニューロンはこれらの信号を互いに伝達し合う。この信号はニューロンの先端にあるシナプスを通じてひとつのニューロンから他のニューロンへと「ジャンプする」。このニューロン間の距離はシナプス間隙である。

> tactile: 触覚の　　aural: 聴覚の　　olfactory: 嗅覚の
> convert A into B: A を B に変える［変換する］　　neurotransmitter: 神経伝達物質
> cell: 細胞　　neuron: ニューロン　　synapse: シナプス

B

脳はしばしばコンピューターにたとえられてきたが、この類似性は部分的にしか合っていない。コンピューターの記憶は今後の検索のために特定のファイル内に保管されるが、人間の記憶は異なる。情報は脳の特定の箇所に保管されるのではない。その代わりに、「神経回路網」の中のニューロンの配置によって記憶を検索して取り出したり戻したりするのだ。配置によって検索する情報の種類が違ってくる。よって人間の記憶は、特定のデータを検索しに行けるコンピューターやファイル・キャビネットのようなものではなく、むしろ大量で流動的なピクセルの集まりのようなものだと言える。このピクセルを配置し直すことで、ディスプレー上に異なるイメージを出せるのだ。

> analogy: 類似性　　retrieval: 検索、取り戻すこと　　configuration: 配置、構造
> fluid: 流動的な　　pixel: ピクセル、画素

C

健康な脳内では、神経回路網の配置は瞬時に生じて、意識的な努力をする必要はない。経験したことすべてを思い出せる人などいないが、私たちは定期的に使う情報は簡単に思い出すことができる。職場や学校へ通う道順、親しい仲間の名前、毎日アクセスするウェブサイトのアドレスなどがそうだ。この種の日常的な情報を常に思い出していると、神経回路網は強化される。これは定期的な運動で筋肉が強化されるのとほぼ同じことだ。通常、物忘れは私たちがめったに使わない情報を思い出さなければならないときに起こる。例えば小学校の同級生の名前や、何年も前に歩いたが再訪したことのない通りの名前などがそうだ。つまり、記憶は定期的にアクセスしなければならない場合に最も強くなるのである。

conscious: 意識的な　　recall: 〜を思い出す　　associate: 仲間、同僚
much as 〜 : 〜とほぼ同じに　　ordinarily: 通常は　　forgetfulness: 物忘れ

D

記憶が低下するのは、病気によって神経伝達物質がひとつのニューロンから他のニューロンへと移動するのが阻まれたり、ニューロンそのものが損傷を受けたりしたときである。このことによって、それまで丈夫だった神経回路網でさえも記憶を取り出すために必要な配置をとれなくなってしまうことがある。このことの最もわかりやすい例のひとつがアルツハイマー病である。アルツハイマー病は、神経伝達物質がシナプス間隙を渡るのを妨げる妨害物を、具体的にはもつれやプラークを、シナプスにおいて作るのだ。このため、この病気に苦しむ患者は、親しい友人や家族の名前といった簡単なことをしばしば思い出せなくなるのである。

impaired: (機能が)低下した　　robust: 丈夫な　　assume: (様相など)を呈する、(姿勢など)をとる　　blockage: 妨害物　　tangle: もつれ　　plaque: プラーク(シナプスにできるかたまりを指す)　　afflict: 〜を苦しめる

E

アルツハイマー病の正確な原因は明らかではないが、大いに研究が進められている。この病気が先天性である可能性を示すものもいくつかある。親がこの病気にかかっていたら、子どももこの病気にかかる可能性が著しく高くなるかもしれないのだ。特に、特異的遺伝子 APOE e4 があるとアルツハイマー病にかかる可能性が高くなる。しかし、この遺伝子の有無で、絶対的な確信を持ってアルツハイマー病を予測することはできない。運動、食事、人との交際といったライフスタイルの要因も、人がこの病気にかかるか否かの一因になるだろう。

Appendix

> congenital: 先天性の　　offspring: 子ども　　specific gene: 特異的遺伝子
> contract: (病気)にかかる

F
アルツハイマー病の治療法はないが、市販されているいくつかの薬でシナプスへの損傷を遅らせることはできる。このことは、この病気にかかっている人の認知機能、つまり思考能力を助けるかもしれない。それでも、これらの処置は単に損傷を遅らせたり抑えたりすることを意図したものにすぎない。ニューロンの変性の進行を実際に止めたり逆行させたりすることはできないのだ。より期待されているアプローチのひとつが英国とフィンランドの共同研究グループによって着手されつつある。グループはアルツハイマー病の兆候を示す神経プラークの一部を攻撃できるかもしれないワクチンに取り組んでいるが、プラークは、もつれほどは記憶の喪失との強い関連性がない。

> cure: 治療法　　cognitive: 認知の　　treatment: 治療法、処置　　be design to *do*: ～することを意図されている　　degeneration: 変質、変性　　undertake: ～に着手する
> vaccine: ワクチン　　symptomatic: 兆候を示す

G
ハンチントン病もまた脳を攻撃する病気であり、ニューロンを攻撃して、情報の伝達を低下させ、そのため認知機能を低下させる。この病気はまた気分障害や筋肉の不随意運動を生じさせることもある。科学者たちはこの病気の根本的な原因をよりよく理解している。この病気が遺伝的なものであることがわかっているのだ。そのため、ハンチントン病を引き起こす遺伝子を受け継いだ子どもは、その病気にかかる可能性が高いのである。

> disorder: 不調、障害　　involuntary: 無意識の　　genetic: 遺伝子の
> inherit: ～を受け継ぐ

H
前頭側頭認知症（FTD）も脳に影響を与える病気である。この病気はしばしばアルツハイマー病と誤診されるが、この病気の進行や症状は異なる。この病気は脳の前方の部分を攻撃し、最終的にはその部分を萎縮させる。FTDにかかっている人は実際には記憶を保持するだろうが、コミュニケーションが困難になるだろう。この病気は言語や行動をつかさどる脳の部分を攻撃するからだ。この病気の進行を止めたり遅らせたりする方法はなく、患者には精神的および身体的な安楽を与えるしかな

● Listening スクリプト、Reading パッセージの日本語訳

いのだ。

misdiagnose: 〜を誤診する　　retain: 〜を保持する

I
医療の専門家はこれらすべての病気をよりよく理解しようとして、膨大なリソースを注ぎ続けている。専門家の目標は細胞レベルでどうにかしてそれらの病気を治療し、さらには病気を予防することだ。そうするための多くは、脳や、ニューロンが変性する原因に関する、将来の理解向上にかかっている。最も期待されている研究のいくつかは、ニューロンの再生、つまり損傷したものに取って代わる新たなニューロンを育てることに集中している。現在は、ほとんど試験的な段階か理論的な段階であるが、今後数十年後にはおそらく実現するだろう。

resource: リソース（金銭、人材、技術面などの資源）　　cellular: 細胞の
experimental: 試験的な

J
最新の研究によると、脳の病気のリスクを減らす主要な方法のひとつとして、継続的な精神的刺激があるようだ。この刺激はより複雑で丈夫な神経回路網を作る。これらの回路網が、今度は精神機能の低下に対する一種の防護盾として働くようなのだ。従って、そのことは脳の病気は必ずしも年齢だけに関連しているのではなく、精神的課題の欠落にも関連していることを意味しているのかもしれない。生涯教育が、それが正規のものであってもなくても、年齢を重ねるに従って生じる精神的衰えを防ぐ好ましい要因として働くようである。非正規の教育には、定期的にパズルやゲームをやり終えたり、高尚な文学を読んだりする活動も含まれるだろう。近い将来に科学の飛躍的進歩がなかったら、ライフスタイルを変えることが、年齢を重ねても健康な脳を維持するために人々が取ることのできる最良の対策のようだ。

consistent: 継続的な　　stimulation: 刺激　　deterioration: 劣化、低下
correlate A with B: A を B と関連させる　　decay: 衰え　　near-term: 近い将来の
breakthrough: 飛躍的進歩、大発見

Questions 27 〜 30
A、B、C または D から正しいアルファベットを選びなさい。
27　神経伝達物質がシナプス間隙を渡るときに、
　　A　電子情報が化学情報になる。

259

B　情報がニューロン間で共有される。
　　C　情報が身体に伝達される。
　　D　脳が忘れた記憶を取り戻すことができる。

28　作者がコンピューターに言及する目的は、
　　A　機械が人命にどのように関連しているか示すため。
　　B　人間が機械ほどは賢くなれないことを示すため。
　　C　人間とシステムの両方にとって記憶がいかに重要であるか説明するため。
　　D　異なる種類の記憶処理を区別するため。

29　アルツハイマー病にかかっている結果、
　　A　まったく記憶を思い出せない。
　　B　神経信号が伝達されない。
　　C　神経伝達物質が作られない。
　　D　脳内の血管が閉塞される。

30　神経科学者はAPOE e4遺伝子についてどんなことを発見したか？
　　A　それは多種多様な脳の病気を生み出し得る。
　　B　それを早期発見すると、より効果的な治療ができるかもしれない。
　　C　それが体内に存在すると、病気にかかる要因となる。
　　D　それがなければ、人は確実にアルツハイマー病を回避できる。

Questions 31 〜 35

下記の要約を完成させなさい。
各解答はパッセージから選ぶこと。**3 語を超えていけない。**
解答は解答用紙の解答欄 31 〜 35 に書きなさい。

　　脳の病気の治療と予防

脳の病気の将来的な治療はおそらく（31. 細胞の）レベルで機能する治療にかかっているだろう。医療の専門家は脳の修復のための（32. ニューロンの再生）における進歩に特別な期待を寄せている。脳の病気を回避できるかもしれない方法のひとつは、定期的な（33. 精神的刺激）によるものである。（34. 生涯教育）は精神的衰えを防ぐために役立つ、必要な刺激を与えるかもしれない。（35. ライフスタイル）を変えることは、年齢を重ねても脳を健康に保つための最善の方法かもしれない。

Questions 36 〜 40

以下の発言は Reading Passage 3 で与えられた情報と一致しているか？
解答欄 36 〜 40 に次のように書きなさい：

  TRUE   発言が情報と一致している場合
  FALSE   発言が情報と矛盾している場合
  NOT GIVEN これについての情報がない場合

36 人間の脳はファイル・キャビネットとよく似た仕組みで情報を保管する。
37 情報を繰り返し思い出すことで記憶に関連するニューロンの配置は強化される。
38 現在、脳の病気の治療はますます高額になっている。
39 科学者はアルツハイマー病を生じさせる要因についてかなり理解している。
40 ハンチントン病の発症は、親がその遺伝子を持っていたかどうかに関連する。

MEMO

完全攻略！
IELTS 別冊
アイエルツ

Contents

Unit 1　Listening Test 攻略

　　Lesson 2　Section 1 スクリプト ……………………………………… 2
　　Lesson 3　Section 2 スクリプト ……………………………………… 4
　　Lesson 4　Section 3 スクリプト ……………………………………… 6
　　Lesson 5　Section 4 スクリプト ……………………………………… 10

Unit 2　Reading Test 攻略

　　Lesson 2　Passage 1 …………………………………………………… 13
　　Lesson 3　Passage 2 …………………………………………………… 16
　　Lesson 4　Passage 3 …………………………………………………… 20

Unit 3　Writing Test 攻略

　　Task 1　モデルアンサーの日本語訳＋語注 ………………………… 23
　　Task 2　モデルアンサーの日本語訳＋語注 ………………………… 23

Unit 4　Speaking Test 攻略

　　Part 1　モデルアンサーの日本語訳＋語注 ………………………… 25
　　Part 2　モデルアンサーの日本語訳＋語注 ………………………… 26
　　Part 3　モデルアンサーの日本語訳＋語注 ………………………… 27

Unit 5　IELTS 模試

Listening Test
　　Section 1 スクリプト …………………………………………………… 30
　　Section 2 スクリプト …………………………………………………… 33
　　Section 3 スクリプト …………………………………………………… 36
　　Section 4 スクリプト …………………………………………………… 40

Reading Test
　　Passage 1 ………………………………………………………………… 43
　　Passage 2 ………………………………………………………………… 46
　　Passage 3 ………………………………………………………………… 50

Writing Test
　　Task 1　モデルアンサーの日本語訳＋語注 ………………………… 54
　　Task 2　モデルアンサーの日本語訳＋語注 ………………………… 55

Speaking Test
　　Part 1　モデルアンサーの日本語訳＋語注 ………………………… 57
　　Part 2　モデルアンサーの日本語訳＋語注 ………………………… 59
　　Part 3　モデルアンサーの日本語訳＋語注 ………………………… 60

Unit 1　Listening Test 攻略

Lesson 2　Section 1 スクリプト

🔊 **01**

(**N**: Narrator　**W**: Woman　**M**: Man)

N: *Section 1. In this section, you will hear a telephone conversation between a clerk at an airline company and a customer who can't find part of his luggage. First, you have some time to look at Questions 1 to 5.*
[Pause: 30 seconds]

5　**N**: *You will see that there is an example that has been done for you. On this occasion only, the conversation relating to this will be played first.*
W: Ocean Star Air, how may I help you?
M: Hello, I'm calling about my rucksack. It still hasn't arrived;
10　apparently it wasn't put on my flight. Most of my luggage was delivered yesterday, but the rucksack wasn't.
N: *The lost item is a rucksack. So 'rucksack' has been written in the space. Now we shall begin. You should answer the questions as you listen because you will not hear the recording a second time. Listen*
15　*carefully, and answer Questions 1 to 5.*
W: Ocean Star Air, how may I help you?
M: Hello, I'm calling about my rucksack. It still hasn't arrived; apparently it wasn't put on my flight. Most of my luggage was delivered yesterday, but the rucksack wasn't.
20　**W**: I see. （前触れ）Could you give me your name, please?
M: Certainly. （Q1）My name is Reginald **Thompson**.
W: （トピックの変わり目）OK. And, Mr. Thompson, （前触れ）what flight number did you arrive on?
M: （Q2）I arrived in London from Toronto on Flight **9601J**. I left on 6th
25　of June, by the way, and arrived on 7th of June.
W: （前触れ）And can I confirm your address, please?
M: （Q3）42 **Oak Tree** Lane, in Sussex.
W: （前触れ）And a phone number where we can best reach you?

2

M: (ワナ) 01273 ... Oh, wait, that's my home number. I'll give you my mobile phone number. (Q4) I think I'm more reachable on my mobile. It's 07902-**720055**.

W: (前触れ) And can I have the email address you used when you booked this flight? For confirmation?

M: Er, just a second. OK, I used this address. (Q5) It's reggie226@**zeromail**.com.

W: OK sir, please give me a moment to check.

🔊 02

N: *Before you hear the rest of the conversation, you have some time to look at Questions 6 to 10.*

[Pause: 30 seconds]

N: *Now listen and answer Questions 6 to 10.*

W: I see that you're right: not all of your luggage has been dispatched. We're still working on identifying and routing that last piece of luggage to you.

M: What happens if you don't find it?

W: I hope it will be located soon, sir, but if it isn't found, you do have the option of filing a claim for lost property. (前触れ) Just for confirmation purposes, could you roughly describe what is in the rucksack and how much it is worth?

M: All right, let's see, er, (ワナ) my laptop PC.

W: OK, a laptop. (前触れ) And how much would that cost?

M: Oh, no, sorry, I put that in my suitcase. (Q6) I had my **tablet** in my rucksack. It's worth about £400.

W: (トピックの変わり目) OK, anything else?

M: (前触れ) I had some souvenirs I bought at the airport in Toronto ... they're in a plastic bag and I put the bag in my rucksack. (Q7) They came to, er, around £**300** in total.

W: Souvenirs ... £300 ...

M: (前触れ) Oh, and I bought a bottle of whisky at the duty free shop and put that in there, too. (Q8) I think I paid (ワナ) 80 Canadian dollars for it, which would be equal to roughly £**40**. I also had a couple of books and a notebook in there. The books may be worth about (ワナ) £20. The notebook isn't worth anything, but it's important to me.

Unit 1 ● Listening Test 攻略

　　 W: I'm very sorry for this inconvenience, Mr. Thompson. If you file a claim, we will examine it, and then, if we cannot locate your rucksack and the claim is approved, we will compensate you for your loss.
65　**M**: I see. （トピックの変わり目・前触れ）<u>What's the deadline to file?</u>
　　 W: (Q9) Airline policy states that all such <u>claims have to be made within **seven** days</u> of travel completion.
　　 M: Then that's something I should do right away then, shouldn't I? （前触れ）<u>How should I go about it?</u>
70　**W**: (Q10) <u>You can file in person at any of our offices, or through our **website**</u>. I should point out that you still have a few more days before you file. But hopefully your belongings will be found before then.

※日本語訳は本冊 p.204 〜 206 に掲載されています。

Lesson 3　Section 2 スクリプト

🔊 **03**

Narrator: *Section 2. You will hear a local community organiser talking to volunteers about work on a council estate. First, you have some time to look at Questions 11 to 14.*
[Pause: 30 seconds]
Narrator: *Now listen carefully and answer Questions 11 to 14.*
Woman:
5　I'm so glad to see you all here. Colin Estate is such a valuable place for this neighbourhood; it houses many low-income residents in a deprived area. However, the estate lacks funds and staff for the upkeep that it needs. As a result, it relies on volunteers like you; and the local council has told me to pass on its gratitude for your assistance. I want to
10　explain what we'll be doing on Saturday when our work begins.

　　 Oh, by the way, （ワナ）<u>we'll be **distributing bottled water** throughout the day **to all of you**</u>. That's going to be important, since we're expecting fairly hot weather. Now, we're going to have a number of different assignments. We're going to start with landscaping the
15　gardens. （○ A）<u>**A lot of the grass is overgrown** and **needs to be cut**</u>. （× B）<u>We'll also be **replacing** some of the older, withered **bushes** with brand-new ones</u>, and planting a few young trees.

4

After that, (× D) we'll move on to **making upgrades** to the covered **bicycle shelter**. (○ C) We're going to be **installing cycle racks** (× D) and replacing the top of the **shelter** as it's full of holes.

(トピックの変わり目) At around noon, we'll break to eat. The estate has arranged complimentary packed lunches for all of us, and we can have those in the garden. After an hour or so, (○ E) we'll move on to work in general **rubbish removal** and cleaning. Specifically, (× C, D, A) we're going to work in one of the towers which has a **basement** cluttered with old, **broken furniture**, mattresses, and other unusable items. We'll have to **take these items out of the basement**, and **load them into** some **recycling bins**.

(○ B) We'll spend the last part of the day **repainting some of the playground equipment**, before packing up all of our tools and placing them back in the van. By around 6 p.m., we should be done, and you can each make your own way home.

🔊 **04**

Narrator: *Before you hear the rest of the talk, you have some time to look at Questions 15 to 20.*
[Pause: 30 seconds]
Narrator: *Now listen and answer Questions 15 to 20.*
Woman:
So that's the plan. As for finding the estate, there are several ways to get there. Let's look at the map, which should be in your volunteer pack. Take it out please and note the address:
(ヒント) 27 Willoughby Road. It's a large estate with several entrances, and different transport will take you to different ones.

If you're walking or cycling, you'll probably reach the estate from the (ヒント) south entrance. If you're using a GPS app to reach the estate, that's the location it will direct you to. (Q15) **The first building that you'll see** from the **south entrance** is (I) **the administration office**. There are footpaths on either side; the path on your left will take you in (ワナ) a westerly direction but you'll want to take the one on your right,

5

（正しい道）<u>the eastern one, which loops around the playground</u> and takes you north. That footpath leads to the courtyard. On the other side of the courtyard, the footpath continues to （ワナ）<u>the north entrance</u>. （正しい道）<u>If you **turn to your right**, you'll see a **pavement**</u>. Take that east a short way, (Q16) <u>and you'll see (F) **the car park**</u>. That's where our equipment van will be parked, and where we'll gather to start things off.

（トピックの変わり目）<u>If you're arriving by tube,</u> the nearest entrance will be the north one. Once you come out of the （ヒント）<u>tube exit</u>, you'll be facing （ヒント）<u>Avon Street</u>. （正しい道）<u>Turn left, go along Avon</u> for a bit, <u>past</u> a road on your left. (Q17) <u>Then go past (A) **an off-licence** on your left</u>, and you'll see a （ヒント）<u>post office</u>. （ヒント）<u>On the other side of Avon Street is the north entrance</u> to Colin Estate. (Q18) <u>But you'll have to go a bit further along the road to (C) **the bank**, in front of which you'll find a **crossing**</u> to the other side. （正しい道）<u>After entering from the **north entrance**</u>, go along the footpath south towards the courtyard (Q19) and there'll be (E) **the bicycle shelter** <u>on your left</u>; on your right there'll be an old guard box, which is not used anymore.

（トピックの変わり目）<u>If you're coming by bus,</u> (Q20) get off at (H) **the stop** called Flower Market, which is （ヒント）<u>two streets east of the actual estate</u>. Go west right through the market. Innis Street actually ends at the eastern entrance of the estate. There's a rather narrow footpath that leads to the wider footpath I mentioned earlier. Turn right and right again once you reach the pavement. Then walk straight until you reach the car park.

※日本語訳は本冊 p.206 〜 209 に掲載されています。

Lesson 4　Section 3 スクリプト

🔊 **05**

(**N**: Narrator　**P**: Professor　**S**: Sarah)
N: *Section 3. You will hear a student called Sarah talking to a college professor about a paper assignment. First, you have some time to look at Questions 21 to 25.*

[Pause: 30 seconds]

N: *Now listen carefully and answer Questions 21 to 25.*

P: I've been going over your draft on the Coastal Quartet. I have to say that it is quite impressive.

S: Thank you. Well, it was a challenge, but it was also interesting to apply the principles of our management class to a music group. On top of that, the Quartet gave me a collection of some of their best music.

P: Then I hope you're gaining a better appreciation of the classics. So, now let's briefly go over your draft first. Along the way, we'll naturally find out if there's any room for improvement.

S: Fine with me.

P: OK, so, you report that the Quartet got into (前触れ) <u>financial trouble</u> about 10 years ago. Apparently, (ワナ) <u>they were close to having to stop performing — to shut down</u>, so to speak.

S: That's correct. (Q21) <u>That's why they hired **a business manager, Fiona Hodgins**</u>. She was tasked with making the Quartet profitable.

P: And what was the first thing Fiona Hodgins did?

S: She (前触れ) <u>moved the Quartet</u> to a different performance venue.

P: Where was the new venue again?

S: Turnaby Hall. (Q22) <u>It's much smaller than the previous one, but **the move saved them a lot of money**</u>.

P: The paper goes into other changes she made, and how she focused on increasing revenue. The gist of your paper seems to be that cutting costs has a limit, and that organisations have to find ways to boost revenue.

S: That's correct. Fiona Hodgins convinced the Quartet to raise ticket prices. She also developed ideas such as (前触れ) <u>licensing items</u> like T-shirts, hats and sweatshirts. Apart from the extra revenue, (Q23) <u>it allowed the Quartet to market itself to a **potentially wider audience**</u>. Fiona Hodgins also convinced them to hold (前触れ) <u>private performances</u>; for instance, she convinced them to begin playing for very upscale weddings and corporate events. (Q24) <u>Again, aside from increased revenue, it drew a lot of **media attention**</u>. It came as quite a surprise that the Coastal Quartet would perform at such events.

P: Was there any conflict between Fiona Hodgins and the Quartet in making these kinds of changes?

S: As a matter of fact, there were quite a few problems. To begin with, Fiona Hodgins knew practically nothing about classical music. She tended to（前触れ）focus solely on business.（Q25）That caused a lot of uneasiness, and even dislike, amongst some members straight away.
P: I see.
S: It was really hard for her to convince the Quartet to see her point of view or to convince them that her ideas would be beneficial.
P: Well, now we've covered the main points of this draft, haven't we?
S: Yes, I think we have.

🔊 06

N: *Before you hear the rest of the talk, you have some time to look at Questions 26 to 30.*
[Pause: 30 seconds]
N: *Now listen and answer Questions 26 to 30.*
P: All right, now, let's discuss how you can improve the overall quality of your paper.
S: Sure, you've got my full attention.
P: I think you can make the draft more realistic（前触れ）by including personal details.
S:（ワナ）Like what Fiona Hodgins was like as a person?
P:（Q26）More along the lines of **the techniques she used to persuade the Quartet to go along with her ideas**. You know, what was unique about her approach? Did she emphasise the advantages of her suggestions? Or did she approach the group more as a friend? ―（ワナ）perhaps bringing up business changes only after she had established a good relationship with the members.
S: I think she used a little of both those methods.
P: Well, then, you need to include that in your paper.
S: That makes sense.
P:（トピックの変わり目）Moreover, you might want to add more background.
S: I'm not sure what you mean.
P: Your paper starts off basically in the first couple of paragraphs with（前触れ）the Quartet in a financial crisis. The reader doesn't get much background on how it got to that point.

S: Oh, OK, so I should write about the Quartet's (ワナ) financial history, you mean. (Q27) That will give the reader some understanding of **how the Quartet reached a point of, um, financial difficulties**.

75 **P**: Exactly. (ワナ) The Quartet has been performing for about 20 years. Since that's the case, it must have been financially healthy for a long time. They must have been doing some things right, and maybe, at least from a business perspective, some things wrong.

S: Oh, right.

80 **P**: It'll make the paper a lot more persuasive. (トピックの変わり目) And another thing you might want to include would be (前触れ) any team management skills you observed.

S: Team management skills?

P: The Quartet can be seen as a team, can't it? And getting a failing
85 team back on track requires special skills, doesn't it? For example, the ability to deal with different personalities; some staff carry out a direction at once, but others need more convincing, or more detailed instructions.

S: I did see how (ワナ) Fiona Hodgins dealt with each member
90 differently.

P: Then that needs to be addressed in your paper. And what did she do to let the members voice their opinions? (Q28) You know, good leaders **make team members feel comfortable about saying what they have to say** — good leaders ensure psychological safety.

95 **S**: Oh, yes, you talked about that in class. Er, (Q28) **I remember Fiona Hodgins frequently had closed-door meetings with key members** — just for 10 to 15 minutes, though.

P: That may have been one of her team management techniques. It might have been easier than (ワナ) speaking out in meetings with lots of
100 others present, and it might have also helped her to establish a rapport with individual members.

S: OK. I'll look at past research on psychological safety and see how it relates to my findings.

P: That's an excellent idea. (トピックの変わり目) One last thing: you may
105 also want to discuss any of (前触れ) Fiona Hodgins' mistakes or failures, as in (ワナ) when she didn't meet her targets.

S: Her mistakes and failures?

Unit 1 ● Listening Test 攻略

P: No manager achieves 100 per cent of what he or she wants. There must have been things that Fiona Hodgins tried to achieve with the Quartet, but didn't. (ワナ) A true leader has to realise when he or she simply can't get something done, and move on.
S: A few things come to mind with regards to that. One big one: (Q29) **she couldn't persuade the Quartet to broaden the type of music it played**. She wanted them to experiment, create one or two pop-classical songs but the Quartet refused. I suppose that was her biggest failure.
P: Again, that needs to be reflected in your paper.
S: Thanks so much for all of your feedback. I'll go back and do a rewrite.
P: (ワナ) Don't change everything. (Q30) Just **add some of the things that we've talked about**, and then (ワナ) see me again.
S: I will. Thanks again.

※日本語訳は本冊 p.209〜214 に掲載されています。

Lesson 5　Section 4 スクリプト

🔊 07

Narrator: *Section 4. You will hear a university lecture about making decisions. First, you have some time to look at Questions 31 to 40.*
[Pause: 30 seconds]
Narrator: *Now listen carefully and answer Questions 31 to 40.*
Professor:
In the social sciences, humans are assumed to be rational. In particular, fields such as sociology and economics assume a basic rationality in human activities and decision-making. (Q31) However, researchers show that in practice human beings often make highly **irrational decisions**. To be more specific, people are highly likely to make decisions that are suboptimal — decisions that are not as good as they could be.

This is because humans have evolved to (前触れ) make decisions quickly, based on a very limited set of information. (Q32) One reason that this is so, is that for thousands of years human **survival** depended on quick decisions. The ability to decide quickly whether a plant, animal or other human was dangerous could mean the difference between life and death.

The problem today is that humans face large, complex amounts of information, and it requires much more time to make decisions. (Q33) This (前触れ) complexity has led to a situation of people often being **paralysed** by the decision-making process. This problem has been growing since at least the early days of the Industrial Revolution, but has now become enormous in the 21st century digital age. (Q34) Studies show that (前触れ) excess information is actually making people much more **dissatisfied** with the decisions that they are making.

This is partly because the additional time and resources that people have tends to make them what researcher Barry Schwartz calls (前触れ) 'maximisers'. They look for the best possible option — an option which may not be realistically attainable or which may not even exist. (Q35) Maximisers think that if one **option** is good, there must be others that are even better. Even if a second option is discovered that is better than the first, a maximiser continues to look for a third or fourth option that is better than the second. (Q36)(前触れ) The end result sometimes is that a maximiser becomes lost in an endless search for the 'best' option, settles for an option that he or she is actually dissatisfied with, or simply ends the search in **frustration**.

Even a simple shopping trip has become frustrating for some people. With so many items in the store, it is difficult to know what to choose. (Q37) Many stores automatically believe that the wider the **range** of items they can offer, the better. They assume that shoppers entering will choose the items that meet their preferences with regard to best quality and price. (Q38) Research is showing, however, that (前触れ) shoppers are sometimes **overwhelmed** by choice and buy far less than they would if their options were fewer. So, although it is counterintuitive, by limiting the range of options to choose from, businesses can actually earn more.

(Q39) Research has also revealed that consumers can help themselves <u>by</u> deliberately **narrowing** <u>their options</u>. They can choose a shop, or space in a shop, with a limited amount of items. For example, choosing from only one section of a shelf in a shop aisle, or small section of a webpage, helps the consumer choose from only a small number of items instead of an overwhelming number.

Another way that humans can improve their choices is by accepting a certain amount of randomness. Researchers such as Nassim Taleb have demonstrated that (前触れ) <u>randomness</u> plays a tremendous and efficient role in human lives. (Q40) Often making a quick, **random decision** can actually <u>bring more satisfaction</u> than investing a large amount of time in deciding. Using this method of randomness acceptance, simply grabbing the first brand off of a shop shelf can be better than spending a large amount of time thinking about which brand is best.

※日本語訳は本冊 p.215 〜 217 に掲載されています。

Unit 2 Reading Test 攻略

Lesson 2　Passage 1

Answer Questions 1–13, which are based on Reading Passage 1 below.

Rivalry: Lions and Hyenas

A

An apex predator is an animal that not only consumes prey but also deters rival predators. In rivers, for instance, an adult caiman — a creature similar in appearance to an alligator — cannot be successfully, singly challenged by a different type of creature in its environment.
5　This does not mean that an apex predator does not face risks from other animals. This dynamic is readily seen in the competition between lions and hyenas on the grasslands of Africa.

B

Each of the two predators has its own competitive advantages. A lion is much larger than a hyena, with powerful claws to slow and tear
10　prey, and a mouth large and strong enough to crush necks and kill. In this way, lions are able to take down relatively large prey unaided. In groups, lions are even more fearsome: a large 'pride', or group, of 30 lions has even been observed killing an adult elephant. Hyenas, likewise, have their advantages. They are fierce hunters, with high
15　intelligence and powerful jaws. It is the social structure of the hyenas, though, which allows them to draw even with lions. Lion prides commonly range in size from 4 to 21. Hyenas, on the other hand, live in female-headed groups known as 'clans', which can easily number as many as 80 members. Hyenas can use their much larger numbers to
20　overwhelm lions.

C

Contrasting hunting techniques also bring the two animal types into confrontation. Lions are ambush hunters, using their brown colouration as camouflage and stealthily approaching their prey on padded feet. If successful, lions of the pride will consume the prey relatively quietly, with only low growls. Hyenas, by comparison, will try to startle a group of prey — such as antelopes. Using loud, distinctive yelps, they will attempt to separate one of the antelopes from the herd. The hyenas will then use their superior numbers to wear their prey down. The technique is noisy, and the hyena yelps — which some say sound eerily similar to human laughs — can attract nearby lions.

D

In any confrontation, hyenas and lions will use different strategies to gain control of a kill. The hyenas will usually attempt to encircle both the lion and the kill. Individual hyenas will then dash in to nip at the exposed rear of the lion before darting away. The lion will usually turn to try to retaliate or pursue, only to be nipped at by other hyenas from other directions. Meanwhile, with the lion temporarily distracted this way, other hyenas will dart in to tear hunks of meat away from the kill. Tormented, a single lion will often give up and abandon the kill.

E

The sight of small hyenas running lions off their kills can look dramatic, and has given rise to the reputation of hyenas as 'thieves'. However, hyenas actually kill 50 per cent of the animals they eat. Although considered 'courageous', lions actually run hyenas off kills far more often than the reverse — it usually occurs when only one or a small number of hyenas is faced with an adult male lion or small group of female lions. Neither lions nor hyenas, then, may have fundamentally earned their reputations.

F

Confrontation does not always end in a battle, or in one or other of the animals being forced away. If the number of hyenas over a kill are significant but not overwhelming — perhaps 4 to 7 — an intruding lion and the hyenas may grudgingly 'share', with the hyenas on one end of the kill, and the lion on the other. In such a situation, the lion is not strong enough to scare away all of the hyenas, but the hyenas likewise number too few to force the lion away.

G

Beyond sharing, hyenas will also scavenge lion kills, eating whatever remains after the lion has eaten. This is especially true in environments where lion prides are particularly big and hyena clans somewhat small. Both lions and hyenas will scavenge — and in fact lions scavenge more than hyenas do — but the hyena is better equipped for it. Hyenas have an exceptionally strong bite, able to crack open even the toughest bones to get at the nutritious marrow inside. This aids the hyenas when they scavenge a lion kill that has been 'picked clean'. Indeed, scientists have observed that when hyena clans are too small to challenge lion prides, the smaller animals will track lion groups, eating the remains of their kills and coming to rely much more on scavenging itself as a means to live.

H

This complex competition between the two animals is not new. Fossil records indicate that the hyena-lion rivalry goes back at least 12,000 years to the Late Pleistocene age, a time when both species occupied parts of Europe. Researchers have found fossilised lion bones of that age that have evidence of damage from hyena bites, and hyena bones that likewise were damaged from lion attacks. Both of the animals eventually disappeared from Europe, but they continued their fierce competition on the African continent.

Glossary
nip: To take small bites, usually without causing serious harm
camouflage: Colouration that provides an ability to hide
yelp: A short cry

※日本語訳は本冊 p.218 〜 222 に掲載されています。

Lesson 3   Passage 2

Answer Questions 14–27, which are based on Reading Passage 2 below.

The Rising Impact of Computer Systems

A

Up until perhaps the first decade of the 21st century, most people thought that computers would be limited to calculation or the operation of machines. Computer systems which did things such as running industrial tools fit within this view. The same held for computer systems which could outperform even the best chess grandmasters, or make extremely precise predictions and measurements in scientific experiments — such as those which guided particle colliders. These earlier systems had extremely powerful computational features, but were not autonomous. Moreover, they acted within the very constrained 'machine world' of maths. It was thought that computers would always be limited by their inability to understand human emotions or sensitivities; they would forever be unable to do things that required the 'human touch'. Systems which were intelligent, or able to autonomously interact with human beings, were thought by experts to be decades away. Some scientists doubted whether intelligent systems would ever become a reality.

B

Now, the contrary is proving the case. Computers are moving ahead much faster than previously imagined — proving themselves able to be not only mathematically precise, but creative. Computer composers have made great improvements. One of the best-known instances is Emily Howell. Emily is not a human but a software package — and she is not the only such package emerging into the music industry. Designed and created by David Cope, Emily is able to create 'interesting musical discoveries', Cope writes, that are essentially creative pieces thought up by a machine. Computer-generated holographic 'performers' are also gaining some popularity, drawing large crowds to their shows. Extrapolating on this trend, it may be only a matter of time before such software systems begin to challenge musicians not only in studios but in concerts.

C

Artists are not the only ones that could face displacement. Computers are making some of their fastest advancements into the human resources departments of corporations. In recent years, companies have integrated computers deeply into the hiring process — computers are making hiring recommendations — stopping just short, at least for now, of making the actual hiring decision itself. Studies have shown that the computer systems actually make better hiring choices than human managers, and computer-recommended job candidates are more likely to be successful and productive at their jobs than those chosen solely by humans. Some managers are indicating that they would be comfortable letting the systems make the hiring decisions entirely. This is because computer systems can avoid typical human biases concerning appearance, ethnicity or gender. Instead, they make hiring recommendations based on how well candidates perform on a series of intelligence and character tests. These systems avoid typical human emotional preferences or irrationality. As a case in point, studies have shown that, traditionally, tall men and attractive women are hired more readily, paid more and promoted more quickly — even though superficial features such as height and attractiveness have no relationship to actual worker productivity.

D

Computers have also penetrated the field of writing. These systems can quickly master the vocabulary, grammar and other core features of languages. Using these, and benchmarking current and historical literature, computers can create original stories. Many readers cannot distinguish computer-written and human-written poetry or very short stories. They are also generating more informative and better quality original articles and news reports — and are particularly good at infusing a high level of objectivity into such reports. This is substantiated by research by Christer Clerwall, who found in his research that computer-generated articles were 'more accurate, informative and trustworthy' than human-generated ones.

E

However, the rapid expansion of computer systems into these new fields has not gone uncriticised. It has in fact alarmed some experts, who fear that by the middle of the current century most humans will be unemployed because of computers and robots — apart from a tiny elite who own or design these devices. Some estimates say that human unemployment could reach up to 50 per cent in the next decades, as computers advance into field after field. Essentially, these systems could create an enormous economic gulf between humans with either capital or technical expertise and those humans without. As the title of George Mason University professor Tyler Cowen's book claims, 'Average is Over', because of the economic impact of these systems: the economist sees a world of sprawling inequality just a few decades away. When questioned about this scenario in an interview, Cowen himself simply stated that we would have to 'get used to it'. Other experts worry that computer systems could become so sophisticated and intelligent — evolving into Artificial Intelligence — that they could become uncontrollable. Famed physicist Stephen Hawking has warned that AI could eradicate human beings.

F

Others, however, are more optimistic at the continuing advance of computer systems into new areas. They note that past fears over technological advances — from the steam engine, to the telephone, to the Internet — were unjustified. Current advances have made human lives substantially more comfortable and convenient — items ranging from voice-controlled smartphones, to online stock trading, are the result of advancements in computer systems. It is no accident that the most technologically advanced societies are also the wealthiest. And if indeed computers do cause massive job displacement but also material abundance, it could be possible for governments to simply distribute large payments to everyone regardless of their work status: a so-called Universal Basic Income (UBI). Unlike current welfare payments, UBI would be high enough for all citizens to enjoy true lives of leisure. For the first time in history, the bulk of humanity could be freed from the need to work. Regarding AI, physicist Michio Kaku has asserted that — assuming such systems ever truly emerged — they would likely do so in stages, not all at once. This would give humans ample time to build safeguards into the systems to ensure permanent human control.

G

It is probably impossible to forecast the long-term impact of advanced computer systems, or whether the optimists or pessimists will ultimately be proven right. Adding to the uncertainty, is the fact that progress in the field is entirely unregulated and quite possibly beyond the scope of any effective regulation. In some sense, humans will simply have to see what develops from these computer advances, and deal with both the benefits and the risks that they confer.

※日本語訳は本冊 p.223 〜 227 に掲載されています。

Lesson 4　Passage 3

Answer Questions 28–40, which are based on Reading Passage 3 below.

Growing Organs and Improving Lives

A

As with humans themselves, biological cells have a lifespan: they emerge, mature and die. Cells in the same region of the body are continuously being regenerated, and take the place of these dead cells, whether it is in the blood, an organ or bone. This constant repair and replacement of cells is what keeps an organism alive.

B

In some cases, however, a part of the body may become damaged — by illness or injury — beyond the ability of local cells to repair. Without medical intervention, this in turn can lead to permanent injury or death. Until the last quarter of the 20th century, a common treatment for patients with failing or damaged organs was — when medically feasible — a partial or full removal or transplant, or the use of a mechanical device to supplement or replace the damaged organ. These entailed all sorts of risks and problems: for instance, removal of a kidney significantly reduces a patient's quality of life, while a transplant always runs a high risk of cellular rejection. Devices such as (mechanical) artificial hearts have improved remarkably in performance, but still do not do as well as organic ones — and in many cases patients cannot live out full, natural lives with these devices.

C

Researchers have more recently been looking for a way to solve the problem of damaged organs by turning to nature. This means using organs that have been grown in some way, eliminating the need to find an organ donor. In addition, an organ that has been grown from a patient's own cells would reduce the possibility of his or her body rejecting the new organ. They have noted how some creatures, such as some species of lizard, can regrow entire limbs. This allows the lizard to sacrifice a tail or other limb to an attacking predator — with the lizard re-growing it later on. In the same way, scientists would like to do this for humans: develop cells, for example, that could grow into a heart or lung to replace a damaged one in a patient.

D

Embryonic stem cells are ideal for re-growing organs. As their name implies, they originate from human embryos, and have the capacity to grow into any part of the body. Yet, embryonic stem cells have been ethically problematic. As a result, researchers have focused on making adult stem cells revert to an embryonic stem cell state, by 'reprogramming' them. These 'artificially created stem cells' have then been used to grow body parts.

E

The deployment of stem cells to create body parts can be done on a broader scale through bioprinting, or using 3D printers — the same devices that are used to produce uniquely shaped industrial components. Scientists at University College London have bioprinted human ears and noses on top of an artificial framework — or 'scaffold' — with the final products functioning as well as 'natural' ones. Other scientists are using similar techniques. To start, scientists use a substance called bioink — which can theoretically be used universally on patients. This bioink is inserted into a bioprinter, which is able to produce a single layer of cells. This layer is inserted into a sheet of biopaper. More cells are printed out, inserted into the biopaper and likewise layered on top, creating the scaffold. An entire organ does not have to be printed out. After a few layers have been laid on top of one another, cellular fusion naturally takes place and the cells begin to grow on their own as the biopaper dissolves. A complete organ is the end result.

F

At the same time, there are still multiple technical obstacles to be overcome. Insertion of stem cells deep into the body — an obvious necessity to reach internal organs such as the stomach or kidneys —

remains exceptionally difficult. Even maintaining blood flow to these body parts during a cellular injection is a great challenge. Solid organs, such as the liver, are hardest of all to reach and maintain adequate blood flow to during stem cell injection. Bioprinting of organs is also limited. The current state of technology is advanced enough to bioprint the aforementioned 'simple' body parts such as noses or ears, but is a long way from being able to produce highly complex organs such as eyes or spinal cords. Beyond that is the continuing risk of a body's rejection of stem cells. And even if not rejected, stem cells do not always function as hoped, coordinating with the organ they are injected into and carrying out the repair or replacement work they are designed to do. In a worst case scenario, stem cells form tumours — in fact increasing the health risk to the patient.

G

Nevertheless, researchers continue to make progress, even in highly complex areas. Scientists at the MRC Centre for Regenerative Medicine have grown tiny but fully-functioning livers, intestines and kidneys for mice. Success at this micro-level may suggest that, over time, these researchers may well be able to do the same with the much larger organs of humans. Wake Forest Institute for Regenerative Medicine director Anthony Atala has explained that current levels of technology-aided regenerative cells can usually work over a distance of about one centimetre. He and his colleagues prefer to work with 'smart biomaterials', tissues that are developed in a lab and do not have to come from a specific person. Smart biomaterials can be used over these short distances, but so far cannot be used for much larger ones. Doctor Atala's teams have also 'trained' cells through stretching and exercising them prior to insertion; this lessens the chance of cellular rejection.

※日本語訳は本冊 p.228 〜 231 に掲載されています。

Unit 3　Writing Test 攻略

Task 1　モデルアンサーの日本語訳＋語注

　円グラフは1990年と2010年の2つの年に、ドイツにおいて、さまざまなエネルギー源からどのように電力が発電されたかを示している。全体的に見て、従来型の方法は2010年のドイツにおける発電の大部分をまだ占めていたが、新しい方法が現れて、ある程度の割合を占めていた。

　無煙炭からの発電は、1990年の30％から2010年の25％に下降した。褐炭から発電される電力もまた、その20年間で、25％から20％への下降を見た。同様に、電力供給源としてのガスの使用は、1990年には総発電量の約4分の1を占めていたものの、2010年までに大幅に下降して17％になった。

　原子力発電される電力の割合は、同じ期間に10％から20％へと倍増した。一方、水を利用して作られる電力は同じ割合にとどまった（3％）。別の注目すべき変化は、ひとつひとつは2010年にはごく一部の割合しか占めていなかったものの（2％から5％の間）、1990年には見られなかった資源が電力供給源として現れたことである。両方の年において、ほかの資源によってもわずかな割合の電力が発電されている。

---

demonstrate: ～を（明らかに）示す　　generate: ～を生み出す　　account for ～: （割合）を占める　　represent: （割合）を占める、～に相当する　　hard coal: 無煙炭　　brown coal: 褐炭　　decade: 10年間　　likewise: 同様に　　generator: 供給源　　significantly: 著しく、大幅に　　double: 2倍になる　　proportion: 割合　　notable: 注目すべき　　resources: 資源　　emerge: 現れる

Task 2　モデルアンサーの日本語訳＋語注

　子どもの教育に資金を調達することが親にとって深刻な問題になりつつあるため、政府が子どものすべての教育費を助成すべきだという要望が高まっている。私は個人的には、教育は国家の基礎となる財産であり、そのため教育は政府によって支払われるべきだという考えに賛成する。

　教育は国家の基盤となるものだ。なぜなら今日の世界において経済を動かすのは、優れた学歴をもつ労働者だからだ。そのような労働者がたくさんいなかったら、

国家は経済の停滞を被り、人々は不満に思うだろう。さらに、あらゆる子どもには、経済的状況にかかわらず、教育を受ける権利がある。言い換えると、教育はすべての子どもの生得の権利であり、子どもは教育を受けなければ、克服しがたい大変な困難に直面することが明らかなのだ。これらの理由から、教育を無料もしくは極力少ない費用で提供することは政府の義務なのである。

　教育にはたくさんお金がかかり、十分な資金がある政府はほとんど存在しないということは本当かもしれない。しかし、前述のように、教育は国家の基盤であり、高い教育を受けた労働者の数は国家の経済的な成功と密接に関係している。どのような国においても政府の無駄はたくさんあるはずだ。そのような無駄は削減され、節約した分は教育に費やされるべきである。なぜなら長い目で見れば、教育に費やされたお金は税収の増加として戻ってくるからだ。

　全体的に見て、教育は国家への最もよい投資であり、すべての子どもは経済的な心配をすることなく、大学が無理なら、少なくとも高校は卒業すべきである。世界の多くの国がこの投資をすることができるだろうし、それができる国はどこであろうと、できるだけすぐにそうするべきだと私は思う。

---

finance: 〜の資金を調達する　　call: 要望　　subsidize: 〜を助成する
fundamental: 基礎となる　　asset: 貴重なもの、財産　　academic background: 学歴　　drive: 〜を動かす　　stagnation: 停滞、不況　　be entitled to 〜: 〜の権利がある　　regardless of 〜: 〜にかかわらず　　financial: 財政的な、金銭的な　　status: 状況　　birthright: 生得権　　tremendous: ものすごい　　hardship: 困難　　duty: 義務　　expense: 費用　　funding: 資金　　saving: 節約　　tax revenue: 税収入　　all in all: 全体的に見て　　concern: 心配事

Unit 4　Speaking Test 攻略

Part 1　モデルアンサーの日本語訳＋語注

Q：では、この最初のパートでは、あなた自身のことについていくつか質問したいと思います。**あなたは学生ですか、それとも働いていますか。**
A：学生です。東京のK大学に通っています。1年生です。
Q：わかりました。何を専攻されていますか。
A：経済学を専攻しています。世の中の実際の仕組みを学ぶことができるだろうと考え、また将来は自分の会社を経営したいこともあり、この学科を選びました。そうしたら、経済学の知識が役立つでしょうから。
Q：わかりました。では、**運動についてお話ししましょう。あなたはよく運動をしますか。**
A：ええ、します。定期的にジョギングをしていますし、家ではウエートリフティングをしています。また、私は大学のサッカーチームのメンバーですから、よくサッカーをします。
Q：運動はあなたにとって重要ですか。
A：はい。もし1日中座ったままであまり動かなかったら、健康に悪いでしょうから。しかも、体を動かすことは、単に気持ちがいいことでもあります。リラックスできますし、脳をよく機能させることもできます。
Q：次に、**食べ物のことを話しましょう。あなたはどんな食べ物が好きですか。**
A：あらゆる種類の食べ物が好きです。そうですねえ、中国料理、イタリア料理、日本料理といった……。しかし私は日本食が一番好きですね。自分が日本で生まれ育ったからでしょうね。
Q：そうしたら、**外国に行ったら、日本食が恋しくなりますか。**
A：はい、とても恋しくなります。もちろん、地元の食べ物を食べてみることは楽しいのですが。例えば、イタリアに行ったときは、本当にイタリアのパスタを満喫しました。とても気に入ったのです。しかし1週間ぐらいしたら、日本食がとても欲しくなりました。事実、ローマでは日本料理店に入りました。

---

major in ～：～を専攻する　　business: 会社　　come in handy: 役立つ
lift some weights: ウエートを持ち上げる　　allow A to *do*: Aが～できるようにする
try out: ～を食べてみる　　ache for: ～をとても欲しがる

Part 2　モデルアンサーの日本語訳＋語注

　さて、私はヨーロッパ旅行について話すことにしました。私がその旅行に行ったのは昨年……昨年の夏の、夏休みの間です。私は長期休暇のたびにどこかに行くのです。私は友人といっしょにヨーロッパに行って、イタリア、ギリシャ、ドイツを訪れました。私たちは飛行機でアテネに到着し、フランクフルトから去りました。私たちはギリシャからイタリアまでフェリーに乗り、それからイタリアからドイツまで列車に乗りました。私たちは途中でとにかくたくさんの場所を訪れました。私たちがヨーロッパに行った理由ですが、ええと、私はヨーロッパの国々を訪れて絵をたくさん描いた、ある日本人の画家の本を読んで以来、ずっとヨーロッパを旅行したかったのです。私の友人は旅行が大好きですが、彼はヨーロッパでは英国とフランスにしか行ったことがなかったので、彼がほかのヨーロッパの国々に行ってみたかったのも理由です。私たちにとってこの旅行を記憶に残るものにしたのは、まず第一に、感動的な史跡でした。私たちは両方とも歴史に興味があったので、アクロポリスやコロッセウムのような歴史的な遺跡を見て、まさに夢がかないました。また、私たちはできるだけ多くの地元の人たちと話すようにしたのですが、それもとても楽しかったです。

---

freak: 熱愛者　　memorable: 記憶に残る　　impressive: 感動的な、印象的な
historic: 歴史上重要な　　site: 場所　　remains: 遺跡

Part 3　モデルアンサーの日本語訳＋語注

Q：さて、私たちはあなたが行った印象的な旅行について話してきましたね。では、旅行についてのより一般的な質問について話しましょう。どのような要素が旅行を楽しく充実したものにしますか。

A：ええと、心に浮かぶ最初のことは、それまで見たことがないものや、写真でしか見たことがないものを見ることです。例えば、私たちのヨーロッパ旅行では、友人と私はアテネのアクロポリスを訪れました。写真では何度も見たことがありましたが、それらの写真にないものは、アテネの市街地から古代の建物へと歩くこと、建物の高さや深さ……、建物の実際の雰囲気、丘の上から見た眺めのような……そこにいることの経験全体です。実際にそこに行くまでは雰囲気がわからないものは、世界にはたくさんあります。

Q：わかりました。旅行を楽しくする要素は他に何かありますか。

A：はい。地元の人たちと話すことはとても楽しいですね。それが、写真を見たりビデオを見たりするだけでは経験できない、別の側面です。アテネはとても観光向きの都市ですが、もちろん、実際そこに住んでいる人たちがいます。そういう人たちと話していたら、いろいろなことを考えますよね。そのような歴史的な都市に住むのはどんな感じだろうとか、その都市は今と2,500年前ではどのように違うのだろうといった……。地元の人たちと話すことで新しい観点、新しい知識、思い出など……とにかく多くのことを得ることができます。

Q：ありがとうございます。さて、別の質問をさせてください。あなたはお友だちといっしょにヨーロッパを旅行されたとおっしゃいました。あなたはだれかと旅行するほうがひとりで旅行するよりもいいと思いますか。

A：うーん……。私には難しい質問ですね。なぜなら私は両方とも好きだからです。私はよくひとりで旅行に行きますし……。でも、ええ、私といっしょに行く時間がある人がいたら、だれかといっしょに旅行するほうがいいと思います。

Q：なぜですか。

A：ええと、まず第一に、そうすれば私の経験をいっしょに行く人たちと共有できるからです。ほら、自分が見たものや、それを見たときにどのように感じたかといったことです……。それにもちろん、食べているとき、特に夕食の際は、ひとりで食べるよりも、食事しているあいだにだれかといっしょにいておしゃべりするほうが、はるかに楽しいですよね。あっ、それに公共の場所でトイレに行くときに、だれかに荷物を見ていてもらうと便利ですし。

Unit 4 ● Speaking Test 攻略

Q：（くすくす笑いながら）うーん、あなたがおっしゃっていることを聞くと、だれかと旅行するほうがひとりで旅行するよりもはるかにいいようですね。しかし、あなたはひとりで旅行に行くことも好きだとおっしゃいましたね。ひとりで旅行することの利点は何ですか。

A：ひとりで旅行することにはいくつかの利点があります。まず、自分が行きたいところはどこでも行くことができます。友人と旅行していると、どこに行くかについて彼と相談しなければいけませんし、時には彼と意見が合わなかったり、彼とけんかまでしたりすることがあります。もしひとりなら、自分以外に目的地を決める人はいません。次に、ひとりで旅行しているときは、考えるための時間がたくさんあります。ほら、将来のこと、将来やりたいことを考えたり、過去を振り返ったりできます――じゃまされることなく、いろいろなことを考えることができます。実際、私は時々、ストレスがたまっていて自分の考えをまとめたいときに旅行に行きます。

Q：ありがとうございます。今、インターネットの時代に生きていて、私たちはコンピューターの前に座っているときに、さらにはスマートフォンを使いながらベッドに寝転がっているときでさえ、非常にたくさんの情報にアクセスできます。自宅を出ることなく地球上のどんな場所についても知ることができるにもかかわらず旅行することには、どんな意味がありますか。

A：うーん……。それについては今まで考えたことがありません。しかし前に言いましたように、ある場所にいることは、単にそれを写真で見ることとはまったく異なります。私は……私はインターネットのおかげで、旅行はいっそう人気が出てきていると思います。つまり、人々が世界中の場所についてより多くの情報にアクセスできればできるほど、人々は自らその場所に行って、実際にそこを体験したいと思うのです。もし情報がまったくないとしたら、ある場所について何も知らないとしたら、そこに行きたいとは思わないでしょう。

Q：ありがとうございます。これでスピーキング・テストを終わります。

factor: 要素　　　fulfilling: 充実した　　come to mind: 心に浮かぶ　　　height: 高さ
depth: 深さ　　　aspect: 側面　　　touristic: 観光向きの　　　stuff: もの、こと
perspective: 観点、考え方　　　understanding:（経験などによる）知識、理解
memories: 思い出　　　available: 暇な　　　that way: そうすれば　　　have A do: A に
〜してもらう　　　luggage:（手）荷物　　　chuckle: くすくす笑う　　　advantage: 利点
consult: 相談する　　　no one but you: 自分以外にだれも（いない）　　　destination:
目的地　　　look back on 〜:〜を振り返る　　　disturb:〜をじゃまする　　　stressed
out: ストレスのたまった　　　put one's thoughts together:〜の考えをまとめる
when 〜 :〜にもかかわらず　　　in person:（直接）自分で、自ら
Suppose 〜 : もし〜としたら　　　be inclined to *do*:〜したいと思う

… Unit 5 ● IELTS 模試

Unit 5　IELTS 模試

Listening Test　Section 1 スクリプト

🔊 **12**

(**N:** Narrator　**W:** Woman　**M:** Man)

N: *Section 1. In this section, you will hear a telephone conversation between two students about a university computer club. First, you have some time to look at Questions 1 to 5.*
[Pause: 30 seconds]
N: *You will see that there is an example that has been done for you. On this occasion only, the conversation relating to this will be played first.*
W: Hello, Melissa Andrews speaking.
M: Hi Melissa, er, my name is Sunil Nayar and I'm calling about your club. I checked it out on the university website and, well, I'd like to join.
N: *The male student knew about the club through the university website. So 'website' has been written in the space. Now we shall begin. You should answer the questions as you listen because you will not hear the recording a second time. Listen carefully, and answer Questions 1 to 5.*
W: Hello, Melissa Andrews speaking.
M: Hi Melissa, er, my name is Sunil Nayar and I'm calling about your club. I checked it out on the university website and, well, I'd like to join.
W: Oh, that's great. Thank you for calling. Wait, I'll get my pen …
(前触れ) <u>OK, can I have your name again?</u>
M: (Q1) Sunil **Nayar**. S-u-n-i-l **N-a-y-a-r**.
W: Just a second … got it. (前触れ) <u>And what do you study?</u>
M: I'm a … er, I was a bit worried about that. (Q2) <u>I'm a first-year in the **statistics** department</u>, and my computer skills are only moderate. Do you need to be a computer science student to join?
W: No, no, anyone can sign up, although I must say that most of our members are computer science, maths, physics or other natural science students. But we do have a few economics and statistics students …

even a couple of English majors who are just as enthusiastic about programming.
M: Oh, that's great to know. Er, can I ask you a few more questions?
W: Of course!
M: (前触れ) <u>Does it cost anything to join?</u>
W: (ワナ) <u>There's a yearly fee of £3.</u> (Q3) Oh, and we ask every new member to pay <u>**£2** as a one-time joining fee</u>.
M: OK, that's not too bad.
W: (前触れ) <u>Can I have your email address, Sunil?</u> We'll be contacting you mostly by email.
M: Yes. (Q4) It's <u>sunstats@**greenmail**.com</u>.
W: Great. Are you calling from your home phone?
M: Yes.
W: (前触れ) <u>Can I have your mobile, too?</u>
M: Yes. (Q5) <u>It's 077-**30470089**</u>.
W: All right, thank you.

N: *Before you hear the rest of the conversation, you have some time to look at Questions 6 to 10.*
[Pause: 30 seconds]
N: *Now listen and answer Questions 6 to 10.*
W: OK, Sunil, you said you have some other questions.
M: Oh, yes. I almost forgot about that ... er, (前触れ) <u>how often do you meet? Is it once a week?</u>
W: (Q6) We have club meetings <u>once a week on **Monday**</u> afternoons, <u>at 4 p.m.</u>
M: (前触れ) And <u>where would they be?</u> In the school cafeteria?
W: (Q7) We have <u>a small club room in the **student centre**</u>. It's a bit cramped but pleasant enough; we've always got coffee and a tin of biscuits about.
M: And are the Monday meetings mandatory?
W: No, but we do strongly encourage attendance. It's a way for members to keep up with what's happening at the club, and participate in its direction.
M: I see.
W: (次の情報を予想) <u>And, if members can't come for one reason or</u>

31

another, we ask that they at least follow the summaries on our club blog, (Q8) along with the all-member emails. That way, they keep up with what we're doing.

M: (Q8) All-member emails?（上で聞き逃してもここで答えられる）

W: That's right. We send those out ... I'd say 2 to 3 times a week. They contain a lot of information on what's new, upcoming events, opportunities ... things like that.

M: Are Mondays the only weekly meeting?

W: Our Monday meetings are when we take care of club business like planning and finances. But we also have something that we call（前触れ）Innovation Wednesday. That's once a month.

M: Innovation Wednesday?

W: (Q9) Yes, we meet on the last Wednesday of every month, around **7 p.m**.

M: So, it's a social gathering?

W: I'd say it's partly that, but it's mostly a chance to share ideas.

M: What kind of ideas? Class work?

W: Sometimes, but it's usually much more. We talk about computer programs, technical trends, or the latest science fiction film. It's actually always one of the most well-attended events we have.

M: I can see why. （前触れ）Is that at the student centre as well?

W: (Q10) Er, it's sometimes held in our club room, but more often at a **café** or **pub** near the uni.

M: Oh, that sounds cool. Thanks so much for telling me all this. What's the next step? Can I just come along to one of the Monday meetings?

＊日本語訳は本冊 p. 232 〜 234 に掲載されています。

Listening Test　Section 2 スクリプト

🔊 **13**

Narrator: *Section 2. You will hear a hotel manager talking to his employees about preparing for a conference. First, you have some time to look at Questions 11 to 15.*
[Pause: 30 seconds]
Narrator: *Now listen carefully and answer Questions 11 to 15.*
Manager:

OK, it's great to see that you're all here. We're fortunate to have been chosen to set up this event tomorrow. It's a major event for us: the annual meeting of the Animal Protection Organisation. It's going to include speeches by its chief executive and other officers. It's a big task, but we can handle it.

Before I go into the details of who is going to do what tomorrow, let me go over the overall event. First of all, this conference consists of two parts. The first part is speeches and presentations, which will start at 10 a.m. and end at noon, and the second part is a luncheon. The speeches and presentations are going to take place in Convention Room A. (○ B) We have to set up everything in that room for them, including, of course, **audio visual equipment**. After the speeches end, (× C) the guests are going to move into the dining room.

Remember that we're expecting around 400 guests. I was told by the organisers that they now think that (ワナ) closer to 350 or 375 will actually show up. (× E) Regardless, I want us to be ready for 400, because you just never know what might happen.

(× A) The organisation is going to welcome the guests, so we won't have to do that. However, because other conferences will be held in Convention Rooms B and C, be prepared to escort guests who appear to be lost to the right reception booth.

As for the luncheon, the guests will have their choice of seafood, steak or vegetarian dishes. (○ D) We expect a heavy representation of

33

vegetarians in this group — around 60 percent — so we need to **make sure we have enough meals for them**, OK?

30　All right, now, during the luncheon, (○ F) we'll go through the rows of tables and **take guest food selections**. Our goal is to get these selections to them within 15 to 20 minutes. We also want to make sure that guest glasses are kept full of (ワナ) soft drinks or other beverages. (Q14) Some may ask for **bottled water, but that's not included in**
35　**the package** that this organisation has ordered. So, if they ask, just apologise and say it's not available.

There will be a live performance of a jazz band in the dining room during the luncheon. The stage and audio equipment are there, and (ワナ) the band members will attend to the set-up of the instruments.
40　Keith and Sam, as always, (Q15) I want you two to coordinate with them on **making sure that the cables are connected. Microphone, lights ... everything has to be functioning properly**.

Narrator: *Before you hear the rest of the talk, you have some time to look at Questions 16 to 20.*
[Pause: 30 seconds]
45　**Narrator:** *Now listen and answer Questions 16 to 20.*
Manager:
Now let's address specific assignments. I want everyone to arrive by 7:30 a.m. to begin (前触れ) preparing the convention room. Kevin, I want you to take your group and make sure that (Q16) all the chairs are arranged in **a semicircle** around the main stage, with enough spacing between
50　the chairs for guests to arrive or depart the area without too much trouble; that is, they shouldn't be bumping into other guests when they get into, or out of, their chairs. I want this part of the work done by ... let's say 8:45.

Meanwhile, Keith and Sam, (前触れ) you're in charge of setting up the
55　stage for the presentations. Your team will be in the same space as Kevin's, but please try to keep out of one another's way. (Q17) You two should have everything set up by **9 a.m.**, because the event organisers

want to start checking presentation slides **at that time**. Once you're done with the convention room, go to the dining room and check the audio equipment there for the band.

From 9 a.m. to the start of the speeches at 10, I want everybody to go around the entrance and halls to make sure guests go to the right places ... basically what I mentioned earlier. (前触れ) The other two events are a conference of a teachers' association (Q18) and **a farewell party** for an IT company. Check out the details on the back page of your sheet and lead our guests to the right place.

Once the speeches have started, I want Meghan's team to go about setting up the tables and chairs in the dining area. Others will stay in and around Convention Room A to help with late arrivals. The fact that the dining and convention areas are separate is actually a big benefit to us: (前触れ) You may remember last year, in a similar event, speeches and dining activities were in the same room, (Q19) so there was a bit of chaos and a lengthy delay in bringing out the food because we had to do **a room changeover** at the same time.

Everything should be winding down at around 3 p.m., but there may be a few guests who want to linger a little longer and discuss things. We'll begin breaking everything down at around 3:30, and be done by around 5 at the latest. (前触れ) The last crew to leave will be Kevin's. (Q20) And so Kevin, you need to talk with **security** at that time to let them know when we leave the premises.

＊日本語訳は本冊 p. 234 〜 238 に掲載されています。

Unit 5 ● IELTS 模試

Listening Test   Section 3 スクリプト

🔊 **14**

(**N:** Narrator　**T:** Tom　**L:** Lisa)

N: *Section 3. You will hear university students, Tom and Lisa, talking about their upcoming presentation on climate change. First, you have some time to look at Questions 21 to 25.*
[Pause: 30 seconds]
N: *Now listen carefully and answer Questions 21 to 25.*

T: Hi, Lisa.

L: Hi, Tom. I'm glad we could meet to talk more about our presentation on climate change.

T: I am too. I think there's more than enough information for us to do a really good job on this.

L: Yes, but I was hoping that we'd actually do things a little bit differently.

T: What do you mean by that?

L: (Q21) Conventional papers focus on **typical descriptions** of the problem, along with one or two of **the usual solutions**. And those solutions usually focus on more regulations, or (× C) encouragement to recycle, things like that. (Q21) **It's all very predictable.**

T: Yeah, but there's also a lot of information about how governments are trying to reduce the impact of, or reverse, climate change. I thought that most of our paper would be devoted to that.

L: How about a more（前触れ）technical approach?

T: Technical solutions to global warming? That's the engineering major in you, maybe. Hmm ... we'd have to provide some background, (Q22) which would **require more time to research** ... But ... yeah, I think it could be one way to (× A) make our presentation more interesting and informative. Writing about technologies — instead of laws and regulations — could be a bold approach. What technologies, specifically, did you have in mind?

L: Well, one thing would be to discuss the emergence of cleaner vehicles: electric or fuel cell cars, for instance.

T: I see where you're going: ultimately replacing cars that rely on petrol with 'greener' models.

L: Exactly. We could also discuss the use of alternative energy not only in industrialised nations but in emerging markets as well.

T: Ah … now that would be something, since a lot of alternative energy is too expensive in these areas. It's why they depend so much on cheap, but dirty, fossil fuels like coal.

L: That's right. (前触れ) And China is a good example of that. It's one of the largest consumers of coal, (Q23) but it's also moving ahead aggressively in **clean energy technologies** such as those used in **batteries. China is rich in rare earth materials** — the exact resource necessary for batteries. So it can use local resources for clean energy development.

T: We could also cover the usage of solar energy in the Middle East. I've read a lot about that already.

L: There you go. You're already coming up with great ideas.

T: Thanks! All right, so, (Q 24) **the first part of our presentation could deal with a history of climate change**. I think this will be basically (× A ワナ) familiar, of course, to both the professor and most of the students. (Q 24) Nevertheless, we can, or rather, should, **lead off with that sort of information** ... as a backdrop.

L: (Q24: 同意) That makes sense. We could begin with a few slides and graphs showing the effects of climate change.

T: Right. And we could show the increase in pollutants during (× C ワナ) the industrial age, and how this increase in pollution has led to rising temperatures, rising sea levels, and other climate impacts.

L: Then we can continue by presenting some of the traditional alternatives to fossil fuels. I'm thinking about specific things like solar, wind, and hydroelectric. We can then move on to newer technologies, which would be the core of our presentation: stopping climate change through (× C ワナ) technological innovation.

T: So, if I've got this right, we start with some background on the topic, describe the current state of affairs, and then provide some technological approaches to a solution.

L: That's right. (Q25) And I think that we can **wrap things up** by showing how all of these **ideas could be put into practice much faster** than governments can make decisions — much less pass laws or agree treaties — on climate change.

T: (Q25: 同意) <u>Wow, we're really getting somewhere!</u>

N: *Before you hear the rest of the conversation, you have some time to look at Questions 26 to 30.*
[Pause: 30 seconds]
N: *Now listen and answer Questions 26 to 30.*
T: Now that we've decided the overall order of our presentation, let's talk about what we'll say on alternative technologies in more detail.
L: All right. We can discuss, for instance, how alternative energies are becoming more economically competitive. For example, (Q26) <u>we can show how **the current generation of solar panels** is (C) **producing much more energy than earlier models**</u>. They're not quite as competitive as fossil fuels yet, but they're getting there.
T: Sounds like you've already done a lot of preliminary research.
L: I have, but we have to do a lot more. Then there's also climate change mitigation.
T: What do you mean exactly?
L: Mitigation: reducing the impact of climate change on humans and the world. You know, engineers are developing walls to protect coastal cities from sea level rises, that sort of thing. But the solutions don't have to always be artificial. I've read that researchers have found that (前触れ) <u>there are natural solutions to these rises: mangrove trees</u>.
T: Mangrove trees?
L: Yeah. (Q27) **Planting them** <u>in coastal areas helps sort of tighten up sediment,</u> (F) **protecting the area against soil erosion**. <u>It also results in a natural, long-term</u> (F) **elevation of the ground**.
T: Hmm, using nature itself to fight global warming: you can't get any greener than that.
L: No, you can't, can you? Oh, and, you know, I was thinking maybe we could go even further and discuss things like geoengineering.
T: Geoengineering?
L: Yes. There are many types, actually. One involves (前触れ) <u>spraying sulphur</u> in the atmosphere to prevent excessive sunlight from coming in and warming the earth. Another approach is spraying seawater into the atmosphere.
T: Is any of that real?

L: (Q28) Right now, they're (D) **only at the theoretical stage**. They may never become a reality, but I think we should be discussing these kinds of radical technologies in the presentation.

T: Great. Those ideas may come as a surprise to some of the students. If we go back to our discussion earlier, though, I don't think we should leave out conventional approaches altogether — like treaties, laws, and (前触れ) **changing consumer** and corporate **behaviour** as solutions.

L: No, of course not. We could present those things as something at the other end of the perspective. (Q29) They may be (A) **the slower solutions** but could have long-term effects.

T: Yeah, and if that's the case, we could also present a table showing the various speeds and practicalities of each approach.

L: I see what you mean. For example, (Q30) **cleaner transportation modes** — such as electric or fuel cell cars as we discussed earlier — could go into the (G) **'realistic and happening-right-now'** category.

T: Yes, and we could contrast those established technologies with the more radical and theoretical ones. That will help the audience understand better.

＊日本語訳は本冊 p. 238 〜 243 に掲載されています。

Listening Test　Section 4 スクリプト

🔊 **15**

Narrator: *Section 4. You will hear a university lecture about animal intelligence. First, you have some time to look at Questions 31 to 40.* [Pause: 30 seconds]
Narrator: *Now listen carefully and answer Questions 31 to 40.*
Professor:
Along with the ability to stand upright and use opposable thumbs, intelligence is a central human advantage — this was particularly so in prehistoric times, when everything from the weather to large predators put small human clans in harm's way. Humans lack speed, strength, shells, claws or other biological advantages to deal with these environmental threats. (Q31) So, <u>intelligence</u> has long been <u>critical</u> to <u>human **survival**</u>.

Now, what about intelligence in other species? From an evolutionary standpoint, intelligence is only one survival factor for a species. (前触れ) <u>Animals only need enough intelligence to survive</u> in their environments. (Q32) <u>Large, complex **brains** may not be as useful</u> for survival as a strong tail or sharp fangs. Sharks are less intelligent than boars, but some shark species date back over 150 million years, far longer than boars; this illustrates that high intelligence is not necessarily the prime factor in species survival.

A lot of effort has gone into trying to understand, measure and compare species' intelligence. In order to do this, researchers have to first try to understand what intelligence actually is. For example, (前触れ) <u>'learning'</u> is one aspect of intelligence, and many animals can do this. (Q33) <u>Most animals usually do so through **observing** and imitating adults.</u> (前触れ) <u>For instance, juvenile foxes</u>, bears or tigers will copy their parents' behaviour as they master hunting. The tendency to hunt is genetic, but a juvenile can only master the hunting skill through learning over a long time. Juveniles that fail to learn these critical hunting skills will not survive. (Q34) <u>Juvenile animal **play** also serves this function,</u> as the offspring use it <u>to learn to attack or</u>

defend: skills necessary not only for hunting but also for fending off competitors for mates or territory.

(前触れ) Communication is another intelligence factor that scientists have intensively studied. Communication, in this instance, refers to exchanges of information that are beyond mating calls or warning signals. (Q35) Real communication would involve the generation of sounds, movements or displays that convey abstractions: **moods, thoughts or plans,** for instance. In the wild, dolphins have shown an ability to do this. They identify themselves and family or group members through a unique series of (前触れ) whistles and clicks, but clicks and whistles can also communicate dolphin intentions when approaching a new group. (Q36) Dolphins may not use what humans normally understand as a **language**, but they do appear to be able to exchange complex information through a varied series of sounds.

Intelligence can also be measured through (前触れ) tool usage. Scientists have observed animals using tools in the wild. (Q37) Adult crows, for example, will use a stick as a tool to secure food. Adults have been observed using **sticks** to extract insects from trees. They poke a stick into a tree hole in quick, jabbing motions that cause the irritated insect to latch onto the stick. The crows then withdraw the stick, with the insect still clinging to it.

(Q38) The bearded capuchin monkey uses tools in an even more **sophisticated** way. The capuchin monkey lives in forested areas of Brazil that are full of (前触れ) nuts, but the nuts are too hard-shelled for the animal to crack with its teeth. As a result, the monkey has developed a lengthy, multi-stage process to get at the nutrition inside the shell. It first lets the nuts dry in the sun, to make its job easier. When dry enough, it takes the nuts to a very large stone or flat surface. (Q39) The monkey then taps or shakes the nut, apparently to determine the shell **density**, before placing it on the flat surface. This flat surface serves the same function as a blacksmith's anvil. Interestingly enough, the monkey places the nut at an ideal angle to be cracked — an angle similar to the one humans have chosen in field research for the same task. Finally, again similar to a blacksmith, the monkey finds a smaller stone which serves as a hammer and strikes it repeatedly until it breaks. The stone chosen to serve as a hammer is chosen carefully for size and durability. (Q40) <u>Juveniles</u> will study this long and complicated <u>process</u> <u>for up to eight years</u> before they master it. <u>The process therefore involves **'schooling'** of a sort, in which juveniles learn the basics of planning, strategy, geology and physics.</u>

＊日本語訳は本冊 p. 243 〜 246 に掲載されています。

Reading Test Passage 1

You should spend about 20 minutes on Questions 1–13, which are based on Reading Passage 1 below.

Where Should We Go Next?

A

In 2012, the Voyager 1 probe passed beyond the heliosphere, the outermost edge of the solar system. Since then, it has continued to communicate with Earth, the first machine to ever enter interstellar space. Barring a collision with a space body or other mishap, the probe could continue on through the galaxy almost indefinitely. In contrast, humans have travelled no further than the moon.

B

Although there are plans by NASA to launch a manned Mars mission, it is unclear whether the agency will ever receive the financial resources from the American government to do so. Even if it does receive such resources, there remain many technical obstacles to a Mars mission. Such a mission would need to carry several astronauts safely to Mars and also be powerful enough to escape the greater Martian gravity. The flight time of the ship would be a minimum of 39 days, although it could be as long as 289 days, depending on planetary position at launch time. To minimise flight time, the astronauts would have to launch to coincide with when the two planets were closest, then wait on the surface of Mars — for several months — until Earth and Mars were close again before they could return. This means that no matter what, the astronauts would have to spend several months in space or on Mars. The moon only has about 17.7 per cent of the gravity of Earth, so the Apollo lunar landers could fairly easily escape from that body. However, Mars has 38 per cent of the gravity of Earth. That means a ship would need much more power to depart the 'red planet'.

C

Survivability of the astronauts would also be a challenge. The ship would have to be large enough to carry large amounts of food and water — enough, again, to last several months. It would also have to be strong enough to withstand long-term direct space radiation. A water shield — a type of barrier in the hull of the ship — could limit radiation harm, although the shield would add yet more weight that the ship would have to carry into space. Perhaps most critically, the astronauts would have to endure the risk of bone deterioration caused by weightlessness. This deterioration speeds up to dangerous levels during prolonged stays in space.

D
It is true that planets have large, hard surfaces — an advantage which theoretically makes them conducive to exploration or colonisation. Yet, considering all these issues, some scientists have called for space agencies — not only NASA, but those in Europe and Asia — to rethink the conventional space exploration model. One way that they could do this would be by reconsidering the necessity of landing on the surface of Mars (or any other planet). These scientists point out that launches from planetary bodies — with tremendous amounts of flammable fuel stored next to superheated rockets — are especially dangerous. This is why the vast majority of astronaut fatalities have occurred during launch or recovery operations. Minimising such operations reduces potential harm to astronauts.

E
Some Russian scientists say that it might be more practical to simply orbit Mars, building what would be essentially a more advanced version of the International Space Station now orbiting Earth. Astronauts could observe the planet from low Mars orbit, closely monitoring robotic probes sent to the surface. It is possible that the probes might miss something on a planet that an astronaut would not, but probes on one-way missions to the surface would be cheaper and expose astronauts to less danger. A Russian plan for such a program has been forwarded as the Mars Piloted Orbital Mission. So far, the plan has been little-developed, but it does represent a departure from previous Mars mission scenarios — most of which took a surface landing as a given.

F

Other scientists say that Mars is actually not the best target for humanity's next manned mission. Venus is much closer to Earth, so a spaceflight would be shorter. Venus is similar in mass to Earth, so its gravity is about 91 per cent that of Earth. This means that a spacecraft would need far more power to depart Venus than Mars. Venusian temperatures are so high and low-altitude pressure so strong that all probes sent to the planet have been destroyed during, or within, a few hours of landing. NASA has theorised, however, about creating a sort of 'floating station' in the atmosphere of the planet, about 50 kilometres high. This is because the atmosphere of the planet at that height is cooler and has less pressure. Held aloft by balloons, humans in this station could observe the surface. NASA calls this floating base a High Altitude Venus Operational Concept (HAVOC). While only in the concept stage, HAVOC could be a viable alternative to a Venus landing.

G

Perhaps the simplest way to begin any manned exploration would be to forget about planets altogether, at least for the coming decades. Private space firms, as a case in point, are much more focused on asteroid landings than planet landings. Asteroids, basically large rocks moving through space, often have such little mass that their gravity is negligible. This means that it is easy for smaller, less complex, and less power-consuming spacecraft to arrive and depart. Asteroid landings, exploration and exploitation would be made more feasible by the fact that — again, without the need to deal with gravity — humans could set up mining or even colony operations on the bodies. Such industrial operations would also enable space agencies — either public or private — to fund their operations. Some asteroids have orbits that have brought them closer to Earth than the moon. Flight time to such asteroids would be far shorter than that required to get to Mars or Venus. Any long-term human stay on asteroids, however, would still have to somehow deal with the advanced bone degeneration that would set in.

＊日本語訳は本冊 p. 247 〜 251 に掲載されています。

Reading Test   Passage 2

You should spend about 20 minutes on Questions 14–26 which are based on Reading Passage 2 below.

Rise of the Gig Economy

A

During the early decades of the Industrial Age, workers had few protections against abuses ranging from wage theft and unsafe conditions to arbitrary dismissal. The 20th century rise of trade unions and labour safety regulations resulted in higher pay and more stable and safer working conditions. By the middle of the 20th century, a social consensus meant that in Britain, and elsewhere in the West, workers received job security and rising wages in return for greater productivity and loyalty to the corporation. This model was easy enough to maintain through the 1970s but in the 1980s began to fray, and, by the first decade of the 21st century, it was in tatters.

B

Economists and other experts cite multiple reasons for the decline of British job security. These include technological advances that made some workers redundant, keener competition from overseas firms, and a high mobility of capital. Ever-increasing competition in global markets drove firms to try to improve margins by pushing down costs — including labour costs — and increasing operational flexibility. British trade unions, which had been a core factor in job security, also declined in size. They peaked in 1979, with about 13 million members, but by the first years of the 21st century, there were less than half that number.

C

This decline in union size is sometimes cited as a fatal or near-fatal blow to the previous power of organised labour. Indeed, it may have been the last straw that broke the camel's back. Non-unionised work may not be the final evolution of the British labour force. Instead, there may be an entire restructuring of the nature of work emerging. In the past, jobs could be classified as either permanent or temporary/part-time. With permanent work, employees remained with an employer on a regular weekly or monthly schedule. This continued indefinitely, or at least until an employee decided to leave or there were reasonable grounds for the employer to dismiss the employee. On the other hand, part-time work was not meant to be permanent. Yet, in the past even employees hired part time could often look forward to a regular work schedule for a few days a week. This is no longer the case.

D

The emerging job market may contain far fewer of the permanent and part-time jobs that most people have been accustomed to. Instead, it may resemble the piecework employment structures that 19th century British seamstresses once operated within. The seamstresses had no guaranteed employment, but were rather paid by the amount of garments that they could complete. Workflow was uncertain: they could be inundated with work one week, and have nearly nothing the next. With such an unstable workflow, they often had to scramble to find income. They of course had no union protections, health benefits or safety protections. Tailors, who outsourced their work to the seamstresses, benefited from this arrangement; tailors did not have to pay regular wages, provide a workspace — since seamstresses usually worked from home — or provide any guarantee of steady work. The rise of large factories mass-producing clothing put an end to this model, but modern Britain and the West may now be revisiting it in the form of the 'gig economy'.

E

In this economy, workers do not have either permanent or part-time work schedules. Instead, they must try to find work, or 'gigs', through multiple sources. The worker participates in the gig economy by pitching short-term or project-based services to firms; these services could be anything from a week of legal consultation to acting as an occasional private driver. None of these tasks are permanent and may not even be in the same field. Some may last as long as a year, others only a few minutes. As a result, a defining feature of the gig economy is that workers must always be on the lookout for new jobs. Indeed, they must have a new job lined up before the current one ends; they are sometimes also working on multiple jobs at the same time. This multitasking and lack of specialisation may hinder workers from gaining the in-depth skills that they need. This, in turn, impedes workers' abilities to enter highly-skilled fields which require such specialisation. And, as with the aforementioned seamstresses, they have no benefits, protections, or guaranteed wages. Indeed, since gig workers are not legally classified as employees, it is not uncommon to see them work at tasks that pay significantly below the legal hourly minimum wage.

F
Proponents of the gig economy note that it provides workers with far more flexibility than 20th century employment structures that demanded employees adhere to a specific schedule. Within the gig economy, people can enter or depart the labour force depending on their lifestyles or financial needs. The gig economy may especially help single or stay-at-home parents, the disabled, and others who can only, or prefer to, work at home. With its low wage costs, the gig economy is also a boon to small entrepreneurs who would otherwise have trouble paying high regular wages to employees.

G
Critics, on the other hand, claim that the gig economy is a step backward. They note that many workers — unable to find regular employment — are forced into the gig economy. The need to constantly scramble for new, short-term jobs puts a high degree of stress on workers, who literally do not know where their next pay cheque is coming from. The usually very low wages these gigs pay also means that workers have no chance to build up savings for retirement. Adding to this is the fact that the gig economy is highly unregulated, and perhaps beyond regulation. This is mainly because the gigs are widely dispersed and workers usually find specific gigs via word-of-mouth or the Internet. Even if governments were to attempt to regulate

the gig economy, it is unclear whether such regulations could ever be enforced.

H

Some economists claim that the emerging gig economy is too small to have any real impact anyway. The real size of the gig economy is difficult to measure, but estimates range from 2 per cent to 8 per cent of the British labour force. However, other economists say that the gig economy is just beginning. They expect it to mushroom in size over the coming decades.

＊日本語訳は本冊 p. 251 〜 256 に掲載されています。

Reading Test   Passage 3

You should spend about 20 minutes on Questions 27–40, which are based on Reading Passage 3 below.

The Brain

A

The human brain is a very impressive information management device. While we are awake, it takes in an enormous amount of information. The information reaching the body through the senses — tactile, visual, aural and olfactory — is converted into chemical and electric signals, or neurotransmitters. Special brain cells, or neurons, transmit these signals among one another. The signals 'jump' from one neuron to another through synapses at the ends of neurons. The space between neurons is the synaptic gap.

B

The brain has often been compared to a computer, but the analogy is only partially correct. Computer memory is stored in specific files for later retrieval. Human memory is different. Information is not stored in a specific part of the brain. Instead, memory retrieval is generated, or regenerated, by configurations of neurons within 'neural networks'. Different configurations retrieve different types of information. Human memory is therefore less like a computer or file cabinet, where we can go to retrieve specific data, and more like a massive and fluid set of pixels. Rearranging the pixels will create a different image on a display.

C

In a healthy brain, neural network configurations happen quickly and without any conscious effort. No human can recall everything they have experienced. We can, however, easily recall information that we use on a regular basis: the route to get to work or school, the names of close associates, or the address of a website visited every day. When we constantly recall this type of routine information, neural networks strengthen, much as muscles do from regular exercise. Ordinarily, forgetfulness occurs when we have to recall information that we rarely use, such as the name of a primary school classmate, or a street that we walked down many years ago without having ever returned. Memories are, therefore, strongest if we have to access them regularly.

D

Memory is impaired when diseases block neurotransmitters from moving from one neuron to another, or damage the neurons themselves. This can prevent even formerly robust neural networks from assuming the configuration necessary to generate a memory. Alzheimer's disease is one of the best examples of this. It creates blockages — more specifically tangles and plaques — at synapses that prevent neurotransmitters from crossing synaptic gaps. This is why patients afflicted with the disease often cannot recall simple things, such as the name of a close friend or family member.

E

The exact causes of Alzheimer's are unclear but are being heavily researched. There are some indicators that the disease may be congenital: offspring of parents with the disease may have a significantly higher chance of also developing it. In particular, the presence of a specific gene, APOE e4, increases the chance of a person developing Alzheimer's. The presence or absence of the gene, however, does not forecast Alzheimer's with absolute certainty. Lifestyle factors, such as exercise, diet and socialisation may also play a role in whether or not a person contracts the illness.

F

There is no cure for Alzheimer's, but several medicines on the market can slow the damage to synapses. This may help the cognitive functions — or thinking ability — of those with the disease. Yet, these treatments are designed only to slow or limit damage; they do not really stop or reverse the process of neural degeneration. One of the more promising approaches is being undertaken by a joint British-Finnish research group. It is working on a vaccine that could possibly attack some of the neural plaques that are symptomatic of Alzheimer's, although the plaques are not as strongly related to memory loss as the tangles are.

G
Huntington's disease is another illness that attacks the brain. It attacks neurons, impairing the transmission of information and therefore impairing cognitive function. This illness can also cause mood disorders and involuntary muscle movements. Scientists better understand the root cause of this disease. They know that it is genetic, so a child that inherits the gene that causes the disease has a high chance of developing it.

H
Frontotemporal dementia (FTD) is another disease that affects the brain. It is often misdiagnosed as Alzheimer's, but the disease development and symptoms are different. The disease attacks the front portions of the brain, ultimately causing them to shrink. A person with FTD may actually retain his or her memories, but will have difficulties in communication — since the disease attacks parts of the brain that deal with language or behaviour. There is no way to stop or slow the progression of the disease, only to provide the patient mental and physical comfort.

I
Medical experts continue to devote enormous resources to trying to better understand all of these illnesses, with a goal of possibly treating and even preventing them at a cellular level. Much will depend on an improved future understanding of the brain, and the reasons why neurons degenerate. Some of the most promising research centres on neural regeneration — the growth of new neurons to replace damaged ones. Although mostly experimental or theoretical today, it could well become a reality in coming decades.

J
Current research seems to suggest that one of the primary ways

to reduce the risk of brain illness is consistent mental stimulation. This stimulation builds more complex, robust neural networks. These, in turn, appear to act as a type of protective shield against mental deterioration. It may therefore mean that brain disease is not necessarily correlated only with age, but with lack of mental challenges. Lifelong education, whether formal or informal, seems to act as a positive factor in preventing mental decay as one ages. Informal education can include activities such as regularly completing puzzles and games, and reading sophisticated literature. In the absence of near-term scientific breakthroughs, lifestyle changes appear to be the best measure that people can take to secure healthy brains as they age.

＊日本語訳は本冊 p. 256 ～ 261 に掲載されています。

Writing Test　Task 1　モデルアンサーの日本語訳＋語注

このタスクの制限時間は約20分です。

> 棒グラフは、1990、2000、2010年の、4カ国における教育に割り当てられた政府予算の割合を示しています。
> 主要な特徴を選んで報告することによって情報を要約しなさい。そして関連する事柄を比較しなさい。

最低150ワードで書きなさい。

モデルアンサー

　棒グラフは1990年、2000年、2010年の3つの異なる年で、4カ国において教育に費やされた国家予算の割合についての情報を示している。1カ国では教育予算が20年間でそれほど変わらなかった一方、そのほかの国においては予算に変動が見られた。

　まず日本の教育への支出は20年間ほとんど変わらず、約9％にとどまった。それと比べてスウェーデンでは、教育への支出は1990年の約9％から2000年の14％強まで急増した。しかし、2010年は同じレベルにとどまっている。

　米国は、教育予算が1990年の12.5％が2000年には15％に上昇するのを目にした。この数値は2010年までには2％減少している。メキシコでも同じような傾向が見られた。同国は1990年には国家予算の22％を教育に割り当てていたが、2000年には24％に増やし、2010年に20％に減らしている。

> allocate: 〜を割り当てる、配分する　　proportion: 割合　　national budget: 国家予算　　expend A on B: AをBに費やす　　fluctuation: 変動
> expenditure: 支出（額）　　by contrast: それと比べて　　jump: 急増する
> trend: 傾向

Writing Test　Task 2　モデルアンサーの日本語訳＋語注

このタスクの制限時間は約 40 分です。

> 今日の学生は、出かけたり本で調べたりせずに、簡単にインターネット上で情報を入手して研究を行うことができます。
> あなたはこの進展をよいことだと思いますか、悪いことだと思いますか。

あなたの回答の理由を述べて、自分自身の知識や経験に基づいた関連する例を入れなさい。
最低 250 ワードで書きなさい。

モデルアンサー

　インターネットが多くの人々の主要な情報源となってから、かなり長い期間がたった。学生もこの傾向において例外ではなく、レポートや論文を書く際に、主にインターネットを使って調べものをすることも珍しくない。私は個人的にはこのことをよい進展だと思うが、欠点もいくつかある。

　まず、インターネットを利用するほうが、本を買ったり、専門誌の記事を何ページもコピーしたりするよりも安くつく。このことは学生にとって明らかな利点だが、図書館の立場から見ても利点である。絶えず増え続ける書籍や専門誌を保管することから生ずる維持費や人件費を削減できるようになるからだ。また、インターネットで調べものをするほうが時間もかからない。学生は物理的に図書館に行かなくてもよく、代わりにその時間を実際の読書や論文の執筆に費やすことができるので、時間の節約ができる。さらに現実の図書館は各書籍を 1 部ずつしか蔵書していないことが多いので、その 1 冊を借りるために順番待ちをしている人がたくさんいるかもしれない。インターネットを使うことは、学生にとってその種の無駄な時間の節約にもなるのだ。

　もちろんインターネット検索があまりに習慣化してしまい、インターネットで何でもできると思い込むことは、学生にとってよくないことだろう。インターネットでは手に入らない古い記事や本はいまだにたくさんある。学生はそれらのために図書館に行かなくてはならなくなるため、図書館の利用法を知っておくことは重要だ。また、インターネット上の情報のすべてが信用できるとは限らないことを、彼らは教わるべきである。

　しかしながら、インターネットで調べものをすることの欠点は、学生に適切な

55

トレーニングを提供することで克服できるだろう。欠点よりも利点が多いようなので、私は通常、インターネットの利用を肯定的な観点で見ている。

---

primary: 主要な　　be no exception: 例外ではない　　thesis: 論文　　conduct research: 調査を行う　　personally: 個人的には　　photocopy: 〜をコピーする　　journal: 専門誌　　reduction: 削減　　arise from: 〜に起因する、〜から生ずる　　time-consuming: 時間のかかる　　physically: 物理的に　　save A B: A にとって B の節約になる　　become accustomed to 〜 : 〜に慣れる　　via: 〜を媒介して　　downside: よくない面、欠点　　in a positive light: 肯定的な観点で　　outweigh: 〜よりまさる

Speaking Test　Part 1　モデルアンサーの日本語訳＋語注

Q：こんにちは。ポール・ガーフィールドです。お名前をフルネームで教えていただけますか。
A：ヒライ・ツカサです。
Q：ありがとうございます。身分証明書を見せていただけますか。
A：もちろんです。はい、どうぞ。
Q：ありがとうございます。さて、最初のパートでは、あなた自身のことについていくつか質問したいと思います。あなたはどこに住んでいますか、そしてそこはどのような所ですか。
A：東京都心にある、浅草に住んでいます。江戸時代に発展した地区で、伝統的な日本の雰囲気を保っています。非常に多くの娯楽施設や飲食店があります。
Q：そこでの生活は気に入っていますか。
A：はい、とても気に入っています。私は生まれも育ちも浅草で、古いものと新しいものが混じっているところが気に入っています。先ほどお話ししたように、浅草地区は伝統的な日本文化の雰囲気を保っていますが、現代的な建物や施設も混じっています。浅草で暮らすのはとても楽しいですよ。
Q：自分が住んでいる所について最も気に入っている点は何ですか。
A：私が浅草で一番大好きなのは人々です。みんなとても優しくて親切で、地元愛を分かち合っています。お互いに助け合い、地元への愛を次世代に伝えようと決意しています。私は彼らの一員であることを誇りに思っています。
Q：自分が住んでいる所には、どのような改善ができるかもしれませんか。
A：浅草の欠点を何か思いつくのは、とても難しいですね。本当に。でも、どうしてもということであれば……ええと、最近は多くの観光客が浅草に来ているようですね。誤解しないでくださいね。日本の国内外からの人々が浅草地区を訪れて楽しんでくれるのはいいことです。しかし現在、私たちが対応できないほど多くの観光客が来ているようです。自治体はいくつかの道路を拡張したり、もっと駐車場を作ったりしたほうがいいかもしれません。

Q：では次の話題に進んで、音楽について話しましょう。あなたはどんな音楽が一番好きですか。
A：あらゆる種類の音楽を聞きます。ええと、日本のポップス、ロック、クラシック音楽などを聞きますね。でも、クラシック音楽が一番好きでしょうね。私はピ

アノを弾きますし、バイオリンも習っていたことがあります。クラシック音楽を聞くのに多くの時間を費やします。モーツァルトとショパンが私のお気に入りの作曲家です。

Q：あなたはどのような状況で音楽を聞きますか。

A：通学時にいつも音楽を聞きます。あっ、最近は電車の中や歩いているときに英語もたくさん聞きます。IELTS のために勉強しているからです。しかしあまりに長時間外国語を聞くことはできないので、英語を聞くのに疲れたら、また音楽を聞くようにしています。あっ、それから勉強中は静かな音楽をかけます。

Q：音楽は人々にどんな影響を与えると思いますか。

A：音楽は多くの心理的な影響を人々に与えると思います。例えば、私は緊張したり動揺したりしているときにはクラシック音楽を聞きます。クラシック音楽には、何と言うか、気持ちを落ち着かせてくれる効果がありますから。しばらくすると、リラックスして落ち着くことができます。でもジムでトレーニングをしているときには、スピーカーからクラシックが流れていてほしくはないでしょう。ロックやポップスだと、もっとやる気が出ますよね。ですから……音楽は人の気分や感情を劇的に変えることができると思います。

Q：わかりました。では、コンピューターについて話しましょう。あなたはよくコンピューターを使いますか。

A：はい、いつも使っています。コンピューターを使わないで1日を過ごせません。本当に不可能です。最低でも1日に2、3時間はコンピューターを使っていると思います。

Q：どんな種類のコンピューターを使っていますか。

A：バッグにノート型パソコンを入れて、どこにだって持って行きます。カフェに入ったときや公園のベンチに座っているときにパソコンを開きます。私のノート型パソコンはとても軽くて便利です。iPad も持ち歩いています、iPad も一種のパソコンだと思います。あっ、大学のコンピューター室にもデスクトップ型のパソコンがあります。調べものをするために時々コンピューター室に行きます。

Q：あなたはコンピューターでどんなことをしますか。

A：私は大学生なので、先ほどもお話ししたように、調べものをしたりレポートを書いたりするのに長時間コンピューターを使います。研究のために読まないといけない本の中には、iPad を使って読めるものもあります。それにネット上で買い物をしたり、旅行に行くときに航空券やホテルの予約をしたり、ニュース記事を

読んだり……パソコンを使って本当にいろいろなことをします！

Q：あなたは、自分はもっとコンピューターを学ぶ必要があると思いますか。

A：もちろんです。基本は知っていると思いますが、ワープロソフトと表計算ソフトをもっとうまく使えるようになりたいです。もし大学院に進んだり、仕事に就いたりしたら、もっと高度なスキルが必要でしょうから。私はこれまで一度もコンピューターのクラスを受講したことがありません。基本は単に使っているうちに学びましたが、今は大学で開講している上級クラスをいくつか受講しようかと考えています。

A：ありがとうございました。

---

be situated: 位置している　　district: 地区　　preserve: 〜を保つ　　maintain: 〜を保つ　　the feel of 〜：〜の雰囲気　　be determined to *do*: 〜しようと決意している　　downside: 欠点　　a few too many 〜：たくさんの〜　　Don't get me wrong.: 誤解しないでください。　　expand: 〜を広げる　　composer: 作曲家　　tense: 緊張した　　agitated: 動揺した　　soothing: 気持ちを落ち着かせる　　spreadsheet software: 表計算ソフト

Speaking Test　Part 2　モデルアンサーの日本語訳＋語注

Q：今からあなたに1分から2分の間で話していただきたいトピックを与えます。話す前に、内容を考える時間を1分間与えます。ご希望であればメモを取っても構いません。こちらがあなたのトピック、そして鉛筆と紙です。

あなたの学生時代の最もよい教師を描写しなさい。
あなたが言うべきこと：
　いつ、この教師があなたを教えたか。
　どんな科目をこの教師は教えていたか。
　どんな教え方をこの教師は用いたか。
そして、なぜこの教師が最もよいと思うのか説明しなさい。

Q：よろしいですか。時間は1分から2分の間であることを留意してください。もし私が途中で止めても心配しないでください。単に時間切れだということですから。それでは話し始めてください。

A：私は今までにたくさんの素晴らしい先生方に習ってきましたし、大学の教授たちも素晴らしいのですが、高校時代の先生についてお話しすることに決めました。私が高校1年のときに、先生は英語の授業を教えていました。英語の先生でしたが、彼は日本人で英語のネイティブスピーカーではありませんでした。先生の教え方で独特だったことは、授業中に英語を話す機会をたくさん作ってくださったことです。それまで受けてきた英語の授業のほとんどは講義形式、つまり、先生が前に立って文法や語彙を説明して、その間生徒はノートを取るというものでした。しかし特にこの先生は、生徒同士でさまざまなトピックについて話し合うようにしてくださいました。それから役に立つ表現を教えてくださったり、文法を説明してくださったりしました。ほかの先生方が、例えば、「これを覚えなさい！テストに出ますよ！」とおっしゃっていたのに対して、この先生はいつも間違えることを心配しなくてもいいとおっしゃってくださいました。振り返ってみると、先生は独創的な考え方ができるタイプの人、つまり、従来のもののやり方を離れて新しいことを試みることをいとわない人だったのだと思います。だから彼は素晴らしい先生だったのでしょう。また、優しくて面倒見もよかったです。もっと彼のような先生がいたらいいのにと思います！

Q：ありがとうございました。紙と鉛筆を返却してください。

---

up until 〜：〜まで　　in retrospect: 振り返ってみると　　think outside the box: 独創的な考え方をする　　be willing to *do*: 〜することをいとわない　　caring: 面倒見がいい

Speaking Test　Part 3　モデルアンサーの日本語訳＋語注

Q：これまで教師について話してきましたが、今から、このトピックに関連した一般的な質問をいくつかしたいと思います。あなたは、優秀な教師になるための資質とは何であると思いますか。

A：素晴らしい先生になるための要素はたくさんあると思います。ひとつ前のパートでもお話ししたように、独創的な考え方ができるという能力も、そのひとつでしょう。常に生徒を励ますということも、先生が忘れてはならないことかもしれません。しかし最も重要なことは、先生方は自分が教える教科に精通していないといけないことだと思います。先ほどお話しした先生は、英語の文法や語彙の知識が豊富でした……ネイティブスピーカーではなかったのに。まるで先生が答え

られない質問はないかのようでした。このことで先生は最初、生徒たちの尊敬を得たのです。

Q：教師は生徒に、どのような援助を提供すべきですか。

A：生徒に新たな発想を与えてあげることが、生徒がよりよく学ぶための助けになると思います。例えばクラス・ディスカッションで、私たちが英語で自分が言いたいことを正しく伝える方法を見つけられなくて苦労していたときに、先生がやって来て「こういうふうに言ってみたらどうだい？」とおっしゃって、私たちの考えを伝えるためのとても簡単な表現を教えてくださいました。私たちは「ああ、考え過ぎていたのかもしれない。シンプルであればあるほどいいんだ！」と考えるようになりました。それは目を見張るような経験でした。さらに先生は私たちに勉強のやり方についてのアイディアをくださり、とても助かりました。生徒の考え方を変えることは、先生方が提供すべき援助の一種だと思います。

Q：あなたは、よい教師を採用するために政府は何をすべきだと思いますか。

A：先生方にもっと給料を払うことです！　冗談はさておき、人々は先生が給料をもらい過ぎていると思っているかもしれません。一部の私立の学校ではそうかもしれませんが、ほとんどの学校では、特に公立の学校では、先生方は十分に給料をもらっていないと思います。大学レベルであっても、最低賃金に近い額しか支払われていない先生方がたくさんいます。時給は高いかもしれませんが、教える授業は1週間にほんの数回しかないのです。そんな給料では、有能なスペシャリストに先生になりたいと望んでくれるよう期待することなどできません。政府は、もしよい先生を学校に雇いたいのなら、先生方にもっと給料を支払えるように学校に助成金を出すべきです。

Q：教師のほかに、あなたはどんな要素が学校をよくすると思いますか。

A：それは難しい質問ですね。なぜなら私はこれまでずっと、よい学校にするのは先生方だと思ってきたからです。しかし、もちろん、先生方以外ということであれば、生徒たちだと思います。生徒と卒業生が学校を素晴らしくすることができます。もしくは悪くすることもできますね。よい学校では、生徒たちは学ぶことに熱心で、将来に大きな希望を抱いていて、エネルギーに満ちています。基本的に学校生活を楽しんでいるのです。ですから学校が、生徒が安心して在学して勉強できるような雰囲気を作り出すこと、そして生徒の役に立つためにできる援助は何であれすることが大切なのです。

Q：ありがとうございました。これでスピーキングテストを終わります。

inventive: 独創的な　　knowledgeable: 精通している　　initially: 最初に
earn: 〜を得る　　convey: 〜を伝達する　　eye-opening: 目を見張るような
the minimum wage: 最低賃金　　hourly pay: 時給　　capable: 有能な
subsidize: 〜に助成金を出す　　alumni: 卒業生

完全攻略！　IELTS［別冊］

発行日	2016年6月29日　初版発行
著者	河野太一
発行者	平本照磨
発行所	株式会社アルク
	〒168-8611　東京都杉並区永福2-54-12
	TEL：03-3327-1101　　FAX：03-3327-1300
	Email：csss@alc.co.jp
	Website：http://www.alc.co.jp/

●落丁本、乱丁本が発生した場合は、弊社にてお取り替えいたしております。アルクお客様センター（電話：03-3327-1101　受付時間：平日9時〜17時）までご相談ください。
●ご購入いただいた書籍の最新サポート情報は、以下の「製品サポート」ページでご提供いたします。
製品サポート：http://www.alc.co.jp/usersupport/
●本書の全部または一部の無断転載を禁じます。著作権法上で認められた場合を除いて本書からのコピーを禁じます。●定価はカバーに表示してあります。

©2016 Taichi Kono / ALC PRESS INC. / REDHOT
Printed in Japan.
PC：7016027　ISBN：978-4-7574-2699-3

アルクのシンボル「地球人マーク」です。